설교,
영화로 말하면
안 되나?

설교, 영화로 말하면 안되나?

펴낸날 | 2025년 5월 1일

지은이 | 박 재 관
펴낸이 | 허 복 만
펴낸곳 | 야스미디어
등록번호 제10-2569호

편 집 기 획 | 디자인드림
표지디자인 | 디자인일그램

주   소 | 서울시 영등포구 영중로 65, 영원빌딩 327호
전   화 | 02-3143-6651
팩   스 | 02-3143-6652
이메일 | yasmediaa@daum.net
I S B N | 979-11-92979-18-2 (03230)
정가 20,000원

본서의 수익금 일부분은 선교사를 지원합니다.

설교, ▶
영화로 말하면
안 되나?

박재관 지음

YAS 야스

글머리에

　오늘날 21세기는 포스트모더니즘이라는 새로운 시대적 패러다임이 등장하면서 이에 따른 사회, 문화적인 현상들이 나타나고 있다. 그리하여 계몽주의 이후, 오랫동안 이성을 중심으로 지배해 왔던 모더니즘으로부터 새로운 가치관과 시대정신이 나타나게 되었는데, 그것을 포스트모더니즘이라고 부른다.

　포스트모더니즘의 특징을 살펴보면, 첫째는 해체주의로서 기존의 전통이나 관습으로부터 탈피하는 것을 말한다. 둘째는 다원주의로서 세계화가 되면서 절대적인 진리로부터 다양성이 존중되는 것을 말한다. 셋째는 감성주의로서 이성이나 논리를 중요하게 생각하는 것이 아니라, 느낌이나 이미지를 중요하게 생각하는 것을 말한 다. 넷째는 정보화 사회로서 이는 다양한 커뮤니케이션 매체의 등장으로 인간들의 정보 습득의 체계가 빠르게 변화되고 있다. 이러한 측면에서 포스트모더니즘은 계몽주의 이후에 나타난 모더니즘의 한계를 극복 하려는 노력의 목적으로 나타나는 시대정신이요, 문화적인 현상이다.[*]

---

[*] 김운용, 「새롭게 설교하기」, (서울: 예배와 설교아카데미, 2015), 79.

그런데 이러한 포스트모더니즘은 기독교에도 큰 영향을 미치고 있는데, 계몽주의의 특성인 이성의 합리성이나 가치관들이 도전을 받으면서 기존의 교회 사역에서도 다양한 변화들이 나타나고 있다. 왜냐하면, 그동안 모더니즘이 가졌던 기독교의 전통적인 세계관들이 변화되거나 사라지고 있기 때문이다. 그중에서도 기존의 권위적이고 이성 중심적인 설교가 이제는 포스트모던 청중에게 더는 효과적이지 못하다. 왜냐하면, 포스트모더니즘은 절대 권위나 진리를 거부할 뿐만 아니라, 해체하려는 경향을 가지기 때문이다.* 스탠리 그랜츠(Stanley J. Grentz)는 포스모던 시대로의 전환은 "다음 세대들에게 복음의 말씀을 전해야 하는 교회의 임무를 수행하면서 거대하고 강력한 도전이 되고 있다"라고 주장하는데,** 이는 기존의 교회 사역을 무조건 거부하는 것으로만 받아들이기보다, 이제는 교회도 포스트모던 시대의 적합한 사역을 감당할 수 있도록 변화되어야 한다는 것으로 받아들여야 한다.

이로 인해 오늘날 설교자들은 기존의 설교방법에서 벗어나 다양한 새로운 시도들을 실행하고 있다. 이러한 상황을 근거로 나는 포스트모던 시대에 또 하나의 효과적인 설교방법으로서 영화설교를 대안으로 제

---

* 김운용, 27.
** Stanley J. Grentz, A Primer on Postmodernism (Grand Rapids: Erdmans,1996), 10, 김운용, 79 재인용.

시하고자 한다. 그 이유는 첫째, 오늘날 영화가 대중문화의 중추적인 역할을 감당하면서 대중의 삶과 의미를 드러냄으로써 그 힘과 영향력이 크기 때문이다. 둘째, 영화 줄거리에는 내러티브 요소가 포함되어 있고, 상상력을 통한 이미지 중심의 표현들이 가능함으로 오늘날 설교에서도 포스트모던 청중의 관심과 집중력을 높일 수 있다. 셋째, 주제나 내용이 건전하고 신학적인 메시지를 담고 있는 영화는 청중에게 하나님을 경험하게 함으로써 긍정적인 태도와 반응을 불러일으킬 수 있다. 넷째, 이러한 영화의 특성을 바탕으로 저자는 지난 3년 동안 영화설교를 실행 해 본 결과, 영화설교가 청중에게 더 가깝게 다가갈 수 있고, 메시지에 대한 전달과 소통을 하는 데도 효과적이었음을 입증할 수 있었다. 그래서 나는 포스트모던 시대에는 커뮤니케이션의 도구나 전달방법에도 변화가 나타나고 있음을 알 수 있었는데, 이제 포스트모던 청중은 설교를 단순히 귀로만 듣던 시대에서 귀로 듣고 눈으로 보는 영상의 시대로 변화되고 있다는 것이다.

오늘날 교회들은 멀티미디어 중심의 영상시스템을 갖춤으로써 설교자들은 이를 활용하여 새롭고 독창적인 설교방법을 찾으려고 노력하고 있는데, 그중의 하나가 영화설교라고 말할 수 있다. 그리고 복음서에서도 보면, 예수님께서도 복음을 전하실 때, 시각적인 이미지와 그림 언어의 상징을 적절하게 사용하시면서 상상력을 불러일으키는 설교를 하셨는데, 이러한 설교가 청중의 감성을 자극하였을 것이다. 그러므로 영화 설교는 오늘날 포스트모던 시대적 상황에서 기존의 전통적인 설교와는 다르게 효과적으로 메시지를 전달하고 소통할 수 있는 또 하나의 설교의 전달방법이 될 수 있다.

마지막으로 이 책을 출판하기까지 많은 도움을 주신 사우스웨스턴 김인허 교수님과 늦은 나이에 목회자의 길을 가는데, 지지와 성원을 보내준 아내 이시형 사모, 두 딸 박하남, 박하승에게도 고맙고 감사하다는 말을 전합니다.

추천의 글

설교, 영화로 말하면 안 되나?

기독교의 중심 사상은 성경에 있습니다. 성경을 하나님의 말씀으로 이해하고 그에 대해 절대적 가치를 부여합니다. 그래서 여타의 학자들은 기독교를 문서 종교(책의 종교)라고 합니다. 맞습니다, 기독교는 인간의 언어로 쓰인 하나님의 말씀인, 성경을 통해 세계와 존재를 이해하고 구원에 이르는 종교입니다.

하지만 이 전제에는 하나의 오류 가능성이 내포되어 있습니다. 인간의 언어가 과연 하나님의 뜻을 완전하게 드러내고 재현해 낼 수 있는가, 입니다. 축자영감설만으로 이 오류와 모순 논리를 해결할 수 없는 합리주의 사회가 도래했기 때문입니다. 설교자들은 문자의 한계와 합리주의적 사고가 충돌하는 한가운데 서서 당황하고 있습니다.

이제 설교자는 하나님의 말씀인 성경을 인간의 언어가 아닌, 또 다른 언어로 풀어서 전해야 하는 과제를 요구받고 있습니다. 하지만 이는 비단 오늘의 문제만은 아니었습니다. 성경이 기록된 시대마다 성경의 언어는 당대 문화의 옷을 입고 새롭게 갱신되었습니다. 문자언어로 기록되었지만 기록의 양식은 다양하게 나타났습니다. 신화적 상상력과 역사 서술의 방식, 시와 희곡, 소설의 양식으로 옷 입고 시대마다 성경이 기록된 것입니다. 성경 66권에 쌓인 다양한 시대 언어의 층위와 여러 양식들은 변화하는 시대에 맞게 옷을 갈아입은 흔적들입니다.

현대사회는 이미지 사회입니다. 그래픽혁명으로 인해 영상 미디어가 우리의 일상을 지배하는 시대입니다. 문자 시대는 가고 영상의 시대가 도래한 것입니다. 근대의 완숙기에 탄생한 영화를 넘어 이제 유튜브의 쇼츠와 페이스북의 릴즈, 틱톡, 인스타그램 등의 미디어로 영상의 홍수 속에 살고 있습니다. 문자로 기록된 성경과 이 성경을 전달하는 설교자의 음성 언어만으로 설교가 전달되는 데 많은 한계를 갖게 되었습니다. 청자들은 이미 다양한 영상 자료들의 세례를 받았기 때문입니다. 그래서 청자들은 이렇게 묻기를 주저하지 않을 것입니다. '설교, 영화로 말하면 안 되나?'

이러한 때 박재관 목사님의 〈설교, 영화로 말하면 안 되나?〉가 책으로 묶이게 되어 여간 반가운 일이 아닙니다. 그동안 영화를 소재로 하여 설교한 사례나 저서들은 간간히 있어왔지만 이를 체계적으로 데이터화하여 설교의 자료로 구축하는 이는 없었습니다.

이 책의 미덕은 영화에서 메시지를 발견하는 게 아니라 기독교의 핵심 교훈과 가르침에 맞는 영화를 취사선택하려는 태도에 있습니다. 순종, 용서, 사랑, 약속, 용기, 고난, 사명, 인종 차별, 구원, 화목, 인간성의 회복, 도전과 열정 등과 같은 신학적 주제들을 정초한 뒤 그에 맞는 영화를 찾아내고 그것을 성경 본문과 연결하여 설교의 재료로 삼은 것입니다. 이는 포스트모던 시대의 새로운 설교 화법입니다. 설교자가 음성언어로 전하는 일방적인 설교가 아니라 설교자와 청중이 상호 소통과 교류가 이루어지는 '투웨이(Two-Way)' 방식의 설교입니다.

이 책의 테마인 '영화 설교'는 설교도 새 시대에 맞는 새 옷을 입어야 한다는 점에서 매우 고무적인 시도입니다. 박재관 목사님의 이 새롭고 성실한 시도가 성경을 새 시대에 맞게 활력 있게 설교되기를 바랍니다.

김선주 목사

■

지금은 문화 격변기의 시대이다. 소위 '포스트모던(post-modern)'으로 불리는 문화현상이 인류를 휩쓴 지 수십 년이 지났지만, 해체주의, 다원주의, 다문화주의, 포스트휴먼 등의 논의에 이르기까지 그 이름을 달리 변용시키면서 포스트모던의 위용은 여전히 대단하다. 이런 상황에서 목회는 마치 폭풍 속을 항해하는 배와 같다. 그래서 목회란 마치 하나님의 나라로 표상되는 저 먼 목적지의 항구를 향해 높게 닻을 올리고 폭풍 속을 헤쳐 나가는 하나의 배처럼 느껴진다. 그렇다면 목회자들은 이 풍랑 속에서 폭풍의 흐름을 슬기롭게 간파하여 멋지게 항해할 수 있을까? 아니면 폭풍에 난파를 당하고 말 것인가? 그렇다. 목회자들은 결코 풍랑을 두려워해서는 안 된다. 오히려 성령 안에서 용기를 갖고 노련한 선장을 중심으로 슬기롭게 바람을 이용하면서 저 먼 목적지 항구를 향해 안전하게 교우들을 인도해야만 한다. 그래서 목회자들은 포스트모던을 이해해야 하고, 또 이용할 줄 알아야 한다. 그런 점에서 포스트모던 상황에서의 목회를 위해 최근 실천신학계에 '예술목회' 혹은 '문화목회'라는 개념이 크게 주목을 받는 것은 매우 자연스러운 일이다. 말하자면 목회에 대한 예술적-문화적 접근이랄까? 그런 점에서 이번에 박재관 목사님의 〈설교, 영화로 말하면 안 되나?〉 이 책은 포스트모던의 시대를 읽고 이해하고, 더 나아가 복음으로 세상을 변혁시키기 위해 영화와 설교를 서로 잘 연결시키고 있다. 영화설교라는 설교방법을 전략적인 접근으로 개척한 저자의 열정에 아낌없는 박수를 보낸다. 모쪼록 많은 목회자들이 이 책을 통해 영화설교를 배우고 실천하여, 포스트모던의 시대에 적합한 예수 그리스도의 복음이 바르게 온전히 선포되기를 간절히 바라마지 않는다.

서울기독대학교 교수, (사)한국영성예술협회 대표

손원영

차례

제 **1** 장

영화설교란 무엇인가?

1. 포스트모던 청중들의 특징

오늘날 우리가 살아가고 있는 시대를 포스트모더니즘의 시대라고 말할 수 있다. 그런데 포스트모더니즘이란 무엇이라고 한마디로 정의하기는 쉽지 않다. 왜냐하면, 학자마다 주장하는 정의가 약간씩 다르게 때문이다. 「포스트모더니즘」이라는 저서를 쓴 이합 하산(IFAB Hassan)은 포스트모더니즘을 한마디로 정의 내리기를 거부하면서 "모더니즘과 포스트모더니즘은 완전히 분리되는 것이 아니다. 그 이유는 역사는 중복되는 부분이 있으며, 문화는 과거, 현재, 미래에 걸쳐서 상충하는 부분이 나타나기 때문이다."라고 주장하고 있다.[1] 김욱동은 "포스트모더니즘의 현상은 마치 우리가 매일 들이마시는 공기처럼 삶의 일부를 구성하고 있다. 그러므로 우리는 지금 포스트모더니즘 안에 살고 있으며, 그것을 주어진 현실로 받아들이지 않으면 안 된다. 그것을 거부하는 것은 곧 우리가 영위하고 있는 삶의 일부를 거부하는 것이나 다를 바 없다"라고 강조하고 있다.[2]

이러한 다양성을 염두에 두고 포스트모더니즘의 특징을 요약하면, 기존의 전통이나 관습으로부터 탈피하는 해체주의, 절대적인 진리로부

---

[1] Ihab Hassan, *The Dismemberment of Orpheus: Toward a Postmodern Literature* (Madison: University of Wisconsin Press,1982), 86.
[2] 김욱동, 「포스트모더니즘의 이해」 (서울: 문학과 지성사, 1990), 13.

터 다양성이 존중하는 다원주의, 이성이나 논리보다 느낌이나 이미지를 중시하는 감성주의 등을 말할 수 있다. 그럼 이어서 포스트모던 청중의 특징을 구체적으로 살펴보자.

첫째, 포스트모던 청중은 논리적이고 이성적인 것보다는 감성적이면서 감각적인 것을 더 선호하는 경향이 나타난다. 이러한 감성 중심의 성향은 젊은 세대로 갈수록 더 강하게 나타나고 있는데, 이성 중심의 합리성이 기초가 되어 발달한 근대의 문화가 이제 영향력을 상실해 가면서 감성 중심의 문화가 형성되고 있다. 이처럼 감성 문화는 이성이나 논리를 중요하게 생각하지 않고, 느낌과 이미지를 중요하게 생각한다.[3] 특히 감성 문화는 오늘날 광고에서도 뚜렷이 나타난다. 그 배경을 살펴보면, 오늘날 소비자들은 경쟁하는 제품 간에는 본질적으로 품질에서 차이가 나지 않는다는 것을 알고 있다. 그러므로 기업들은 광고에서 제품의 성능이나 특징을 강조하는 이성적인 소구(訴求)[4]보다는 브랜드의 이미지나 개성을 강조하는 감성적인 소구를 주로 사용한다. 예를 들면, 나이키와 아디다스, 코크와 펩시, BMW와 Lexus 간에 광고 전략을 보면, 브랜드마다 독특한 개성을 창출시키면서 차별화된 브랜드 이미지를 만

---

3) 김운용, 88.
4) 네이버 자료: 소구(Apeal Point)란 마케팅이나 광고전략에서 제품의 필요나 욕구를 자극할 수 있는 것.

들어 가고 있음을 알 수 있다. 이러한 브랜드 이미지 광고는 제품의 성능이나 특성을 강조하는 것이 아니라, 제품의 감성적인 측면을 강조한다. 그러므로 오늘날 포스트모던 청중은 이러한 제품이나 브랜드의 이미지에 영향을 받으면서 그들의 삶과 접한 관계를 맺고 있음을 알 수 있다. 또한, 포스트모던 시대에는 이러한 감성 중심의 영향으로 인해 청중은 영상문화에 관한 관심이 증대되면서 영상문화가 주도하고 있다. 이러한 영상문화의 시대를 고려해 볼 때, 포스트모던 청중은 감성이나 이미지를 중시함에 따라 영화, TV, 컴퓨터, 모바일폰과 같은 영상 미디어를 선호한다.

둘째, 포스트모던 청중은 개인의 경험과 생각을 중요시하며, 모더니즘의 단일한 가치관을 가지는 것이 아니라 다양한 가치관을 따른다. 즉 이것은 다양성을 추구함에 따라서 절대적인 진리와 가치를 해체하고, 자신만의 비밀적인 사고에 따라 가치관을 형성시킨다는 것이다. 그러므로 그들은 이성주의에 근거한 문화와 사회를 획일화하는 세계관은 인간의 삶을 억압하고 비인간화하는 데서 비롯된다고 주장하면서 이에 대한 해체를 강력하게 요구한다.[5] 즉 과거와는 다르게 그들은 자신들의 문화나 지역에 한정되지 않고, 세계적으로 다양한 문화와 미디어를 통 하여 서로 커뮤니케이션을 한다. 그 결과, 그들은 자신만의 취향이나 관심,

---

5) 김운용, 87.

그리고 욕구를 만족시키기 위해 노력한다. 그 결과, 오늘날 음악, 드라마, 영화, 패션, 게임, K-POP 등의 문화 콘텐츠가 전 세계인들에게 주목을 받고 있는데, 이러한 배경에는 포스트모던 청중의 특징과도 연결이 된다. 왜냐하면, 그들은 자신들에게 매력적인 콘텐츠라면, 문화와 지역의 경계를 넘어서 서로 소통하고 공유하기 때문이다. 예를 들면, 현재 K-POP 콘텐츠가 전 세계인들에게 사랑을 받으면서 음악에서는 'BTS' 아이돌 그룹이 빌보드 차트에서 1위를 차지하고, 넷플릭스 드라마 '오징어 게임'이 전 세계에서 시청률 1위를 달성하면서 놀라운 성과를 이루었다. 이러한 결과들을 보면, 오늘날 포스트모던 청중은 다양한 문화 속에서 자신들만의 취향이나 개성에 맞는 새로운 문화를 받아들이면서 글로벌한 세계관으로 빠르게 변화되고 있음을 알 수 있다.

셋째, 포스트모던 청중은 기존의 TV나 라디오와 같은 전통적인 미디어뿐만 아니라, 컴퓨터, 모바일폰과 같은 뉴미디어들이 보급되면서 미디어의 정보화 환경이 빠르게 변화되고 있다. 그 결과, 그들은 자신들의 취향에 맞는 미디어를 선택하고, 정보를 검색하는 데 많은 시간을 소비한다. 이것은 개인주의를 추구하는 자기중심적인 정보화를 즐기는 것이다. 이를 부연해서 설명하면, 오늘날 미디어의 환경이 변화됨에 따라 인간의 인식 체계를 달라지게 했을 뿐만 아니라, 보편적 가치로 인정되던 기존의 세계관도 달라지게 했다는 것을 의미한다.[6] 그러므로 현재 포스트모던 청중은 개인적인 정보화 시대를 살아가고 있다는 것을 인정할 수밖에 없다. 따라서 포스트모던의 시대에는 개인의 자율성과 선택의 권리를 중요시할 뿐만 아니라, 이제는 대중에게 일방적으로 콘텐츠를 제공하는 것보다 각 개인에게 부합하는 콘텐츠를 개발하는 것이 필요하다. 그러므로 포스트모던 시대는 대량의 자료를 수집하고, 분석하여 개인화된 정보를 도출하는 것이 바람직하다.

이처럼 오늘날 포스트모던 청중은 이미지 중심의 감성주의, 다양성과 해체주의를 추구하는 가치관, 그리고 정보화를 통한 개인 중심주의가 특징이라고 말할 수 있다. 그런데 이러한 특징들은 현재 기독교에도 많은 영향을 미치고 있는데, 특히 설교 사역에서도 많은 변화를 가져 왔다. 그 결과, 기존의 전통적인 설교로부터 새롭고 다양한 설교의 전달 방법들이 나타나고 있다. 이러한 흐름 속에서 저자는 설교 커뮤니케이션 상에서 설교자가 메시지를 어떻게 전달하는 것이 포스트모던 청중들에게 효과적으로 전달되고 소통할 수 있는가를 연구하고 실행하고자 한다.

---

6) Ibid., 78.

2. 영화의 의미와 특성

그럼, 영화란 무엇일까? 영화는 1896년 뤼미에르 형제가 처음 발명한 이래, 오늘날 대중문화의 하나로서 많은 대중으로부터 많은 사랑을 받고 있다. 그래서 영화를 제7의 예술이라고 부르는데, 이는 회화, 건축, 음악, 연극, 무용, 문학을 이어서 일곱 번째로 탄생한 예술이라는 것을 의미한다. 이러한 영화는 시나리오를 기본으로 하여 카메라로 촬영한 다음, 편집과 녹음 등을 거쳐서 제작이 완료되면, 이를 스크린에 상영함으로써 관객들과 소통을 한다. 그러므로 영화는 하나의 매체로서 특성을 가진 텍스트의 역할을 하면서 관객들과 소통한다. 그럼 영화가 가지는 의미와 특성은 무엇인가?

첫째, 영화는 대중문화의 한 부류로서 오락적인 역할을 하기도 하고, 또는 시각적인 영상과 오디오를 결합한 창작물로서의 아름다움을 제공하는 종합예술의 기능을 하기도 한다. 그러므로 영화는 그 어느 예술보다도 더 친근하게 대중과 소통하면서 그들의 욕구나 취향을 만족시켜 준다. 따라서 영화는 대중의 삶에 관한 의미와 중요성을 제공함으로써 인생의 가치관이나 이미지를 들려주는 중요한 수단이 되고, 공통어가 되었다.[7] 즉, 대중은 영화를 통하여 삶의 즐거움이나 위로를 받기도 하

---

7) Johnston, 33.

고, 또는 고난과 힘든 삶 가운데서도 용기와 희망을 품을 수도 있게 되었다. 이러한 면에서 영화는 대중에게 긍정적인 영향을 미치고 있다. 그런데 영화가 이렇게 긍정적으로 평가되는 것만은 아니다. 한편, 영화는 비윤리적이고 비도덕적이라는 부정적인 평가를 받기도 한다. 즉 이러한 배경에는 영화가 가지는 선정성과 폭력성, 그리고 지나친 상업성 등으로 인해 부정적인 견해를 나타내는 일부의 사람들이 있기 때문이다. 물론 많은 영화 중에는 이러한 영화들도 있는 것이 사실이다. 그래서 저자는 그러한 문제 있는 영화들 때문에 영화를 피하기보다는 오히려 적극적으로 영화를 비판적인 관점에서 보고, 또한 통찰력을 가지고 올바르게 볼 수 있도록 해야 한다는 것을 강조한다. 왜냐하면, 영화는 관객들에게 삶의 경험과 문화에 대한 보다 큰 이해와 소통을 제공하기 때문이다.[8]

둘째, 영화는 이미지와 영상을 통하여 메시지를 전달하기 때문에 단순히 듣는 것보다 효과적이다. 왜냐하면, 인간은 본질에서 시각적인 존재이므로 정보의 80%가 눈을 통해서 획득되기 때문이다.[9] 그러므로 영화는 보고 들을 수 있는 시청각 매체로서 관객들과 더욱 효과적인 커뮤니케이션을 할 수 있다. 이처럼 영화는 이미지를 통해서 현실을 재구성

---

8) Johnston., 89.
9) 박한철, 강진구, 감성시대의 영화읽기, (서울: 예영커뮤니케이션), 184.

하는 것임으로 영화가 곧 현실이라고 말할 수는 없지만, 현실을 다시 볼 기회를 제공한다. 게다가 영화는 현실뿐만이 아니라, 과거나 미래까지도 영상과 이미지를 통해 보여줌으로써 인간이 경험해 보지 못한 세계를 새롭고 창조적으로 볼 수 있게 해 준다. 그러므로 오늘날 21세기의 대중은 커뮤니케이션 혁명의 시대를 산다. 즉 구전 문화가 기록문화로, 기록문화가 인쇄문화로, 그리고 지금은 인쇄문화가 지배하던 시대에서 움직이는 이미지가 지배하는 시대로 옮겨가고 있다.[10] 따라서 움직이는 이미지는 궁극적으로 대중의 감각적인 면을 자극함으로써 시선을 집중시키고, 메시지에 관한 관심을 불러일으키는 데는 효과적이다.

셋째, 영화는 이야기가 핵심이다. 이야기는 메시지를 전달하고 소통하는 데 매우 효과적이다. 왜냐하면, 사람들은 본능적으로 이야기를 선호하고, 이야기가 사람들에게 메시지를 쉽게 이해시키면서 감정 이입도 뛰어나게 하고, 또한 오랫동안 기억을 하게 하기 때문이다. 따라서 영화를 제작하기 위해서는 이러한 이야기가 기본이 되어야 하고, 시나리오 작업을 하는데 출발점이 된다. 그래서 감독은 시나리오가 완성되면, 이를 기본으로 하여 영상 만드는 작업과정을 거쳐서 최종적인 작품을 완성한다. 이에 듀크 대학의 웨슬리 코트 교수는 하나의 이야기가 갖는 힘과 의미는 그 이야기를 구성하는 요소, 즉 등장인물, 플롯, 분위기, 관점

---

10) Jonston, 129.

들을 통하여 구체화한다고 말한다.[11] 이처럼 이야기는 영화의 전체적인 흐름을 인도하는 매우 중요한 핵심요소로서 영화에서 중심적인 역할을 담당하게 된다. 그런데 여기서 중요한 것은 이야기는 그 이야기만이 가지는 힘이 있어야 한다. 왜냐하면, 영화의 이야기는 전체의 뼈대를 구성하는 역할을 하기 때문이다. 그러므로 오늘날 여러 분야에서 이러한 이야기의 접근방법, 즉 스토리텔링이 효과적인 메시지를 전달하는데 사람들에게 매우 유용한 방법임을 인정한다. 또한, 이러한 이야기는 영화를 제작하는 감독의 연출과 의도에 따라 다양하게 표현이 되고 있는데, 감독은 영화의 기본이 되는 이야기를 어떻게 관객들에게 전달하고, 소통할 것인가를 주의 깊게 성찰해야 한다. 왜냐하면, 영화도 다른 모든 분야의 예술처럼 관객과의 소통이 중요하기 때문이다.

이상의 내용을 요약해 보면, 21세기의 영상 시대를 맞이하여 영화는 대중문화의 중심축이 되는 하나의 매체로서 대중의 삶이나 다양한 소재들을 표현하는 데 훌륭한 도구가 될 수 있다. 또한, 영화가 가지는 시청각적인 매체의 특성을 통하여 관객들과 의사소통하는 데는 뛰어난 역할을 가능하게 한다. 나아가서 영화는 이야기의 스토리텔링 기법을 사용함으로써 관객들이 이해하기 쉽고, 기억하는 데도 효과적이다. 그러므

---

11) Ibid., 145.

로 결론으로 영화는 효과적인 커뮤니케이션을 가능하게 하는 도구로 사용될 수 있다.

3. 효과적인 설교를 위한 다양한 전달방법

앞에서 저자는 청중에게 설교를 효과적으로 전달하기 위해서는 설교 본문의 내용뿐만이 아니라, 설교의 전달방법(설교의 형태와 같은 의미)도 중요하다는 것을 강조하였다. 여기서 설교의 전달방법은 어떻게 설교를 더욱 의미 있게 할 것인지를 결정짓는 절대 필요한 요건이며, 설교에 있어 틀(shape)과 활력(energy)을 가져다주는 요소가 된다. 그러므로 설교의 전달방법은 설교의 내용과 함께 설교 사역에서 고려해야 할 기본 요소이다.[12] 그런데 설교자들이 지금까지 설교의 전달방법에 대해서는 그리 중요하게 다루지 않았다. 왜냐하면, 설교자들이 메시지 내용만 중점을 두었지, 메시지를 어떻게 전달할 것인가에 대해서는 큰 관심을 가지지 않았기 때문이다. 설교를 커뮤니케이션 관점에서 보면, 기존의 전통적인 설교는 대부분 일방적으로 메시지를 전달하는 주로 듣는 설교였으므로 청중과의 의사소통에서도 단순히 정보 전달로 머물게 했다. 그 결과, 설교자와 청중 간에 메시지를 소통하는 데는 미흡했다. 따

---

12) Ibid., 222.

라서 근래에 이르러 설교자들은 어떻게 하면 이러한 문제를 해결해 나갈 수 있을 것인가를 연구하기 시작했다. 이에 대해 김운용은 오늘날 포스트모던 청중에게 효과적인 설교를 하기 위해서는 설교의 전달방법이 새로워져야 한다고 강조하면서 설교자는 다음과 같은 3가지의 관점에서 유념해야 한다고 설명한다.[13)

첫째, 설교자는 효과적인 커뮤니케이션의 관점에서 설교의 새로운 패러다임과 방법론을 연구해야 한다. 왜냐하면, 설교 메시지의 내용이 잘 준비가 되어도, 그 내용을 적합한 전달방법에 따라 잘 구성이 되지 않으면, 그 메시지의 내용이 효과적으로 전달되지 않기 때문이다. 그러므로 설교의 전달방법은 설교의 메시지를 적절하게 커뮤니케이션시켜 준다는 점에서 복음의 커뮤니케이션을 결정짓는 중요한 요소가 된다.

둘째, 설교자는 설교 전달방법 측면에서 다양성을 고려해야 한다. 그 이유는 지금까지 설교자들은 약간의 차이는 있겠지만, 대부분 단일한 전달방법에만 집중함으로써 청중의 관점에서 어떠한 전달방법이 메시지를 효과적으로 커뮤니케이션할 수 있는지는 관심을 가지지 않았기 때문이다. 또한, 그동안 설교자들이 설교의 방법론을 강조하는 것은 비신앙적인 것처럼 간주하면서 소홀하게 취급하는 경향이 있었다. 그러나 성경은 시, 비유, 묵시, 찬송, 역사, 인물전, 내러티브 등 다양한 장르로 기

---

13) Ibid., 227-30의 요약.

록되어 있으므로 전달방법도 다양하게 고려하는 것이 바람직하다. 예를 들면, 예수님은 비유를 즐겨 사용하셨는데, 왜냐하면 그 당시 유대인들에게 널리 사용되던 전달방법은 히브리적 커뮤니케이션이었기에 예수님은 청중에게 맞는 소통방법을 사용하신 것이다. 한편 바울은 주된 청중이 히브리인들이 아니라 헬라인들이었기에 그들에게 복음을 전하기 위해서는 보다 효과적인 질문을 통한 연설방법을 사용하였다. 그러므로 설교의 방법론은 세대, 문화, 집단의 특성에 따라서 다양하게 활용될 수 있으며, 모든 설교가 동일한 방법을 사용해야만 하는 것은 아니다. 이렇게 설교의 전달방법을 새롭게 하려는 궁극적인 목적은 청중에게 하나님의 말씀을 보다 효과적으로 전달하기 위해서이다.

셋째, 오늘의 시대와 문화의 변화를 읽으면서 설교의 전달방법을 연구해야 한다. 다시 말해 이것은 그 시대가 이해하고 요구하는 방식이 있고, 세대가 선호하는 방식이 있다. 이러한 접근은 기본적으로 마케팅과도 연결되는 내용인데, 이를 보다 구체적으로 설명하면, 오늘날 경쟁의 시대에 청중의 욕구나 동기를 발견해서 그들이 원하는 설교의 전달방법을 선택하는 것이 필요하다. 왜냐하면, 포스트모던 시대에는 변화되는 청중의 마음을 읽고, 포스트모던 청중에게 적합한 설교의 전달방법을 실행하는 것이 바람직하기 때문이다. 이러한 기본적인 방향을 고려할 때, 오늘날 청중에게 실행되고 있는 설교의 전달방법은 일반적으로 크게 연역적인 방법과 귀납적인 방법으로 나눌 수 있다. 연역적인 방법은 설교의 핵심적인 주제나 목적을 먼저 언급한 후, 설교의 내용을 구체적으로 설명하는 것을 말한다. 그러므로 연역적인 방법은 성경 본문의 핵심적인 진리를 서론에서 먼저 제시한 다음, 이어서 관련된 내용을 열거하는 방법이다. 반면에 귀납적인 방법은 먼저 성경 본문에서 강조하고자 하는 포인트들을 열거해 가면서 마지막에 중심되는 핵심메시지를 요약해서 청중에게 전달하는 방법이다.[14] 다시 말하면, 연역적인 구조의 설교는 보편적이고, 명제적인 결론, 즉 설교의 주제나 중심 사상이 먼저 제시된 다음에 그것을 몇 개의 대지 혹은 하위 주제들로 나누어서 메시지를 설명하고 권면한다.[15] 반면에, 귀납적 구조의 설은 개인적이고 특별한 인간의 경험에서 출발하여, 결론을 향한 움직임을 따라 진행됨으로써 메시지의 통일성을 유지하도록 한다.[16]

그럼, 이러한 큰 흐름 안에서 오늘날 새롭게 실행되고 있는 설교의 전달방법들은 어떠한 것들이 있는지를 살펴보도록 하자. 정인교는 이러한 설교를 '특수설교'라고 명명하면서 "특수설교란 성경적 메시지라는 전제 아래, 설교의 전달 효과를 높이기 위한 목적으로 설교에 음악, 문

---

14) Terry G. Carter 외 2인, 「성경설교」, 김창훈 역 (서울: 한국성서유니온선교회, 2009), 35.
15) 김운용, 303.
16) Ibid., 307.

학, 미술, 영상, 드라마, 실물 등 다양한 장르 및 매체를 결합하여 설교의 입체화를 시도하는 설교이다"[17)라고 설명한다. 즉, 특수설교는 기존의 전통적인 설교의 방법을 응용하면서 색다른 형식이나 전달방법을 사용하여 청중에게 커뮤니케이션의 효과를 높이고자 하는 것임을 말한다.

1) 찬송설교

찬송설교는 찬송과 설교가 결합한 설교의 방법으로 찬송을 설교의 본문으로 사용하는 것을 말한다. 그래서 찬송 가사에 성경 말씀이 직접 나오지는 않지만, 그 안에는 이미 하나님의 말씀이 보이지 않게 기초를 이루고 있으므로 청중이 공감하고 수용하는 데는 적합하다고 할 수 있다.[18) 이에 정인교는 찬송설교가 다음과 같은 장점이 있다고 설명한다.[19)

첫째, 찬송 가사에는 정선된 신학과 신앙이 담겨 있다.

둘째, 찬송가는 반영구적인 생명력을 가지고 있다.

셋째, 찬송설교에는 청중이 설교에 능동적으로 참여할 수 있다.

넷째, 찬송설교는 감성 터치로 인해 청중이 진한 감동을 느낄 수 있다.

---

17) 정인교, 29.
18) Ibid., 54.
19) Ibid., 54-55 요약.

이상의 장점에서 보면, 찬송설교는 청중과 서로 교감하면서 설교를 진행할 수 있으므로 지루하고 정적인 설교를 보다 동적으로 만들어 갈 수 있어 커뮤니케이션의 효과를 높일 수 있다. 그러나 여기서 한 가지 주의해야 할 것은 먼저 어떤 찬송을 선택할 것인가이고, 나아가서는 찬송 가사의 내용을 어떻게 설교의 메시지로 구성할 것인가를 깊게 생각해야 한다.

2) 영상설교

영상설교에 대한 정의는 음성, 그림, 문자 등이 종합된 영상정보를 멀티미디어를 통해 설교와 결합하여 설교 내용의 전달을 극대화하려는 설교라고 할 수 있다.[20] 그런데 이러한 영상설교에 대한 정의는 청중에게 그 개념을 이해시키기가 쉽지 않다. 왜냐하면, 오늘날 영상이라는 개념이 너무나 폭이 넓고, 다양해서 기존의 동영상 매체인 TV나 영화를 비롯하여 사진이나 그림, 문자들뿐만이 아니라, 최근에는 컴퓨터, 모바일폰, CATV, SNS와 같은 뉴미디어들을 모두 포함하고 있기 때문이다. 그럼 이러한 영상설교는 왜 시작이 되었는가? 이는 미디어의 발달로 인해 커뮤니케이션 환경이 변화됨에 따라 교회에도 멀티미디어 시스템이

---

20) Ibid., 108.

설치되기 시작되면서 등장하게 되었다. 그 결과, 교회의 모든 사역에서 영상을 통한 예배, 설교, 교육, 이벤트 등이 실행되기 시작한 것이다.

따라서 이러한 영상설교의 장점은 첫째, 설교에 대한 집중력을 높일 수 있다. 왜냐하면, 예배시에 설교자의 모습이나 강조하고 싶은 성경 본문을 영상으로 확대함으로써 보다 선명한 시각적인 이미지를 통하여 청중의 관심을 집중시킬 수 있기 때문이다.

둘째, 설교를 영상으로 녹화함으로써 이것을 언제 어디서든지 노출할 수 있다. 그 이유는 예배에 참석하지 못한 교인들이나 비그리스도인들에게 녹화된 영상설교의 서비스를 제공할 수 있기 때문이다. 최근에는 코로나 팬데믹으로 인해 교회의 대면 예배가 금지되면서 많은 교회가 이러한 영상설교를 온라인으로 실행하면서 그 상황을 대처할 수 있었는데, 이는 영상설교가 가지는 또 하나의 장점이라고 할 수 있다.

셋째, 청중에게 성경의 구체적인 정보를 제공하거나 교육을 하기 위해서는 프레젠테이션용 영상자료를 제시할 수 있어서 자료의 활용이 가능하다. 이러한 방식은 청중에게 교육적, 인지적 기능을 강화해준다는 점에서 긍정적이며, 말씀이나 교리를 정확하게 전달할 수 있다는 점에서 매우 유용하다.[21] 그러나 영상설교가 가지는 약점은 예배의 거룩한 이미지가 훼손될 수 있으며, 실행 중에 예기치 않은 영상의 기술적인 문

---

21) Ibid., 111.

제가 나타날 수 있다.

3) 영화설교

영화는 일반적으로는 카메라를 사용하여 영상을 촬영하고, 기술적인 편집과 녹음을 통하여 작품을 완성해서 스크린에 재생하는 것을 말한다. 영화를 지칭하는 용어로는 필름(film), 무비(movie), 시네마(cinema), 모션 픽쳐(motion picture), 무빙 픽쳐(moving picture), 무빙 포토그래픽(moving photography) 등으로 표기하고 있다. 그럼, 영화설교의 정의는 무엇인가? 영화설교란 넓은 의미로 영상설교에 속하며[22], 설교에 영화를 접목하여 설교의 메시지를 청중에게 새롭고 독특하게 커뮤니케이션하는 설교 전달방법이다. 그러므로 영화설교를 실행하는 궁극적인 목적은 청중에게 복음을 효과적으로 커뮤니케이션하는 것이다. 다시 말해, 영화설교는 영화의 특성을 이용하여 청중에게 설교의 메시지를 더욱 쉽게 다가갈 수 있게 하고 전달과 소통의 효과를 높이고자 하는 것이다. 왜냐하면, 영화는 오늘날 대중문화의 꽃이라고 불리면서 많은 사람에게 다양한 삶에 대한 경험이나 의미와 가치들을 제공하고 있기 때문이다. 게다가 영화는 치유와 회복, 또한 희망과 용기와 같은 통찰력을

---

22) Ibid., 131.

제공하면서 우리들의 삶을 위로하기도 하고 변화시키기도 하며, 진리를 전달하기도 한다.[23)]

반면에 이러한 영화설교가 가지는 약점도 있는데, 첫째, 청중이 거룩한 예배에서 세속적이고 폭력적인 영화를 사용하는 것에 대한 부정적인 인식이다. 둘째, 성경 본문의 기독교적인 주제나 내용과 영화의 메시지를 어떻게 적용하고 일치시킬 수 있는가에 대한 문제이다. 물론 여기에는 설교자가 영화를 선정할 때부터 분별력과 신학적인 관점에서의 통찰력이 요구된다. 그러므로 좋은 영화를 선별할 수 있는 훈련 과정이 필요하고, 나아가서는 영화의 전문적인 기술을 연습하는 과정도 필요하다.

그럼, 이러한 약점에도 불구하고 영화설교가 가지는 장점은 무엇인가?

첫째, 오늘날 미디어 환경이 급속도로 변화되면서 이젠 대부분 교회에도 멀티미디어 시스템이 갖춰짐에 따라 예배나 교육 등의 교회 사역에서 영상을 이용하는 경우가 나날이 증가하고 있다. 이러한 시대적인 변화로 인해 오늘날 청중의 영상에 대한 접촉이나 친근감은 더욱 확대되고 있다. 그러므로 설교자가 영화설교를 통해서 성경의 본문의 주제나 내용에 적합한 영화를 선택하여 청중에게 설교의 메시지를 충실하게 전달한다면, 영화설교는 또 하나의 효과적인 소통의 방법이 될 수 있다.

---

23) Johnston, 33-4.

둘째, 영화는 이야기가 핵심이며 영화의 전체적인 흐름을 주도한다. 그러므로 이야기는 청중에게 메시지를 쉽게 이해시키고 기억하는데도 우월한 효과를 나타낸다. 따라서 영화설교에서도 이러한 영화의 장점을 잘 활용하여 설교에 접목함으로써 효과적인 커뮤니케이션을 할 수 있다. 왜냐하면, 성경에서도 이러한 이야기가 복음의 메시지를 전달하는데 있어 중요한 장르이기 때문이다.[24] 예를 들면, 아브라함, 이삭, 야곱을 비롯한 구약성경의 말씀이나 예수님의 복음에 대한 신약성경의 말씀도 이야기의 형태를 통해서 전달되고 있다. 그러므로 영화설교가 이러한 이야기의 장점을 잘 활용할 수 있다.

셋째, 영화는 이미지와 말, 장면과 음향을 포함하는 종합예술로서 관객들에게 삶의 한 부분을 보여주거나 상상력을 통한 창조적인 아이디어를 체험할 수 있도록 한다.[25] 따라서 영화는 이미지나 그림 언어를 통해서 상징적인 비유의 표현을 자주 사용한다. 그런데 이러한 상상력을 통한 이미지의 비유는 예수님께서도 복음을 전하실 때, 시각적인 이미지와 그림 언어의 상징을 적절하게 사용하시면서 상상력을 불러일으키는 설교를 하셨는데, 이러한 설교가 청중의 감성을 자극할 수 있었을 것이다. 그러므로 영화설교는 오늘날 복음의 메시지를 전달하는 데 있어

---

24) 김운용, 243.
25) Johnston, 127.

서 효과적인 전달방법이 될 수 있다.

4) 역할 설교

역할설교란 전통적인 설교의 단점을 극복하기 위하여 설교에서 등장하는 인물들의 역할을 청중에게 맡김으로써 설교의 전달효과를 높이는 방식을 말한다. 그러므로 이 방법은 설교자의 설명 외에 보조 설교자들에게 설교 메시지를 읽게 하거나 성경의 인물에 대한 캐릭터 연기를 통하여 메시지에 대한 경험을 극대화하는 설교의 방법이다.[26) 이러한 역할극은 오늘날 심리학자들이나 정신과 의사들이 환자들을 치료하는 방법으로도 널리 알려져 있는데, 이는 특정 상황이나 문제를 시뮬레이션한 다음, 환자들에게 그 역할을 맡긴다. 이러한 가운데, 관찰자는 환자들의 생각이나 감정, 행동 등을 살펴봄으로써 문제를 해결하려고 노력한다. 이처럼 역할설교는 단순한 교리나 지식을 전달하는 대신에 성경에서 나오는 실존의 인물들에 대한 경험을 통하여 설교 메시지의 커뮤니케이션 효과를 극대화한다. 결국, 역할설교는 진리를 경험적 차원으로 접목함으로써 청중에게 수용력을 높이고자 하는 것이 목적이다.[27) 하지만, 역할설교의 약점은 설교를 준비하는 과정에서 많은 시간과 노력이

---

26) 정인교, 174.
27) Ibid., 175

필요하며, 본 설교를 위해서는 설교자와 보조 설교자들에게 맡겨진 역할들에 대한 충분한 시간과 훈련이 요구된다.

5) 대화 설교

대화 설교는 설교자가 일방적으로 메시지를 전달하는 것이 아니라, 대화의 형식을 통하여 메시지를 전달하는 방법을 말한다. 이러한 대화 형식은 성경의 곳곳에서 찾을 수 있는데, 특히 공관복음에서 보면, 예수님은 복음을 전하실 때, 제자들이나 무리에게 이러한 대화를 통하여 말씀을 전하셨음을 알 수 있다. 그러므로 이러한 대화 설교는 궁극적으로 청중을 설교에 능동적으로 참여하게 하는 쌍방향 커뮤니케이션의 대표적인 전달방법이다. 즉 설교자가 말하고 청중은 듣는 원웨이(One-way) 커뮤니케이션이 아니라, 청중이 설교자와 함께 적극적으로 참여하게 하는 투웨이(Two-way) 커뮤니케이션을 한다. 이러한 대화 설교는 인터뷰식 2인 대화 설교, 질의식 대화 설교, 소그룹 대화 설교 등으로 나눌 수 있다. 인터뷰식 2인 대화 설교는 두 사람의 설교자가 등장하여 서로 묻고 대답하며 이끌어 가기 때문에 청중이 직접 설교에 참여하는 것은 한계가 있으나, 설교의 전달 효과를 극대화하고, 설교자의 일방적인 태도를 완화할 수 있다.[28] 질의식 대화 설교는 설교자가 설교 하다가 청중로부터 질문이 있으면 질의를 하고, 설교자가 이에 대해 대답을 하는 방식이다. 그러나 이러한 질의식 대화 설교는 청중의 규모가 클 때는 실행하기가 어려우므로 질문자를 미리 선정하여야 하고, 어떤 경우에는 설교가 논쟁이 될 수 있는 위험 부담을 느낀다.[29] 소그룹 대화 설교는 규모가 10명에서 30명 정도의 교회에서 적합하며, 화답과 응답, 쌍방적인 대화 형태로 설교를 할 수 있다. 따라서 이러한 설교 방법은 청중이 자발적으로 설교에 참여하여 직접적인 대화를 할 수 있으나, 설교를 진하는 데 있어서 순조롭지 못한 경우들이 나타날 수 있으며, 설교의 주제나 핵심 방향에서 벗어날 수 있는 약점들이 나타날 수 있다.[30]

4. 시대가 요구하는 영화설교의 필요성

오늘날 21세기 포스트모더니즘의 시대에는 다양한 뉴미디어의 등장으로 청중의 커뮤니케이션 환경과 패러다임이 아주 빠르게 변화되고 있다. 이러한 변화는 오늘날 기독교에도 많은 영향을 미치고 있다. 특히 포스트모던 청중은 교회 사역에서도 변화를 가져오게 하였는데, 이제 그들은 영상미디어에 익숙하게 되면서 오늘날 교회들은 영상시스템을 이용한 예배나 교육이 증가하고 있다. 이러한 상황에서 설교자들은 예

---

28) Ibid., 187.
29) Ibid., 202.
30) Ibid., 217.

배 사역의 중심인 설교를 어떻게 대처해야 할 것인가를 고민한다. 그래서 저자는 복음의 진리를 청중에게 전달하는데 있어, 복음의 메시지 내용뿐만이 아니라, 복음의 전달방법도 중요하다는 것을 제안한다.

왜냐하면, 설교의 주제나 핵심내용들이 잘 준비가 된다고 할지라도, 청중에게 그 메시지가 충분하게 전달되지 않는다면, 그 설교는 제 역할을 하지 못하게 되기 때문이다. 따라서 저자는 포스트모던 청중에게 복음의 메시지를 효과적으로 전달하려는 방법으로서 영화설교의 이론적인 근거와 타당성을 검증하고, 실제로 저자가 경험한 영화설교를 바탕으로 실제 사례를 제시함으로써 설교자들이 영화설교를 효과적으로 활용할 수 있는 서적이 필요하다고 판단하였다.

그럼, 영화설교가 등장하게 된 배경을 살펴보도록 하자. 현시대는 포스트모더니즘이라는 현상과 문화가 나타나게 되었는데, 이는 계몽주의 이후 나타난 모더니즘의 한계를 극복하려는 시대정신이요, 문화적인 현상이다.31) 그런데 이러한 포스트모더니즘의 현상은 현대 사회의 전반에 걸쳐 다방면으로 많은 영향을 미치게 됨으로써 오늘날 기독교에도 많은 변화를 가져다준다. 그리고 최근에는 코로나 팬데믹으로 인하여 전 세계가 급격한 변화의 시대를 맞이하고 있다. 이러한 변화는 기독교의 교회들에게도 마찬가지이다. 그 중에서도 가장 큰 변화는 교회의 대면 예

---

31) 김운용, 새롭게 설교하기, (서울: 예배와 설교 아카데미, 2015), 79.

배가 중단되면서 교인들이 예배에 참석하지 않고 온라인 비대면 예배를 드려도 큰 문제가 없는 것처럼 인식한다는 것이다. 따라서 지금 목회자들이나 교회의 지도자들이 가장 고민하는 것은 대면 예배에 참석하는 교인들의 숫자가 나날이 감소하는 것이다.[32]

이러한 상황에서 현대 교회는 과연 어떠한 대책을 세워야 할 것인가? 이에 대해 저자는 무엇보다도 먼저 대면 예배가 회복되어야 한다는 것을 강조한다. 왜냐하면, 예배는 하나님 앞에 신령과 진정으로 드려야 할 뿐만 아니라, 그리스도와 한 몸을 이루는 시간과 장소가 되어야 하기 때문이다. 그러나 비밀대면 예배는 아무리 예배의 형태를 갖추고 있고, 앞으로 계속 발전한다고 하더라도 교회의 본질인 그리스도의 몸된 교회를 이루는 데는 미흡하다. 그 이유는 교회는 단순히 예배만 드리는 장소가 아니라, 교육, 봉사, 교제와 같은 사역들도 함께 실행되어야 하기 때문이다. 따라서 저자는 오늘날 예배에서 가장 중요하다고 말할 수 있는 설교가 포스트모던 청중에게 효과적인 전달방법으로 새로워지는 것이 대면 예배를 회복할 수 있는 또 하나의 방법이라고 생각되었다. 이러한 배경에는 지금 한국교회가 설교의 위기를 맞이했다고 주장하는 신학자들이 자신들의 목소리를 내고 있다.

---

32) "코로나 19로 인한 한국교회 영향도 조사 보고서 발표" 고갱뉴스, (2020년 4월 10일 수정)

김세광은 "현대 한국교회의 설교 언어는 어느 때보다 위기를 맞고 있다. 이에 대해서는 두 가지 측면에서 살필 수 있는데, 하나는 청중과 설교자의 거리의 문제이고, 다른 하나는 설교 자체에 대한 이해의 문제다"라고 강조한다.[33] 이는 오늘날 문화의 패러다임이 변화되면서 청중의 언어도 변화되고 있는데, 설교자가 이러한 설교 언어에 대한 이해가 부족하고 미흡하다고 지적한 것이다.

주승중은 "포스트모던 시대의 청중은 시청각적인 이미지에 의해 정보를 받아들일 뿐만 아니라, 재미와 즐거움도 추구하기 때문에 쌍방향적인 커뮤니케이션을 위한 멀티미디어를 설교에 활용해야 한다"라고 강조한다.[34] 또한, 정장복은 클라이드 라이드(Clyde Reid)의 변역서인 「설교의 위기」의 머리말에서 "내 설교가 신자들의 변화된 생활양식과 태도에 아무런 영향을 주지 못한다고 하면서 이러한 문제를 커뮤니케이션이라는 형태로 풀어 보려고 연구하고 노력할 것"이라고 강조한다.[35]

이 같은 학자들의 주장은 설교자와 청중 간에 메시지 전달이 충분히 이루어지도록 하는 것이 중요하다는 것이다. 따라서 현대의 설교는 청중에게 쉽게 이해되고, 소통할 수 있는 효과적인 설교의 전달방법이 필요하다.

---

33) 김세광, 예배와 현대문화, (서울: 기독교서회, 2009), 87.
34) 주승중, 성경적 원리와 실제, (서울: 예배와 설교 아카데미, 2006), 450-2.
35) Clyde Reid, 설교의 위기, 정장복 역, (서울: 개한기독교출판사, 1983), 5.

이에 저자는 오늘날 설교가 기존의 전달방법에서 벗어나 포스트모던 청중에게 적합한 전달방법을 찾는 것도 필요하다고 생각한다. 왜냐하면, 포스트모던 시대에는 다양한 미디어들의 등장으로 커뮤니케이션의 패러다임이 변화되고 있고, 청중에게도 커뮤니케이션의 범위와 방법들이 확대되고 있기 때문이다. 게다가 코로나 판데믹으로 인해 이러한 변화가 더 빠르게 다가오고 있다. 그래서 오늘날 설교는 시대의 흐름에 적합한 설교방법을 제시하는 것이 필요하고, 또한 포스트모던 청중에게 더욱더 친근감 있게 다가가서 소통을 효과적으로 할 수 있어야 한다. 이를 위해서 오늘날 설교자들은 당연히 성경 본문에 기록된 하나님의 뜻을 정확하게 해석하는 것이 무엇보다도 중요하지만, 청중에게 메시지를 어떻게 전달하는 것이 효과적인지를 생각해 보아야 한다. 그런데 복음주의나 보수주의에서 보면, 본문을 중심으로 하는 설교의 메시지는 강조를 하지만, 메시지를 전달하는 방법에 대해서는 지금까지 연구가 미흡하다.

따라서 저자는 이러한 관점에서 오랫동안 고민을 하다가 지난 3년 동안 영화설교를 실행해 보았다. 그 결과, 영화설교가 오늘날 포스트모던 청중에게 메시지 전달과 소통면에서 효과적이라는 것에 자신감을 가지게 되었다. 그 이유는 대부분 청중은 기존의 설교가 주로 설교자로부터 일방적으로 듣게 하는 설교에 그쳤으나, 영화설교는 시청각 매체를 통하여 듣고 보는 설교로서 청중이 메시지의 내용을 더욱 쉽게 이해할 수 있고, 소통하는 데도 효과적이기 때문이다. 그런데 이미 일부 신학자들은 기존의 설교가 너무 일방적인 메시지 전달이라는 사실을 깨닫고, 다른 효과적인 설교의 전달방법을 모색해 왔었다. 예를 들면, 성경에서도 이미 사용되었던 내러티브나 시각적 이미지와 상징과 같은 비유를 통한 설교방법들을 통하여 이러한 전달방법들을 확대하고자 하였다. 하지만 영화설교에 대해서는 거부감을 가지고 있던 일부의 그리스도인들이나 신학자들은 거룩한 하나님의 말씀과 진리를 전달하는 데 있어, 영화설교가 메시지 보다 오히려 영화의 장면이나 이미지를 더 주목받게 함으로써 주객이 전도되는 위험성을 가지고 있다고 말한다. 따라서 그들은 이러한 영화설교가 경건한 예배에서 부정적인 반응을 불러일으킬 수 있다고 비평한다. 즉 영화설교가 메시지 보다 오히려 영화의 장면이나 이미지를 더 주목받게 함으로써 주객이 전도되는 위험성을 가지고 있으므로 이러한 영화설교가 부적합하다고 주장한다.

이에 저자는 영화설교에 대한 이러한 부정적인 인식을 어떻게 해결할 수 있을까를 생각하게 되었는데, 영화의 위치를 설교의 이해를 돕기 위한 제한적 도구임을 먼저 교육하여 인식시킨 후, 철저히 검증된 좋은 영화를 선정하는 과정이 필요하다는 것을 알게 되었다. 이에 저자는 '바람직한 영화 감상법'과 같은 사전 교육과 영화 선정에 필요한 과정을 통해 청중을 이해시킴으로써 영화설교의 부정적 요소를 최소화 하여 영화

설교를 효율적으로 활용할 수 있도록 제안하고자 한다.

따라서 저자는 영화설교에 대해 다음과 같은 목회적 필요성을 제시하고자 한다.

첫째, 오늘날 포스트모던의 시대는 미디어 환경이 급속하게 변화되면서 이제 청중은 귀로만 듣는 시대가 아니라, 귀로 듣고 눈으로 보는 영상 시대가 도래했다. 따라서 대부분 교회는 영상미디어의 시설을 갖추고 있으며, 청중도 영상미디어에 익숙한 환경이 되었다. 그리고 성경에도 이미지나 비유를 통한 상상력을 자극하는 표현들이 빈번히 나타난다. 따라서 현대의 포스트모던 청중은 이러한 시청각 영상 미디어를 활용한 영화설교에 관한 관심이 확대되고 있다.

둘째, 오늘날 포스트모던 시대는 설교자가 권위를 가지고 이성적인 논리만을 주장하기보다는 청중에게 더 가깝게 다가갈 수 있는 감성적인 접근이 필요하다. 왜냐하면, 포스트모던의 시대에는 명제나 논증의 형태보다는 이야기나 메타포, 이미지와 상상력을 보다 중요하게 생각하기 때문이다.36) 그러므로 설교자는 일차적으로는 성경의 본문을 통해 하나님의 뜻을 정확하게 해석하는 것이고, 이차적으로는 설교의 주제와 메시지 내용을 어떠한 전달방법으로 청중과 소통할 것인가를 깊이 있게 고민해야 한다. 이러할 때, 영화설교는 영화가 가지고 있는 스토리텔링

---

36) 김운용, 96.

과 이미지의 표현을 잘 활용함으로써 청중에게 설교를 보다 쉽게 이해시키고 소통을 극대화할 수 있다.

셋째, 영화는 기본적으로 청중의 마음을 움직이는 힘과 영향력이 있다. 왜냐하면, 영화는 현대문화의 중추적인 역할을 하면서 대중과 끊임없이 소통하기 때문이다. 그러나 일부의 그리스도인들이나 신학자들은 영화가 가지는 세속적인 면을 문제로 삼으면서 부정적인 견해를 드러내고, 또한 설교에서의 영화사용은 메시지보다 오히려 영화의 장면이나 이미지를 부각하기 때문에 부적합하다고 비판한다. 물론 영화는 속성상 이러한 문제점이 나타날 수 있지만, 영화는 대중의 삶을 이야기함으로써 위로와 희망과 용기를 주기도 하고, 때로는 깊은 감동을 준다. 게다가 현실에서 보지 못하는 세계를 경험하게 함으로써 인간의 호기심과 상상력을 충족시키는 역할도 한다. 그러므로 영화가 가지는 대중의 힘과 영향력은 크다고 말할 수 있다.

미국의 풀러 신학교의 교수인 로버트 K. 존스턴(Robert K. Johnston)은 "문화적으로 영화가 가지는 힘은 대중의 소리를 듣는 것이나 상품성이나 역사 수업을 받는 것에 제한되는 것이 아니다."라고 강조한다.[37] 여기서 존스턴은 영화가 대중에게 영향을 미치는 힘이 있으므로 영화가

---

37) Robert K. Johnston, Reel Spirituality (Grand Rapids: Baker Academic, 2006), 32.

실제로 어떻게 이해되고 활용되는가에 따라서 대중에게 미치는 영향력은 달라질 수 있다는 것이다. 그러므로 영화설교는 포스트모던 청중에게 하나님의 메시지를 전달하고 소통하는데도 매우 유용하다고 말할 수 있다. 따라서 영화가 기독교적으로 활용될 수 있는 이유는 좋은 서적이 대중에게 사회적인 공감대를 형성하듯이, 좋은 영화도 대중에게 사회적인 공감대를 형성시킬 수 있기 때문이다. 그러므로 영화설교는 청중에게 성경의 말씀을 효과적으로 커뮤니케이션하는 좋은 소통의 방법이 될 수 있다. 이에 그리스도인들뿐만이 아니라, 비그리스도인들을 전도하는데도 효과적인 수단으로 활용될 수 있다.

넷째, 공관복음에서 보면, 예수님도 복음을 전하실 때, 문자나 말로만 커뮤니케이션하기보다 이미지나 그림으로 상상력을 불러일으키는 설교도 하셨다. 예수님이 이러한 방법을 사용하신 것은 이미지가 가지는 시각적인 특성이 인간의 감각작용에 있어서 의미 전달이 빠르고 즉각적이기 때문이다.[38] 그러므로 이미지가 만들어지고 작용하는 과정을 상상력으로 이해하게 되면서 이것은 일상적 인식과 이해 그리고 해석을 가능하게 해주는 중요한 요소이며, 인간 삶과 실재, 신비의 세계를 이해하게 해주는 탐사봉과 같은 역할을 한다.[39] 안석모는 실천신학에서 이미

---

38) 김운용, 261.
39) Ibid., 260.

지 활용이 두 가지로 나타난다고 말한다. "하나는 실천신학의 대상을 포착하는 데 있어서 이미지를 활용한다는 것, 또 하나는 이미지가 가지는 특성과 그 안에 포함하고 있는 심리적·사회적 에너지들의 발동 채널과 같은 특성을 활용하여 효율적인 목회 실천을 꾀한다."라고 강조한다.[40] 즉 이것은 이미지의 목회적 활용이 궁극적으로 청중에게 설교 메시지를 커뮤니케이션을 하는데 있어서 매우 유용하다는 것이다.

다섯째, 영화설교는 영화와 설교가 결합한 형식으로 기존의 전통적인 설교와는 차별화된다. 그 이유를 보면, 전통적인 설교는 하나님의 메시지를 일방적으로 전달하는 방법이지만, 영화설교는 청중에게 영화의 주제나 내용을 성경 본문과의 주제나 관련된 내용으로 연결함으로써 서로 간에 공감대를 형성시키고자 한다. 이러한 측면에서 영화설교는 전통적인 설교와 구분된다. 그러므로 설교의 전달방법은 그 시대의 문화나 청중의 변화에 따라 달라질 수가 있다. 이러한 증거로는 예수님도 그 시대와 상황에 따라서 복음의 전달방법과 경로를 선택하셨다는 것이다.[41] 그래서 설교자는 그 시대의 문화에도 관심을 가져야 하고, 청중의 의식이나 가치관에서도 변화를 파악할 수 있어야 한다. 그러므로 설교자는 시대적 상황이나 설교의 대상에 따라서 어떠한 설교 방법이 더욱

---

40) Ibid., 261-2.
41) Ibid., 70.

효과적인 전달방법이 될 수 있는지를 자세하게 검토해야 한다. 이러한 접근법은 오늘날 마케팅에서도 매우 중요하게 다루는 전략적인 방법이다.

이상으로 저자는 영화설교에 대한 목회적 필요성을 살펴보면서 오늘날 포스트모던 시대의 청중에게 바람직한 설교방법 중의 하나로서 영화설교가 될 수 있다고 판단하였다. 게다가 설교를 준비하는데 있어서 가장 중요한 것은 성경 본문에 대한 올바른 해석을 통하여 설교의 메시지를 만드는 것이고, 다음은 설교의 메시지를 청중에게 어떻게 전달할 것인가를 전달방법도 중요한 것임을 다시 한 번 강조하고자 한다. 왜냐하면, 대부분이 설교자들이 주로 기존에 실행하던 방법 그대로 실행하는 경우가 빈번하기 때문이다. 그러므로 설교자들은 하나님 복음의 메시지를 청중에게 커뮤니케이션하는 과정에서 성경의 말씀을 바르게 해석해서 어떻게 전달할 것인가를 고민하고 연구해야 할 책임이 있다. 그 이유는 설교사역의 궁극적인 목적은 하나님의 뜻을 정확하게 해석해서 청중에게 그 메시지를 올바르게 전달해야 하기 때문이다. 이러한 관점에서 저자는 포스트모던 청중을 위한 효과적인 설교방법의 하나로써 영화설교를 제안한다. 그 이유는 저자가 그동안 영화설교를 실행해 본 경험으로 볼 때, 오늘날 포스트모던 청중은 영상의 이미지를 선호하고, 스토리텔링과 상상력을 통한 커뮤니케이션에도 익숙하다는 것을 체험했기 때문이다.

따라서 저자는 오늘날 포스트모던 시대의 커뮤니케이션 환경 속에서 하나님의 말씀을 선포하는 설교자들이 청중에게 메시지를 효과적으로 전달하고 소통하려는 방법으로 영화설교를 제안한다. 또한, 저자는 이 책을 통해서 영화설교가 성경 신학적인 배경에서 어떠한 근거와 타당성이 있는지를 살펴보고, 나아가서 설교자들이 영화설교를 어떻게 활용할 것인가에 대한 유용성까지도 그 비결(Know-How)을 제시한다. 그렇게 함으로써 저자는 궁극적으로 영화설교에 대한 서적을 발간하여 영화 설교에 관심이 있는 목회자나 선교사 그리고 신학생이나 평신도들에게 도움을 주고, 설교의 지평을 넓히는데도 이바지하고자 한다. 그리고 본 서적은 국내외 다른 서적에서는 볼 수 없는 영화설교의 효과적인 접근 방법과 실제 사례들을 제시하고 있는데, 첫째, 영화설교를 위한 메시지 플랫폼(Platform)을 작성함으로써 선정하고자 하는 영화의 지침을 작성하고, 둘째는 선정한 영화의 중심이 되는 장면과 내용을 시놉시스로 작성하여 삽입시킴으로써 영화설교의 실제 사례를 제시하였다. 따라서 본 서적은 영화설교를 위한 국내외 유일한 지침서가 될 것이다.

5. 영화설교에 대한 이해와 태도

영화는 전문적이고 기술적인 영상작업과 음성작업을 통하여 완성된 작품을 관객들에게 보여주는 대중문화의 한 부류이다. 따라서 영화가 만들어지기까지 일련의 과정과 생산양식, 유통, 소비에 이르는 영화의 행태는 스크린 안에서만 판단될 수 없는 인생의 전 영역에 깊게 영향력을 행사하고 있다.[42] 이처럼 영화는 오늘날 대중의 삶에 크게 영향을 미치고 있으며, 현대 사회의 문화 속에서 종합예술로서의 중요한 위치를 차지하고 있다. 그러므로 영화는 대중과 호흡하면서 사회적인 가치관을 형성시키기도 하고, 사람들의 삶에도 영향을 미치면서 지속해서 성장, 발전하고 있다. 따라서 영화를 시대의 거울이라고도 부르는데, 이는 영화가 대중 속에서 그 시대의 사회의 모습이나 문화를 들여다 볼 수 있는 거울의 역할을 하기 때문이다. 또한, 영화는 우리가 살아가는 삶의 주제들을 다루고 있기에 대중과 호흡하면서 감동을 주고, 공감대를 형성시키기도 한다. 따라서 영화는 1895년에 프랑스의 뤼미에르 형제가 발명한 이래 오늘날 포스트모더니즘의 시대에도 문화산업의 꽃으로 자리를 잡고 있으면서 대중과 커뮤니케이션하는 텍스트의 역할을 감당하고 있다.

---

42) 박한철, 강진구, 감성시대의 영화읽기(서울: 예영커뮤니케이션, 2002), 191.

따라서 오늘날 영화를 만드는 제작자나 감독, 그리고 시나리오 작가들은 늘 세상에서 일어나는 시대적 현상이나 여러 가지 사건들, 그리고 대중의 삶에도 관심을 가지면서 영화의 소재들을 찾으려고 노력하고 있다. 그 결과, 영화는 그 시대의 사회적, 문화적, 정치적, 역사적 상황이나 이데올로기 등을 담아내는 동반자의 역할도 감당하고 있다. 그러므로 영화는 오늘날 현대 사회의 깊숙한 곳에 자리를 잡으면서 대중문화의 중요한 위치를 차지하고 있으며, 단순히 엔터테인먼트 이상의 중요한 사회제도(social institution)의 역할을 한다.[43] 게다가 영화는 오늘날 사회의 의식과 가치체계에도 많은 영향을 미친다. 그러므로 영화는 시대적인 이데올로기나 사회화를 유발하는 매체로서, 또한 오락성이나 상업성을 전달하는 매체로서 대중문화의 중심축이라고도 불리운다. 이러한 내용을 종합해 볼 때, 저자는 오늘날 포스트모던 청중에게 중요한 역할을 하는 영화를 설교와 접목했을 때, 과연 이러한 영화설교가 성경 신학적 관점에서 효과적인 설교 전달방법으로써 어떠한 근거와 타당성이 있는지를 검증하고자 한다.

그럼, 우선 영화설교의 정의가 무엇인지를 살펴보도록 하자. 일반적으로 영화는 카메라를 사용하여 영상을 촬영하고, 기술적인 편집과 녹음을 통하여 작품을 완성해서 스크린에 재생하는 것을 말한다. 따라서

---

43) Ibid., 157.

영화를 지칭하는 용어로는 필름(film), 무비(movie), 시네마(cinema), 모션 픽쳐(motion picture), 무빙 픽쳐(moving picture), 무빙 포토그래픽(moving photography) 등으로 표기한다.[44] 그러므로 영화설교의 정의는 설교자가 영화를 설교에 접목하여 청중에게 메시지를 전달하는 방법을 말한다. 따라서 영화설교를 실행하는 궁극적인 목적은 청중에게 복음을 효과적으로 커뮤니케이션하는 것이다.

그럼 이러한 영화설교를 실행하기 위해서 설교자는 기본적으로 무엇을 이해해야 하는가? 첫째, 영화설교는 성경 본문의 말씀 바르게 해석해야 한다. 왜냐하면, 설교에서 무엇보다 중요한 것은 설교자가 하나님의 진리인 말씀을 바르게 해석해서 결국은 설교를 통하여 메시지가 청중에게 전달되어야 하기 때문이다. 그런데 성경해석과 관련된 문제점으로는 알레고리적 해석이나 혹은 자의적 해석이 많다는 것이다.[45] 따라서 설교자는 영화설교를 실행하기 위해서는 무엇보다도 성경 본문의 주제와 메시지를 정확하게 해석하는 것이 중요하다.

둘째, 영화설교는 성령의 역할을 중요하게 생각해야 한다. 왜냐하면, 성경은 하나님의 감동으로 쓰여졌기 때문에 성령님이 역사하지 않으면, 설교에서도 청중에게 깊은 감동을 줄 수 없다. 따라서 설교자는 전적으

---

44) 이승구, 이용관, 영화용어해설집 (서울: 영화진흥공사, 1995). 287-8.
45) 김운용, 51.

로 성령님께 의지함으로써 청중에게 설교의 메시지를 쉽게 이해시키고 소통할 수 있도록 늘 성령의 충만함을 유지해야 한다.

셋째, 영화설교는 설교의 주제와 적합한 영화를 선별할 수 있는 설교자의 통찰력과 판단력이 필요하다. 그 이유는 그리스도인들은 영화를 볼 때, 신학적인 관점에서 어떤 영화를 볼 것인가를 선택해야 할 뿐만 아니라, 영화의 관객이 되어야 하기 때문이다.[46] 따라서 설교자는 영화를 선정할 때, 영화를 연출한 감독의 주제와 방향을 살펴보고, 영화가 주는 핵심적인 메시지를 분석한 후, 설교의 메시지를 작성해야 한다.

넷째, 영화설교는 설교자가 영상 및 음성에 대한 전문적인 편집 기술도 배우고 습득해야 한다. 왜냐하면, 설교자는 메시지의 표현 방향이나 보여주고자 하는 적합한 영상 장면과 오디오를 편집해야 하기 때문이다. 따라서 설교자는 영화의 편집 기술에 대한 지식도 익히고 전체적인 설교 메시지에 맞추어 영상작업을 완성해야 한다.

다섯째, 기존의 전통적인 설교는 설교자가 일방적으로 말씀을 선포하는 일방적 One-way 방식이지만, 영화설교는 설교자와 청중이 서로 소통하는 양방향적 Two-way 방식이란 것을 중요하게 생각해야 한다. 왜냐하면, 영화는 시청각을 통해 전달하는 매체이기 때문에 설교자는 이러한 매체의 특성을 잘 활용함으로써 청중과 소통해야 하기 때문이다.

---

46) Jonston, 23.

그러므로 설교자는 청중에게 상상력을 불러일으킴으로써 이미지의 의미나 상징이 상호 교류될 수 있도록 창의적인 아이디어의 개발과 노력이 필요하다.

여섯째, 설교자는 영화에 대한 부정적인 시각을 버리고, 복음을 전하는데 필요한 도구로서 영화라는 인식을 해야 한다. 왜냐하면, 영화는 하나님이 직접 만드신 것은 아니지만, 인간의 문화 창조의 원리는 하나님이 주셨기 때문이다.[47) 그러므로 설교자는 대중문화의 영역인 영화에까지도 하나님의 손길이 미치고 있다는 것을 기억해야 한다. 그리고 설교자는 영화 속에서 하나님의 메시지를 발견하기 위해서 부단히 노력하면서 하나님의 뜻과 관점에서 적합한 영화를 선정하여야 한다.

일곱째, 영화설교는 기존의 전통적인 설교보다 더 많은 시간과 노력이 필요하다. 왜냐하면, 기존의 설교는 메시지 작업으로 그치지만, 영화설교는 기본적인 메시지 작업을 한 다음, 영화 속에서 필요한 영상을 선택하여 편집 작업을 거쳐야 하기 때문이다. 따라서 설교자는 이러한 작업을 고려하여 충분한 시간을 가지고 사전 준비를 철저히 해야 한다.

이상의 내용을 종합해 볼 때, 설교자들이 영화설교를 실행하기 위해서 가장 중요하게 생각해야 할 것은 먼저 좋은 영화를 선정하는 기준과 통찰력을 기르는 것이 필요하다. 왜냐하면, 좋은 영화가 좋은 설교의 기

---

47) 박한철, 강진구, 192.

본이 되기 때문이다. 따라서 좋은 영화를 선별하는 능력은 먼저 성경 신학적인 지식과 소양을 쌓으면서 신실한 믿음 가운데 하나님의 뜻을 발견하고, 하나님의 음성도 들을 수 있는 영적 훈련을 계속해 나가야 하는 것이다.

제 **2** 장

성경에서 영화적
요소들은 무엇인가?

성경을 보면, 구약은 하나님께서 이스라엘 백성들을 하나님의 백성으로 선택하셔서 그들을 역사적으로 어떻게 다스리고 구원하셨는지에 대한 이야기가 중심적인 내용을 이루고 있다. 그리고 신약은 하나님의 독생자이신 예수 그리스도가 성육신으로 이 땅에 메시아로 오셔서 하나님 나라의 복음을 선포하시고, 십자가에서 죽으심으로 인해 인간들을 죄로부터 구원하시고, 부활과 영생의 축복으로 인도하신다는 이야기가 핵심이다. 그러므로 성경은 성령님의 감동으로 기록된 하나님의 이야기로서 인류의 역사를 그대로 기록한 참 역사서이다. 따라서 성경은 하나님의 말씀인 진리를 전하는 핵심적인 도구로 이야기를 사용해 왔고, 또한 복음의 진리를 선포하는 데도 이야기의 형태를 취하고 있으므로 기독교의 설교는 본질에서 이야기의 형태를 지니고 있다는 것이다.[48] 이에 대한 예를 들면, 구약성경의 창세기에서만 보더라도 다양한 이야기들이 등장하고 있는데, 아담과 하와의 이야기로부터 시작해서 가인과 아벨, 노아의 홍수, 아브라함과 사라, 아브라함과 이삭, 이삭과 이스마엘, 에서와 야곱, 요셉의 이야기들을 언급할 수 있다. 그럼 성경은 왜 이처럼 이야기의 형태로 쓰여졌을까?

첫 번째 이유는 성경이 역사적으로 일어난 사건들을 기록했기 때문이다. 성경의 기자들은 성경을 줄거리가 있는 사건을 따라 이야기로 표

---

48) 김운용, 317.

현하였다. 스턴버그 마이어(Sternberg, Meir)에 따르면, "그렇다고 아무런 이야기나 모두 역사적이고 신학적 형태를 미학적으로 드러낼 수 있는 것이 아니라, 특별한 이야기, 즉 하나님의 이야기만이 그렇게 할 수 있다"라고 주장한다.[49] 다시 말해 하나님은 역사적인 인물과 사건을 중심으로 성경을 하나님의 관점에서 이야기로 기록하게 하셨다.

두 번째 이유는 하나님의 말씀을 전달하고 소통하는데 있어서, 이야기가 메시지를 청중에게 말씀을 가장 잘 이해하도록 도와주며, 사람들의 흥미와 관심을 유발시켜 집중하도록 도와준다. 그리고 이야기는 오래 기억하게 하며, 사람들의 감성적인 부분들을 고양시켜 줌으로 이야기가 시작될 때, 사람들이 이야기의 세계 속으로 참여하게 만든다.[50] 이연길은 "성경은 우리를 향한 하나님의 이야기책이므로 성경을 통하여 하나님을 깊이 이해하고, 하나님과 교통하는 사람은 하나님의 관계를 전달하는 데 이야기가 힘이 있다"라고 주장한다.[51] 또한, H. 리처드 니버(H. Richard Niebuhr)는 "이러한 이야기들은 하나님과 세상(World)을 드러내는 도구라고 주장하면서 하나님께서는 이야기를 통해 하나님을 선명하게 노출하고 계시하신다."라고 주장한다.[52] 아모스 와일더

---

49) Ibid., 322.
50) Ibid., 240.
51) Ibid., 320.
52) Ibid., 317-8.

(Amos Wilder)는 "복음의 핵심적인 본질은 이야기의 형태로 우리에게 다가온다."라고 주장한다.[53] 이에 저자는 설교자들이 이와 같은 이야기의 특성인 내러티브를 이해하는 것이 필요하다고 생각한다. 왜냐하면, 사람들은 이야기를 좋아하고, 이러한 내러티브를 중심으로 한 이야기 설교가 하나님의 말씀을 단순히 전달하는 것을 넘어서 소통 면에서도 효과적이기 때문이다. 따라서 김운용에 의하면, 강력한 이야기는 뭔가를 일어나게 하며(do something), 그것이 일어나게 하는 효과가 있다(do effect)는 것이다.[54]

그럼, 여기서 이야기가 무엇인가를 살펴보면, 이야기는 그 이야기가 무엇인지를 말하는 내용(content)과 그 이야기를 전달하는 형식(form)으로 구분된다.[55] 즉 내용은 하나님의 말씀인 진리에 대한 구체적인 의미를 말하는 것이고, 형식은 그 의미를 어떠한 흐름이나 논리로 표현했는가를 말한다. 이러한 배경에서 저자는 성경에서 쓰인 표현 중에서 영화적인 요소들과 연결해보고자 한다. 특히 그중에서도 이야기의 형식으로서의 내러티브(Narrative), 비유를 통한 메시지 표현, 상상력을 불러

---

53) Ibid., 318.
54) Ibid., 241.
55) Ibid., 327. 학자들 간에는 내러티브의 이야기(스토리)를 동의어로 사용하기도 하고, 다르게 사용하기도 한다. 유진 라우리는 스토리를 이야기의 내용으로 내러티브를 이야기의 형식으로 구분해서 설명한다.

일으키는 시각적인 이미지나 그림 언어에 대한 표현들을 중점적으로 살펴보고자 한다.

1. 내러티브(Narrative)

영화를 제작하는 데 있어, 먼저 준비해야 할 작업은 시나리오이다. 그런데 이러한 시나리오를 구성하는데 있어서 그 뼈대를 이루는 것이 이야기이다. 그리고 이러한 시나리오는 시작, 중간, 끝으로 진행된다. 그러므로 일반적인 스토리텔링에서처럼, 영화의 이야기도 영화의 의미와 중요성을 전달하는 데 있어 확실하게 도움을 주는 특성을 가진다.[56] 그리고 영화의 이야기는 내용을 구성하는 콘텐츠와 형식을 의미하는 내러티브가 어우러져서 하나의 완성된 시나리오가 완성된다. 그런데 이러한 이야기가 내러티브, 스토리, 플롯이라는 단어와 서로 중복되어 사용하는 경우가 흔하다. 그 이유는 내러티브가 지닌 다의적인 차원 때문이다.[57] 그러므로 이러한 내러티브는 문자적으로 표현하는 문학작품에서의 역할과 마찬가지로 영화의 시나리오에서도 동일한 역할을 하게 된다. 이것

---

56) Jonston, 144.
57) 김재호, "내러티브의 상위구조와 하위구조에 따른 애니메이션 분석모형 연구" (박사학위논문, 홍익대학교 대학원, 2007), 19.

은 영화의 시나리오를 구성하는 데도 이야기로서의 내러티브가 중심적인 역할을 한다는 것인데, 그럼, 이러한 내러티브(이야기)의 특성은 무엇인가를 살펴보자.

첫째, 내러티브(이야기)는 플롯(plot)과 등장인물, 배경, 관점으로 구성된다.[58] 여기서 플롯은 영화나 소설에서의 줄거리, 구상을 말하는데, 이는 개념, 인물 구성, 주제, 사건, 배경, 장애물 등의 요소들이 서로 다른 요소와 연결되면서 이야기가 만들어진다.[59] 그러므로 내러티브는 시간의 흐름 속에서 전개되어 가는데, 이 흐름이나 움직임을 지배하는 것이 플롯이다. 그래서 유진 라우리(Eugene Lowry)는 플롯을 정의하기를 "불평형 상태(disequilibrium)에서부터 해결상황(resolution)으로 움직여 가는 이야기의 지속적인 긴장감(suspense)이다."라고 말한다.[60] 성경에는 수많은 이야기가 내러티브로 기록되어 있는데, 예를 들면, 창세기 25장 21절부터 27장 46절까지의 말씀은 "야곱의 축복 이야기"라고 말할 수 있다. 여기 플롯을 분석해 보면, 인물은 이삭과 리브가, 그리고 에서와 야곱이 등장하고, 배경은 이삭과 리브가의 가정에 쌍둥이 아들인 에

---

58) Steven D. Mathewson, 구약의 내러티브 설교, 이승진 역 (서울: 기독교문서선교회, 2016), 65.
59) 김재호, 20.
60) Eugene Lowry, Doing Time in the Pulpit: Thea Relationship between Narrative and Preaching. 김운용, 재인용, 329.

서와 야곱이 태어나 자라면서 장자권에 대한 문제가 사건의 발단이 된다. 또한, 사건의 구체적인 전개를 요약해 보면, 형 에서가 사냥에서 돌아온 후, 배가 고픈 나머지 동생 야곱에게 자신이 가지고 있던 장자권을 팥죽 한 그릇에 팔아넘긴다. 그런데 이러한 사건의 배경에는 리브가와 야곱이 에서의 장자권을 뺏기 위해서 사전에 음모를 꾸며서 이삭을 속이고, 이 사건을 발생시킨 것이다. 나중에 에서가 이 사실을 알게 되자, 에서는 야곱을 죽이려고 결심한다. 리브가가 이러한 에서의 음모를 이삭에게 말함으로써 결국 야곱은 삼촌 라반의 집으로 도망을 간다. 그러나 하나님은 리브가가 임신했을 때, 약속하셨던 말씀그대로 야곱을 끝까지 지켜주시고, 장자권의 축복도 허락하신다. 따라서 본문에서 강조하는 것은 하나님의 축복은 하나님의 주권과 섭리 안에 있다는 것이다. 이처럼 내러티브는 플롯을 통하여 이야기의 구조를 만들어내고, 이야기의 흐름을 만들어 가는 것을 말하는데, 이처럼 플롯은 단순한 이야기의 흐름이 아니라, 긴장이나 문제 상황으로부터 반전을 거듭하면서 해결점을 향하여 나아간다.

둘째, 내러티브(이야기)는 움직임(movement)이 있다. 내러티브는 정지된 정물화와 같은 것이 아니다. 왜냐하면, 내러티브에는 그 안에서 무언가가 일어나고 있기 때문이다.[61] 그러므로 내러티브는 단순히 사건

---

61) 김운용, 330.

을 나열하는 것이 아니라, 사건의 시작에서부터 의미 있는 사건들이 계속 연결되면서 그 움직임 속에서 이야기가 완성된다. 따라서 청중은 마지막 결말에서야 그 이야기가 어떻게 되는지를 알게 된다. 이처럼 내러티브는 마치 시작으로부터 끝을 향하여 진행해 가는 전개 과정을 말한다. 앞에서 예를 들었던 야곱의 축복에 대한 성경 본문을 보면, 에서의 장자권에서부터 시작된 사건이 또 다른 사건들과 연결되고, 이어서 새로운 사건들이 발생하다가, 결국 마지막에는 하나님께서 끝까지 야곱의 장자권을 축복하셨다는 해피엔딩으로 마무리된다. 이처럼 내러티브는 일정한 시간의 흐름만을 이야기하는 것이 아니라, 여러 사건이 긴장감 속에서 서로 복잡하게 연결되어 전개되다가 드디어 마지막에 사건의 해결점이 제시된다.

셋째, 내러티브(이야기)는 관점(point of view)을 갖는다. 관점은 서사 비평이나 문학비평에서 많이 사용되는 용어로, 이야기 전체를 일정한 방향으로 이끌어 가는 역할을 한다. 그래서 관점은 이야기를 위한 규범이나 가치관으로써 이야기의 판단기준이 된다. 그래서 성경의 기자들은 언제나 이야기의 관점을 하나님의 관점에 고정하고 있음을 볼 수 있다.[62]

---

62) Ibid., 328.

이상의 내용을 요약해 보면, 내러티브는 이야기를 전달하는 방식과 관점을 말하기 때문에 이는 다양하게 표현될 수 있다. 따라서 내러티브는 이야기의 내용을 만들어 가는 과정에서 그 내용을 어떻게 표현할 것인가를 의미하므로 완성된 이야기는 이야기와 내러티브가 함께 어우러져서 전체를 이루게 된다. 또한, 내러티브는 플롯이 중요한 요소가 되기 때문에 이것은 영화의 시나리오에서도 마찬가지이다. 따라서 성경은 하나님이 천지를 창조하신 이야기로 시작해서 인류 멸망과 새 하늘과 새 땅의 재창조 이야기까지 마치 한 편의 영화 시나리오처럼 쓰여졌다고 말할 수 있다. 이러한 관점에서 보면, 영화 시나리오에서 중요한 역할을 하는 내러티브 요소가 성경에서도 자주 표현되고 있다는 것을 알 수 있다. 그러므로 성경은 하나님의 이야기이고, 하나님께서 쓰신 한편의 위대한 드라마라고 말할 수 있다.

2. 비유를 통한 메시지 표현

영화라는 매체는 시각과 청각이라는 두 개의 감각기관을 주로 사용한다.[63] 그래서 영화의 메시지는 청각을 주로 사용하는 대사와 내레이션(Narration)이 있고, 시각을 주로 사용하는 영상이 있는데, 이 두 가지

---

63) 이정배, 내 인생을 가로지르는 영화 (서울: 도서출판 예술과 경영, 2017), 14.

가 결합함으로써 영화는 궁극적으로 관객들과 소통을 하게 된다. 따라서 감독은 영화를 제작하기 위해서 가장 먼저 준비해야 할 것은 시나리오이다. 그 이유는 시나리오가 이러한 기본적인 내용을 모두 포함하고 있기 때문이다. 이러한 맥락에서 작가는 시나리오를 집필하는 과정에서 플롯을 구성하고, 자신만의 상상력을 동원하여 수사적인 기법을 사용하게 되는데, 이때, 작가는 은유나 직유와 같은 비유법을 활용하게 된다.

성경에서도 보면, 이러한 비유법을 통해서 말씀을 기록하고 있다. 그러면 비유의 개념적 정의는 무엇인가? 비유를 사전적인 정의에서 보면, "내가 말하고자 하는 것을 직접 드러내지 않고 어떤 비슷한 것이나 닮은 꼴, 유사한 상황이나 기능, 일을 통하여 간접적으로 표현하는 것이다."라고 설명한다.[64] 따라서 비유는 어떤 것을 나란히 놓고 비교한다는 의미를 지니고 있으며, 직유, 은유, 환유 등과 같은 수사학적인 표현기법을 말한다. 그리고 공관복음에서 보면, 예수님께서도 이러한 비유를 사용하시는데, 그 주제는 주로 하나님 나라를 말씀하신다. 그럼, 예수님은 왜 이렇게 비유를 사용하셨을까? 그 이유는 하나님의 특별한 진리를 명확하게 가르치기 위해서 비유를 들어 말씀을 선포하셨다.[65] 다시 말

---

64) 네이버 국어사전.
65) Sherwood Lingenfelter & Marvin Mayers, 문화적 갈등과 사역, 왕태종 역(서울: 조이선교회, 2013), 73요약.

해 예수님은 하나님 나라의 복음을 선포하시면서 제자나 무리에게 그 의미를 쉽게 이해시키고, 궁극적으로는 하나님 나라의 참된 자녀로서의 삶을 살아가게 하려고 비유를 사용하셨다. 또한, 예수님께서는 이러한 비유를 자연과 일상적인 삶에서 이끌어내어 그 생생함을 통해 청중의 마음을 사로잡았다.[66] 이처럼 예수님께서 비유를 사용하신 것은 청중에게 하나님 말씀에 대한 진리를 쉽게 이해시킴으로써 복음을 믿고, 복음 안에서 살아가도록 하기 위해서였다.

그럼 이러한 비유의 특성은 무엇인가? 첫째, 비유는 청중과 커뮤니케이션하는 과정에서 실제와 유사한 다른 것을 이용함으로써 메시지를 더욱 쉽게 이해시키고, 효과적인 소통을 위해서 사용되는데, 성경에는 이러한 직유나 은유와 같은 수사학적인 비유법들이 자주 사용된다. 직유를 설명하면, 직유는 대상을 직접 비교하는 비유법을 말한다, 예를 들면, "화 있을 진저 외식하는 서기관과 바리새인들이여 회칠한 무덤 같으니"라는 마태복음 23장 27절 말씀을 보면, "외식하는 자들을 회칠한 무덤 같다"라고 직접적으로 비유한다. 그리고 베드로전서 1장 24절의 말씀을 보면, "모든 육체는 풀과 같고, 그 모든 영광은 풀의 꽃과 같으니"라고 쓰여 있는데, 여기서도 "육체는 풀과 같고, 영광은 풀의 꽃과 같다"라고 하면서 직접적인 비유를 한 것이다. 이처럼 직유는 설명하고자

---

66) 김운용, 256.

하는 대상이나 상황을 유사한 것과 직접적으로 연결시킨다. 또한, 마태복음 5장 13절에서 보면, "너희는 세상의 소금이니 소금이 그 맛을 잃으면 무엇으로 짜게 하리요"라고 말씀한다. 여기서는 예수님이 제자들을 소금에 비유하시면서 '처럼'이나 '같은' 단어를 사용하지 않고, 상상력을 통하여 더욱 간접적으로 그 의미를 강하게 전달하는 은유를 사용하고 있다. 이러한 직유나 은유는 영화에서도 자주 사용되고 있는데, 이는 관객들에게 비유를 통하여 영화의 의미나 상징을 보다 쉽게 이해시키고, 메시지를 보다 효율적으로 기억시키기 위해서 이와 같은 비유법을 사용한다.

둘째, 비유는 내러티브를 통한 메시지로도 표현된다. 즉 여기에서 내러티브는 플롯이 중요하게 작용을 한다. 따라서 이러한 비유는 플롯의 주요 요소인 인물, 배경, 사건과 같은 내용을 포함한다. 그 예를 들면, 예수님께서도 짧고 긴 이야기들을 주로 비유로 사용하시는데, 하나님 나라에 대한 설명을 씨 뿌리는 자(막 4장 1~9절, 마 13장 1~9절, 눅 8장 4-8절)로 비유하면서 4가지 타입으로 말씀하셨다, 씨앗을 길가에 뿌렸을 때, 돌밭에 뿌렸을 때, 가시떨기에 뿌렸을 때, 좋은 땅에 뿌렸을 때로 구분하여 설명하시면서 하나님 나라는 좋은 땅에 뿌려진 씨앗과 같다고 말씀을 하신다. 그러니까 이러한 비유를 통해 예수님이 궁극적으로 강조하신 것은 그리스도인들은 자신들의 마음 밭을 좋은 땅에 뿌려진 씨앗처럼 가꾸면서 항상 그리스도 안에서 순종하고, 성령의 열매를 맺으면서 사는 것이 하나님 나라임을 선포하신 것이다. 또한 예수님은 천국을 겨자씨, 누룩, 어린아이, 포도원 등으로도 비유를 하셨는데, 여기서도 하나님 나라를 청중에게 쉽게 이해시키고 복음을 믿게 하려고 이와 같은 비유법을 사용하신 것이다. 그런데 이러한 비유는 영화나 광고에서도 자주 사용되는데, 궁극적으로는 관객이나 소비자들에게 의미를 쉽게 전달하고 이해시키기 위해서 이러한 방법을 사용하는 것이다. 따라서 결론적으로 이러한 비유를 통한 메시지의 표현은 어떤 대상이나 상황 등의 의미를 전달하는데 있어서 효과적인 소통을 할 수 있도록 하는 전달방법의 하나이다.

3. 시각적인 이미지 및 그림 언어[67] 표현

영화는 말이나 문자를 통해서 관객들과 커뮤니케이션을 하기도 하지만, 움직이는 시각적인 이미지를 통해서도 관객들과 커뮤니케이션을 한

---

67) 김운용, 272. 그림 언어(picture language)란 인간의 정서를 자극하는 언어사용을 말한다. 이에 게리스리는 그림 언어가 듣는 사람에게 감정과 지성을 동시에 활동시키며, 그렇게 함으로써 단순히 들을 뿐만이 아니라, 경험하게 한다고 말한다. Gary Smalley and John Trent, The language of Love, 서원교 역, 그림언어 사랑언어, (서울: 요단출판사, 1996), 재인용.

다. 그래서 영화를 다른 모든 예술과 마찬가지로 이미지에 관한 것이라고 말하는데, 이것은 영화가 단순한 모방이 아니라, 이미지의 창조이자 예술가의 표현 능력을 능가하는 창조적 통찰력과 아이디어이다.[68] 그러므로 오늘 날의 사회는 이미지로 채워져 있고, 이미지에 끌리는 사회가 되었다. 또한, 일상생활은 크고 작은 이미지로 구성되어 있고, 이것에 의해 크게 영향을 받는다.[69]

그런데 성경에 보면, 예수님도 복음을 전하실 때, 이러한 시각적인 이미지나 그림 언어를 사용하여 표현하셨다. 즉 이것은 복음의 메시지가 상상력을 동원하게 함으로써 하나의 시각적인 이미지나 그림 언어로 보이게 되는 것인데, 이러한 이미지나 그림은 복음의 메시지를 더욱 생생하게 드러내게 하는 역할을 하게 된다. 따라서 여기서 생각할 수 있는 것은 문자나 말과 같은 언어적 표현과 이미지 사이의 관계를 설명할 수 있다. 이에 에드워드 막쿼르트(Edward F. Markquart)는 "적합한 이미지는 청중이 메시지에 참여할 수 있도록 방아쇠를 당기는 역할을 해주며, 삶의 변화를 위한 동기를 제공해 주는 창조적인 상상력을 자극하게 한다"라고 주장한다.[70] 또한, 이러한 이미지는 상상력에 의한 시각화를 제공하기 때문에 청중의 생각과 감정, 응답을 유도한다는 것이다.[71] 그

---

68) Johnston, 127.
69) 김운용, 264.
70) Ibid., 275.

러므로 성경은 추상적인 개념과 명제로 전달하기보다는 이미지와 그림 언어를 사용하면서 메시지를 전달하고 있음을 알 수 있다.[72] 예를 들면, 예수님께서 "공중에 나는 새를 보라"라고 말씀하셨는데, 청중은 이것을 단순히 문자나 언어적으로만 해석하는 것이 아니라, 그들의 마음이나 머리에는 또 다른 차원의 시각적인 이미지나 그림이 그려지게 된다. 이 것은 문자나 언어적 표현이 마치 눈에 보이는 것처럼 시각적인 이미지 나 그림 언어가 연상되기 때문이다.

이처럼 예수님께서는 좌측 뇌를 사용하는 언어적이고 관념적이며 이 분법적이고 분석적인 사고보다는 우측 뇌를 사용하는 영상적이고 구체 적이며 총체적이고 유추적인 방법도 사용하셨음을 보여준다.[73] 그리고 성경에는 꿈이나 환상과 같은 이미지로 표현되는 말씀이 여러 곳에서 발견된다. 예를 들면, 야곱의 꿈속에서 나타난 사다리 이야기, 요셉의 꿈 해석 이야기, 다니엘의 꿈과 환상 이야기, 예수님이 사도 요한에게 보여 준 하나님의 계시에 대한 환상의 이야기들을 보면, 이러한 이야기 들은 시각적인 이미지나 그림 언어로 표현되고 있다. 따라서 이러한 이 야기들은 청중에게 이미지나 그림으로 주의와 관심을 끌면서 시각적인 효과를 높이고, 강한 인상을 남기게 되는데, 이것은 영화에서도 마찬가

---

71) Ibid., 271.
72) Ibid., 257.
73) Lingen felter & Mayers, 72.

지다. 다시 말해 영화가 가지고 있는 힘과 영향력도 시나리오로 된 문자나 언어적인 표현을 이같은 시각적인 영상의 이미지와 오디오로 바꾸면서 강력한 표현을 생성케 한다.

그럼 이러한 시각적인 이미지나 그림 언어가 가지는 특성은 무엇인가? 첫째, 시각적인 이미지와 그림 언어는 오늘날 다양한 영상미디어의 출현으로 인해 인간들의 삶에 큰 영향을 미친다. 그 결과, 커뮤니케이션의 환경이 변화되면서 이제는 메시지를 귀로만 듣는 것보다 시각적인 이미지와 그림 언어를 통해서 보고 듣는 것이 일상화되었다. 또한, 학자들은 이러한 시청각 매체가 커뮤니케이션 상에서보다 효과적이라고 말한다. 왜냐하면, 말로만 듣는 커뮤니케이션보다 눈으로 보고 듣는 시청각 커뮤니케이션이 청중에게 더 강하게 각인됨으로써 메시지에 대한 집중력과 기억력을 높일 수 있기 때문이다. 이에 워렌 웨어스비(Warren Wiersbe)는 "예수님께서도 상상력을 효과적으로 사용하셔서 일상의 사물과 경험을 바탕으로 청중의 귀를 눈으로 바꾸시어 그들이 복음의 진리에 빠르게 반응하도록 하셨다"라고 설명한다.[74]

둘째, 시각적인 이미지와 그림 언어는 비유를 통해서도 청중에게 메시지를 전달할 수 있다. 왜냐하면, 성경에서도 이러한 비유의 말씀을 통

---

74) Warren W. Wiersbe, Preaching & Teaching with Imagination (Grand Rapids: Baker Books, 1996), 160.

하여 상상력을 동원시키는 이미지를 표현하기도 하기 때문이다. 그래서 예수님도 이러한 비유를 자주 사용하셨는데, 그 주된 이유는 청중에게 문자나 언어로만 이해시키기 힘든 메시지를 시각적인 이미지나 그림 언어로 형상화할 수 있도록 하셨기 때문이다. 그러므로 귀로 듣는 말을 마치 눈으로 보는 듯 느끼게 함으로써 적극적으로 응답하게 만들어 주었다.75) 따라서 예수님도 복음의 메시지를 이처럼 이미지로 형상화 했던 근본적인 이유는 하나님 나라를 비유로 설명함으로써 청중에게 그 의미를 쉽게 이해시키고 효과적으로 소통하기 위해서였다고 여겨진다.

셋째, 시각적인 이미지와 그림 언어는 동영상을 만드는 작업의 기초가 되며, 이러한 동영상 작업은 기술적인 전문성을 요구하기 때문에 메시지를 더욱 생동감 있고, 풍부한 이미지로 만들어 낼 수 있다. 다시 말해 이것은 문자로 기록된 성경의 말씀을 영상적인 기법과 언어를 통하여 이미지를 창출해 냄으로써 더욱 친근감 있게 어필할 수 있다는 것이다. 이처럼 설교의 메시지와 영상 이미지의 만남은 청중에게 더욱 효과적인 소통을 할 수 있도록 한다. 그러므로 시각적인 이미지와 그림 언어로 표현된 성경의 표현들은 영화의 영상 이미지나 메시지와도 연결될 수 있으며, 이로 인해 영화를 통한 설교의 메시지도 가능하게 한다.

---

75) 김운용, 273.

    따라서 이상을 요약하면, 성경에 나타난 내러티브 기법, 비유를 통한 메시지 표현, 그리고 시각적인 이미지와 그림 언어로 표현된 내용들은 기본적으로 영화적인 특성이 있다고 말할 수 있다. 그러므로 성경에서의 이러한 영화적 특성들은 설교에서도 도구로 사용됨으로써 영화설교가 청중에게 메시지를 보다 알기 쉽게 전달하고, 효과적으로 소통할 수 있는 전달방법이 될 수 있다.

제 **3** 장

영화설교의 신학적
근거는 어떻게
말할 것인가?

영화설교에 대한 신학적 토대와 근거를 제시하기 위해서는 대중문화 속에서 영화가 신학과 어떠한 관계를 맺고 있는지를 살펴보아야 할 것이다. 이에 저자는 먼저 신학적인 관점에서 영화를 어떻게 바라볼 것인가를 고찰해 보고자 한다.

1. 영화와 신학의 만남

오늘날 현대인들은 대중문화 속에서 살아가고 있다. 여기서 대중문화란 음식이나 의복, 영화, TV, 스포츠, 집, 자동차, 서적, 컴퓨터 등 끝이 없는 우리 주변의 것들이 모두 대중문화이다.[76] 그러므로 이러한 대중문화는 우리들의 삶 속에 깊숙이 들어와 중요한 역할을 하고 있으며, 한편으로는 긍정적인 영향을, 또한 한편으로는 부정적인 영향을 미치기도 한다. 이처럼 오늘날 대중문화의 역할이 중요시되는 상황에서 저자는 신학적인 관점에서 대중문화가 어떠한 의미가 있는지를 살펴보고자 한다. 왜냐하면, 현대인들의 삶의 가치관이나 생활양식이 대중문화에 영향을 받고 살아가고 있으므로 그리스도인들은 이러한 대중문화에 대한 올바른 통찰력과 비판 의식을 가져야 한다. 그리고 나아가서 저자는 궁극적으로 대중문화 속의 영화가 문화적으로 어떠한 영향을 미치고 있는

---

76) 이정호, 포스트모던 문화읽기 (서울: 서울대학교 출판부, 1995), 2.

지를 살펴보고, 또한 영화가 신학적인 관점에서 어떠한 의미와 영향을 미치는지도 분석해 보고자 한다. 이러한 관점에서 리처드 니버(H. Richard Niebuhr)는 문화와 그리스도의 관계를 다음과 같이 크게 3가지 모델로 요약한다.[77] 따라서 저자는 니버가 주장한 문화와 그리스도의 관계를 문화와 신학으로 대입해서 살펴보고자 한다. 그 이유는 그리스도와 신학은 동일한 개념은 아니라고 할지라도, 신학은 그리스도인들에게 어떻게 문화에 접근할 수 있는지를 가르쳐주기 때문에 니버가 주장한 그리스도를 신학의 모델에 대입시킴으로써 그 관계성을 살펴볼 수 있다.

첫 번째 모델에서는 신학과 문화를 대립적으로 본다. 이러한 관점에서의 신학은 문화를 계속 비판하고, 문화는 그 주제를 신학에 전달할 수 없다는 것이다. 그러므로 여기서 강조하는 것은 세속적인 인간의 문화를 통하여 신학을 언급하는 것은 있을 수 없다고 주장한다.

두 번째 모델에서는 신학을 문화로부터 도출된 것으로 본다. 그러므로 문화는 신학을 포함하기 때문에 신학적으로 문제가 되지 않는다는 것이다. 따라서 첫 번째의 모델과는 정반대의 개념인데, 여기서 강조하는 것은 신학은 인간들의 삶으로부터 나오는 문화의 구성물이기 때문에 문화가 신학과 어울리고, 포함할 수 있다고 말한다.

---

77) Ciive Marsh & Gaye Ortiz, Explorations in Theology and Film, (Oxford: Blackwell Publishers Ltd. 2003), 25-7 요약.

세 번째 모델에서는 신학과 문화가 상호 대화하는 관계로 본다. 따라서 신학과 문화는 서로 비판하고, 변증할 수 있는 관계이므로 상호 비밀적인 관점에서 영화는 그 본질이 신학에 이바지하는 것이 허용되고, 신학은 자신의 의제를 영화에 제시하게 된다는 것이다. 따라서 여기서는 영화가 신학의 좋은 예증 자료가 될 수 있다고 강조한다.

이상을 검토한 결과, 저자는 세 번째 모델의 관점에서 영화가 신학적으로도 타당성이 있는 자료의 원천이 될 수 있다는 것을 제안하고자 한다. 하지만 여기서 설교자가 중요하게 생각해야 할 것은 영화를 무차별적으로 받아들여서는 안 되고, 신학적인 관점에서 좋은 영화를 선별할 수 있는 기준과 통찰력을 가질 수 있도록 부단히 노력해야 하는 것이다.

클라이브 마쉬(Clive Marsh)는 앞에서 언급한 니버의 세 번째 모델을 근거로 영화가 신학에 초래할 결과에 대해 자신의 견해를 다음과 같이 요약한다. 즉 신학과 문화의 관계를 신학과 영화로 대입하고 있는 근거는 영화가 통전성을 보유하고, 신학과 대화에서 진정성을 가지고 전개된다면, 영화가 문화를 충분히 대표할 수 있다는 것이다.[78] 그럼 마쉬가 주장한 영화와 신학의 관계를 살펴보자.[79]

---

78) Clive Marsh & Gaye Ortiz, 영화관에서 만나는 기독교 영성, 김도훈 역(경기도 파주시: 살림출판사, 2007), 71.

첫째, 영화는 신학의 중요한 주제들을 현대적 분위기로 말하는 것이 가능하다. 왜냐하면, 성경 본문의 소재나 주제가 오래된 내용일지라도 영화가 갖는 현대적인 소재나 감각으로 인해 청중에게 참신성과 생동감을 불러일으킬 수 있기 때문이다.

둘째, 영화는 기독교 신학의 공적 차원의 중요성을 상기시킨다. 그 이유는 영화가 신학적으로 중요한 자료를 제공함으로써 교회와 세상 간에 서로 소통하면서 상관성을 가질 수 있기 때문이다.

셋째, 영화는 신학이 가지는 정의를 실천하기 위해서 인간의 삶의 문제를 감정적으로, 또는 미학적인 측면에서 훈련시키는 학문임을 상기시켜 준다. 왜냐하면, 영화는 시청각의 매체로써 관객들에게 정서적인 반응을 통하여 궁극적으로는 신학적 성찰을 유도할 수 있기 때문이다.

넷째, 영화는 대중의 것이고, 대중을 위한 것이라는 의미가 일반적이다. 그러므로 영화는 대중성이라는 기본적 속성을 전제로 하고 있기 때문에 신학과도 서로 대화하고 비판할 수 있다.

다섯째, 오늘날 신학은 모든 면에서 이성적인 저널리즘에 더욱더 가깝다. 왜냐하면, 일부에서는 영화에 대해 종교적 규범적 윤리를 지나치게 강조함으로써 무조건 비판하기 때문이다. 그러므로 이러한 비밀은 바람직하지 않을 수 있으므로 신학은 영화와 대화하면서 서로 적당한

---

79) Ibid., 73-5 요약.

관계를 유지할 필요가 있다.

이러한 마쉬의 주장들을 요약하면, 영화와 신학은 서로 대화하면서 연관성을 가질 필요가 있다. 왜냐하면, 기독교 신학의 본질은 하나님의 말씀과 진리를 연구함으로써 그리스도인의 삶과 연결이 되기 때문이다. 따라서 신학은 종교적인 삶에 국한되는 것이 아니라, 그 시대의 문화를 반영하는 의식과 가치관도 고려하여야 한다. 그러므로 신학은 일상적인 것, 즉 세상적인 것을 다루는 것이 마땅하다.80) 이러한 관점에서 대중문화 속의 영화는 신학과 서로 대화와 소통이 가능하다고 말할 수 있다. 그러므로 영화는 대중문화의 한 분야로서 사람들의 삶과 아주 밀접한 관계를 맺고 있고, 또한 삶의 주제나 가치를 담아낼 수가 있으므로 궁극적으로는 그리스도인들에게 신학적인 성찰을 가져다줄 수 있는 것이다.

이상으로 저자는 신학적인 관점에서 문화와 신학이 어떠한 상관성을 가지는지, 그리고 나아가서는 영화가 신학에 초래할 영향은 어떠한 것들인지를 살펴보았다. 그럼, 이어서 저자는 설교에서 영화를 사용하는 근거에 대한 이론적인 근거와 타당성을 제시해 보고자 한다.

---

80) Ibid., 397.

2. 설교에서 영화를 사용할 수 있는 근거

설교에서 영화를 사용하는 근거는 다음과 같이 몇 가지로 요약할 수 있는데, 먼저 설교자들이 중요하게 인식해야 할 것은 영화설교의 주는 성경 본문이고, 부는 영화라는 사실이다. 그러므로 영화설교의 핵심 메시지는 성경의 본문으로부터 나와야 하고, 영화는 그 메시지를 실어 나르는 충실한 도구로서 기능해야 한다.[81] 왜냐하면, 설교에서 성경의 본문 보다 오히려 영화의 이미지나 장면을 너무 강조하다가 보면, 설교의 메시지 전달에 있어서 주객이 전도되는 불편한 관계가 될 수 있기 때문이다. 따라서 설교자는 영화를 통해서 복음의 메시지가 청중에게 충분히 전달되고, 소통하기 위해서는 성경 본문의 주제와 핵심적인 내용을 바르게 파악해서 영화의 주제와 내용들을 연결시킴으로써 영화설교 메시지를 작성하여야 한다. 그럼, 영화설교에서 영화를 사용할 수 있는 근거는 다음과 같이 설명할 수 있다.

첫째, 영화는 복음을 전하는 텍스트의 역할을 가능하게 한다. 왜냐하면, 영화는 대중적인 힘과 영향력을 가지고 있고, 그들의 삶과도 밀접한 관계를 맺고 있으므로 좋은 영화는 사람들에게 위로와 용기와 희망과 같은 긍정적인 에너지를 줄 수 있기 때문이다. 그러므로 영화는 대중문

---

81) 정인교, 특수설교(서울: 두란노 아카데미, 2007), 135.

화의 중추적인 역할을 하면서 기독교적인 가치관과 의미를 생성시킬 수 있다.

둘째, 영화는 하나님을 경험하게 하는 계시의 매체가 될 수 있다.[82] 왜냐하면, 하나님은 창세기에서 인류에게 문화 창조의 사역을 위임하셨기 때문이다. 그러므로 그리스도인들은 영화에서 하나님 창조의 손길이 함께 하신다는 것을 깨달아야 한다. 이에 존스턴은 "하나님은 삶의 모든 영역에 존재하시며, 이러한 신학적 자원들을 통해 우리에게 말씀을 하신다."라고 주장한다.[83] 다시 말하면, 영화를 통한 삶의 주제들 속에서도 그리스도인들은 하나님을 경험할 수 있으므로 궁극적으로 영화가 신학적인 성찰을 가능하게 한다는 것이다.

셋째, 영화는 시청각 매체이므로 설교의 메시지를 이해시키고 소통하는데 효과적일 수 있다. 왜냐하면, 지금까지 전통적인 설교는 귀로만 듣는 방식이었으나, 영화를 활용한 영화설교는 시각적인 이미지와 상상력을 동원함으로써 오늘날 포스트모던 청중에게 새롭고 독특한 설교라는 인식을 가져다줌으로써 설교의 집중력을 높일 수 있다.

넷째, 영화는 풍부한 스토리텔링과 영상의 기술을 이용함으로써 청중에게 더욱 친근하고 역동적으로 다가갈 수 있다. 왜냐하면, 영화의 스

---

82) 최성수, 22.
83) Jonston, 114.

토리텔링은 서사적인 표현이 가능하고, 또한 영상의 이미지는 청중의 감성을 터치할 수 있기 때문이다. 이에 존스턴은 "이야기로서의 영화가 이야기 형태인 복음의 의미와 능력을 관객들이 다시 깨닫게 할 수 있도록 하는 수단을 제공한다."고 강조한다.[84] 즉, 이것은 영화를 통한 설교가 청중에게 복음 이야기의 형태로 사용될 수 있다는 것이다.

다섯째, 영화는 전략적인 마케팅을 할 수 있는 도구로 활용될 수 있다. 왜냐하면, 영화는 상황이나, 성별, 지역, 나이, 신앙성숙도나 절기에 따라서 그 메시지 내용을 차별화시킬 수 있기 때문이다. 즉, 이것은 수많은 영화들 속에서 여러 가지 세분화 요소를 고려하여 적합한 주제나 관련된 내용을 선택함으로써 차별화된 메시지를 작성할 수 있는 것이다. 그러므로 영화설교는 전략적인 접근을 가능하게 함으로써 청중에 따라 공감대를 높일 수 있는 메시지를 작성할 수 있는 것이다.

이상으로 저자는 영화설교에서 영화를 사용하는 근거들을 제시했으나, 한편으로는 영화설교에 문제점도 파악해야 한다고 생각한다. 이에 정인교는 "영화설교의 가장 큰 약점은 상업적으로 만들어진 영화의 고유 메시지와 성경 본문의 메시지가 과연 질적으로 일치할 수 있는가"를 문제점으로 제시하고 있다.[85] 따라서 저자는 영화에 대한 비판적 사고

---

84) Ibid., 109.
85) 정인교, 132.

와 철저한 검증이 중요하다는 것을 다시 한 번 강조한다. 왜냐하면, 영화는 건전한 삶의 의미와 사회적으로 올바른 가치를 이야기하는 긍정적인 영화도 있지만, 비윤리적이고, 폭력적이며, 심지어는 너무 세속화되어 수준 이하의 영화도 있기 때문이다.

그러므로 설교에서 영화를 활용하기 위해서는 영화의 위치가 청중의 이해를 돕기 위한 제한적 도구임을 먼저 교육하여 인식시킨 후, 철저히 검증된 적합하고 좋은 영화를 선정하는 과정에 대한 집중적인 노력이 필요하다. 이러한 사전 교육과 선정의 필요한 과정을 거친다면, 설교에 영화를 활용하는 것이 바람직하다고 할 수 있다. 그러므로 설교자는 영화를 선정할 때, 먼저 감독이 연출한 작품의 주제와 의도를 파악한 다음, 영화를 본 관객들에게서 나타난 반응이나 평가도 기독교적인 관점에서 진정성 있게 검토하고 수용해야 한다.

그리고 설교자는 영화설교를 준비하는 과정에서 성경 본문의 주제와 적합한 영화를 최우선으로 고려해야 하고, 나아가서는 청중에게 나쁜 이미지나 인상을 불러일으키지 않고, 좋은 반응이나 호감을 주는 영화를 선정해야 한다. 그리고 마지막에는 영화를 선정하는 타당한 이유를 제시하여야 한다.

제 **4** 장

영화설교를 위한
접근 과정과 사례는
어떻게 설명할 것인가?

여기서는 영화설교를 어떻게 효과적으로 준비할 수 있는지에 대한 과정과 실제의 영화설교 사례를 제시하고자 한다. 이를 위해서 저자는 설교 메시지 작성에 관한 내용을 기본으로 하여 그동안 실행했던 영화설교의 실제적인 준비 과정을 제시함으로써 영화설교에 대한 구체적이며 전략적인 접근 과정을 설명하고자 한다.

1. 영화설교를 위한 접근 과정

1) 1단계: 성경 본문을 선택하라

성경 본문을 선택하는 것은 전적으로 설교자의 영역이다. 그러므로 설교자는 성경 본문을 선정하는데 있어 다음과 같은 점을 고려해야 한다.

첫째, 설교자는 성경의 말씀 가운데서 어떠한 본문을 선택할 것인가를 놓고, 끊임없이 생각하고 기도해야 한다. 왜냐하면, 성경의 본문이 영화의 메시지를 대체할 수 있는 상황이나 주제, 내용까지도 담을 수 있기 때문이다.

둘째, 시대적 상황에서 주요한 사회적 문제나 현안들, 그리고 기독교의 절기에 따라서도 성경의 본문을 선택할 수도 있다. 그런데 여기서 주의할 점은 청중의 대상이 누구인지, 그리고 청중이 필요로 하고 관심을 가질 수 있는 내용인지를 고려해야 한다. 왜냐하면, 아무리 좋은 설교라고 할지라도 청중이 공감하지 않고, 소통되지 않는 설교는 결국 바람직하지 않기 때문이다.

셋째, 하나님이 설교자에게 영적인 깨달음이나 영적인 성장을 주게 한 본문을 선택할 수도 있다. 왜냐하면, 설교자가 체험한 내용은 영적인 힘이 있으므로 궁극적으로는 청중의 삶을 변화시킬 수 있기 때문이다. 그래서 설교자는 성령님이 주신 음성을 듣고 청중에게 그 말씀을 전하게 되면, 그 말씀은 거룩한 영광으로 빛나게 된다.[86]

이상으로 성경의 본문을 선택하는데 있어서 설교자가 고려할 사항은 첫째, 주제에 따라 어떠한 성경 본문을 선택할 것인가를 놓고 끊임없이 기도해야 한다는 것, 둘째, 사회적인 현안이나 청중의 대상, 기독교의 절기 등을 고려해야 한다는 것, 셋째, 하나님이 미리 깨닫게 한 설교자의 영적인 체험을 통해서도 성경의 본문을 선택할 수도 있다는 것이다.

2) 2단계: 성경 본문을 해석하고, 설교의 목표, 제목, 1차 설교 메시지 내용을 구성하라

성경의 본문이 선택되면, 설교자는 하나님에 관한 기록된 말씀을 정확하고 올바르게 해석을 해야 한다. 그러기 위해서는 설교자가 그 성경

---

86) John R.W. Stott, 현대교회와 설교, 정성구 역 (서울: 생명의 샘, 2010), 334.

본문이 쓰여진 당시 하나님의 뜻을 파악해야 한다. 그래서 설교자는 성경의 본문을 대할 때, 다음과 같이 두 가지 질문을 필요로 한다.

첫째, 그 본문이 무엇을 의미하는가이다. 즉 여기서는 성경의 기록 당시의 역사적, 문화적, 지리적, 문법적인 배경이 어떠했는가를 파악하면서 성경의 저자가 어떤 상황에서 그와 같은 내용을 기록했는지 그 의미를 분석해야 한다.[87]

둘째, 그 본문이 지금 말하고 있는 것이 무엇인가이다. 이것은 그 본문이 오늘날 우리에게 말하고 있는 내용이 무엇인가를 파악하는 것인데, 설교자는 성경이 기록될 당시와 오늘날의 시대를 대입시키면서 그 본문의 내용을 해석하고 연결함으로써 서로 '다리 놓기'를 해야 하는 것이다.[88]

이를 위해서 설교자는 주석서나 원어 성경, 성구 사전, 성경 사전, 성경 번역본 등의 도움이 필요하다. 그리고 성경 본문에 대한 해석이 끝나면, 설교자의 또 하나의 중요한 임무는 해석된 본문의 내용을 가지고 부문별 중심된 메시지를 찾아야 한다. 각 본문에는 중심되는 메시지가 있으므로 설교자는 이러한 중심 되는 메시지를 살펴보면서 설교의 전반적인 메시지를 구성해야 한다. 즉, 설교 제목, 설교 목표, 그리고 구체적

---

87) Ibid., 337.
88) Ibid., 338.

인 메시지 작성을 진행하는데 있어, 여기서 설교자가 항상 염두에 두어야 할 것은 성경 본문의 주제가 무엇인가이다. 그 이유는 설교에서 가장 중요한 것은 설교자가 주제를 중심으로 성경 본문을 올바르게 해석함으로써 하나님의 진리를 청중에게 효과적으로 전달하여야 하기 때문이다. 그럼, 설교 제목, 목표, 메시지의 내용은 어떻게 이루어져야 하여야 하는가? 이에 대해서는 일반적으로 주로 사용하는 방법을 설명하고자 한다.

첫째, 설교 제목은 주제와 중심되는 메시지로부터 창출해야 한다. 왜냐하면, 설교의 제목은 청중과 커뮤니케이션을 하는데 있어서, 주제를 포함하면서 설교 본문의 내용을 연결하는 다리의 역할을 하기 때문이다. 그러므로 설교 제목을 잘 만드는 설교 기술은 집중력 있는 설교 준비를 위해서 꼭 필요하다.[89]

둘째, 설교 목표는 하나님의 메시지를 통하여 주로 교회구성원들에게 신앙 교육과 영적인 성장을 향상시키기 위함이다. 그러므로 각 설교에는 주제와 중심되는 메시지의 내용에 따라 개인이나 공동체의 가르침과 교리를 제공하고, 또한 영적인 강화와 변화를 위한 동기부여를 목표로 할 수 있다.

---

89) Calvin Miller, 내러티브 강해의 기술, 박현신 역 (서울: 베다니출판사, 2014), 169.

셋째, 설교 메시지의 구성은 설교의 제목과 목표를 결정한 후, 주제를 지원하는 내용으로 배열되고 강조되어야 한다. 그리고 메시지 흐름은 기본적으로 서론, 본론, 결론으로 구성이 되는데, 이러한 메시지의 전체적인 내용을 구성하는 데는 전개 방법과 설교의 형식에 따라 달라질 수 있다. 예를 들면, 메시지의 구성을 귀납적으로 할 것인가, 연역적으로 할 것인가에 따라 다르고, 강해 설교할 것인가? 내러티브 설교를 할 것인가? 주제 설교를 할 것인가? 특별 설교를 할 것인가에 따라서도 달라질 수 있다. 또한, 이들을 혼합한 방법으로도 메시지를 구성할 수도 있는데, 이것은 성경 본문의 장르나 청중의 대상, 그리고 예화 사용 여부에 따라서도 영향을 받을 수 있다.

3) 3단계: 영화설교를 위한 메시지 플랫폼[90]을 작성하라

여기서는 설교자가 영화설교를 위해서 앞에서 해석한 성경 본문의 관련된 내용을 근거로 적합한 영화를 선정하기 위한 기본적인 방향을 제시한다. 그러므로 이를 위해서는 메시지 플랫폼을 작성하는 것이 필

---

90) 메시지 플랫폼이란 광고에서 사용되는 카피 플랫폼(copy platform)을 영화설교에 활용하기 위해 만든 일정한 형식을 말한다. 먼저 성경 본문에 대한 주제와 핵심 메시지를 정리한 다음, 영화를 선정하기 위한 기본적인 전략 방향을 제시함으로써 영화설교를 위한 요약 정리된 가이드라인이다.

요하다. 그럼 이러한 메시지 플랫폼은 어떻게 작성하는지를 살펴보도록 하자.

첫째, 성경 본문의 해석된 내용을 검토하면서 설교의 주제나 목표, 그리고 본문의 중심이 되는 메시지들을 간략하게 요약한다. 이렇게 하는 이유는 성경의 본문과 적합한 영화를 선정하는 것이 어렵고, 또한 본문의 메시지에 충실한 영화를 선정하는 것이 무엇보다도 중요하기 때문이다. 그래서 여기서 분명히 강조되어야 할 것은 영화설교의 주요소는 성경의 본문이고, 영화는 보조 요소라는 것이다. 그러므로 설교자는 항상 성경 본문에 충실한 설교 메시지를 전달해야 하는 책임감과 의무를 가지고, 이를 반드시 지켜야 한다.

둘째, 성경 본문에 적합한 영화를 선정하기 위해서 성경 본문의 분석을 중심으로 영화에 대한 기본 방향을 주제, 신학적인 메시지, 영화의 사전적 검토 방향, 선정된 영화와 줄거리, 그리고 마지막에는 영화의 선정 이유를 제시한다. 왜냐하면, 성경 본문의 주제와 영화의 주제가 서로 공감대를 형성시킬 수 있어야 하고, 또한 영화를 선정하는데 있어, 미리 영화에 대한 사전적 검토 방향을 제시함으로써 선정할 영화에 대한 줄거리와 선정 이유에 대한 타당성을 검증해야 하기 때문이다. 그러므로 여기서 중요한 것은 성경 본문의 주제나 내용과 적합한 영화를 찾는 것이다. 따라서 영화를 선정하기 위해서는 다음과 같은 사항들을 고

려해야 한다:

(1) 영화의 주제와 장르에 따라 기존의 영화들을 검토하면서 적합한 영화를 선별하여야 한다. 그러기 위해서는 기존의 영화들을 주제와 장르에 따라 분별력 있게 선별할 수 있어야 한다.

(2) 좋은 영화를 선택하기 위해서는 먼저 영화제에서 수상했던 영화나 영화전문 매체나 영화 평론가들이 높이 평가하고, 대중으로부터 좋은 영화로 호평을 받은 영화들을 집중적으로 살펴보면서 감독들이 인터뷰한 내용이나 제작 의도도 관심 있게 살펴본다.

(3) 본문의 주제와 내용에 적합한 영화가 2~3개 선정되면, 신학적인 관점에서 발견할 수 있는 가치나 의미를 담고 있는지를 검토하고, 미디어나 전문가들의 비평을 참고하면서 최종적으로 적합한 영화를 선택한다.

4) 4단계: 선정된 영화의 어떤 장면을 편집할 것인가에 대해 시놉시스와 2차 설교 메시지를 작성하라

여기서는 선정된 영화를 보면서 성경 본문의 주제와 메시지 내용과 연결되는 장면을 선택하고, 시놉시스를 작성한다. 그런 다음, 선택된 영상의 자료들을 편집하는데, 영상자료는 시놉시스에 따라 편집하고, 각 클립은 2~5분 이내로 한다. 다음은 편집된 영화자료를 보면서 2차 설교 메시지를 작성한다. 그런데. 여기서 주의할 것은 설교 메시지를 작성할 때, 앞에서 작성된 1차 설교 메시지의 내용을 참고하면서 메시지를 작성해야 한다. 왜냐하면, 영화설교에서 중요한 것은 성경 본문에 대한 하나님의 메시지를 중심으로 영화의 메시지도 일관성 있게 전달해야 하기 때문이다. 그리고 앞에서도 강조했지만, 영화의 메시지는 성경 본문의 메시지를 보조하는 도구로 활용됨으로써 청중에게 더욱 친근감 있게 다가가서 커뮤니케이션의 효과를 높이는 것이 궁극적인 목적이다. 그러므로 영화설교는 기존의 전통적인 설교보다 시간과 노력이 추가로 투입된다.

5) 5단계: 실제 리허설을 실행하고 수정작업을 거친 후, 최종 설교 메시지를 완성하라

성경 본문에 대한 1차 설교 메시지와 영화에 대한 2차 메시지를 통합하여 반드시 리허설을 거치면서 수정작업을 실시한다. 그 이유는 설교자가 설교를 실행할 때, 편집된 영화 자료들을 보여주면서 설교를 해야 하므로 이러한 영상시스템을 다루고 진행할 보조 담당자가 필요하다. 그러므로 설교자와 보조 담당자는 실제 설교 상황에 대한 시뮬레이션을 거치면서 전체적인 내용을 점검하고, 마지막에는 수정작업을 거친 후, 최종적인 설교 메시지를 완성시킨다.

2. 주제별 영화설교 사례

결론적으로 설교자들이 영화설교에 접근하기 위해서는 앞에서 설명한 대로 진행할 수 있으나, 이렇게 하기 위해서는 설교자가 다양한 영화에 대한 풍부한 체험과 자료가 갖춰져야 한다. 그래서 이러한 접근방법의 장점은 성경 본문에 충실한 영화설교를 할 수 있다. 반면에 이에 대한 약점은 영화를 선정하는데 있어 많은 시간과 노력이 필요하다. 그리고 또 다른 접근 방법으로는 설교자가 영화를 선정한 다음에 그 주제와 메시지에 따른 성경 본문을 선택하는 것이다. 이것의 장점은 시간과 노력이 절약된다는 것인데, 이것의 약점은 성경의 본문보다 영화가 우선이 됨으로써 자칫하면, 영화가 설교보다 더 부각이 될 수 있다. 그러므로 저자는 이러한 점들을 고려해서 다음과 같은 영화설교에 대한 최종적인 방안을 제시하고자 한다.

첫째, 성경 본문에 대한 해석을 통하여 1차 설교 메시지를 구성한다. 둘째, 성경 본문의 주제와 적합한 영화를 선정한 다음, 2차 영화 메시지를 구성한다. 셋째, 1차 설교 메시지와 2차 영화 메시지를 통합하여 최종적인 설교 메시지를 완성한다. 이러한 기본적인 제안을 바탕으로 영화설교의 실제 사례를 제시하고자 한다.

다음은 저자가 영화설교를 구상하면서 가능한 성경에서 기본이 되는 주제를 선택하였고, 이 주제들을 중심으로 영화 선정과 메시지 구성, 그리고 실제로 설교를 실행했다. 그러므로 이 주제들은 영화설교에 가능한 모든 주제에 대한 목록은 아니고, 이외에도 가능한 주제들은 더욱 있으리라 생각하지만, 저자에 의해 검증되어 예시로 제시하게 된 주제들이다:

(1) 순종(Obedience)

(2) 용서(Forgiveness)

(3) 사랑(Love)

(4) 약속(Promise)

(5) 용기(Courage)

(6) 고난(Suffering)

(7) 사명(Mission)

(8) 인종차별(Racial Discrimination)

(9) 구원(Salvation)

(10) 화목(Reconciliation)

(11) 인간성 회복(Redeem of Humanity)

(12) 도전과 열정(Challenge & Passion)

1) 주제: 순종(Obedience)

(1) 영화설교를 위한 메시지 플랫폼

■ 성경 본문에 관한 내용

- 본문: 마태복음 21장 28~32절

- 제목: 인생의 두 갈래 길

- 목표:

a. 하나님의 주권과 은혜가 무엇인지를 이해시킨다.

b. 하나님 나라에 대한 정체성을 설명하고, 하나님의 자녀는 어떠한 삶을 살아야 하는지를 강조한다.

- 본문의 중심 메시지:

a. 하나님은 순종하는 자를 축복하신다.

b. 참된 그리스도인은 의의 도를 따른다.

■ 영화에 대한 기본 방향

- 주제: 순종의 축복

- 신학적인 메시지:

a. 하나님은 죄에 대해서 반드시 심판하신다.

b. 죄의 삯은 사망이다.

– 영화 사전적 검토 방향:

우리의 인생 속에서 인간의 탐욕과 죄가 마지막에는 얼마나
무서운 하나님의 심판을 받게 되는지를 보여주고, 과연 그리스
도인들은 어떠한 모습으로 살아가는 것이 하나님이 원하시는
길인지를 보여주도록 한다.

– 선정된 영화 제목과 줄거리

a. 로버트 레드포드 감독의 '흐르는 강물처럼'

[사진 1] 흐르는 강물처럼

b. 영화 줄거리:

영화는 큰아들 노먼의 회상으로 시작되면서 빛바랜 사진들이 하나씩 보인다. 그리고 1900년대 초 미국의 몬태나주의 미줄라에 있는 맥클레인 목사의 가족에 관한 이야기라고 소개된다. 몬타나는 울창한 산림에 강이 흐르고 있어서 유난히 송어가 많은 곳이었다. 맥클레인 목사는 노먼과 폴이라는 두 아들을 두고 있었는데, 그들을 성경 말씀으로 교육하면서 시간이 날 때면, 강에서 피싱 훈련도 가르쳤다. 또한, 맥클레인 목사는 홈스쿨링으로 자녀들을 엄하게 교육했으며, 주일이면 온 가족이 교회에서 예배를 드렸다. 이렇게 유년기를 보낸 두 아들은 성년이 되었다. 그런데 두 아들의 성향을 보면, 형 노먼은 신중하면서도 안정을 추구하는 편이었으나, 동생 폴은 자유분방하면서도 자기주장이 강한 편이었다.

그러던 어느 날, 그들은 친구들과 함께 미줄라 협곡에서 드래프팅을 감행하는데 다른 친구들은 포기했지만, 노먼과 폴은 도전한다. 그런데 경사가 급격한 곳에 이르자, 보트가 균형을 잃고 넘어지면서 파손이 되는 바람에 위험한 순간을 맞이하지만, 다행히 그들은 구조된다. 그런데 이 사실을 알게 된 매클레인 목사는 두 아들을 불러서 심하게 야단을 친다. 이에 노먼과 폴은 쌓였던 감정이 폭발하면서 서로 격렬하게 싸우게 된다. 이 모습을 본 엄마가 싸움을 말리면서 결국 화해하게 되는데, 이 싸움은 그들에게 처음이자 마지막 싸움이었다.

그리고 얼마 후, 노먼은 IVY리그 다트머스 대학교 진학과 학업을 위해 6년간 집을 떠나게 된다. 한편 폴은 고향에서 대학을 졸업한 후, 지역신문의 기자로 사회생활을 시작한다. 세월이 흘러 노먼은 학업을 마치자, 오랜만에 고향에 오게 되는데, 반갑게 대하는 폴에게 미묘한 감정을 느낀다. 그들은 어릴 적 아버지에게 배웠던 피싱을 하기 위해 미줄라 계곡으로 간다. 노먼은 폴의 피싱 기술이 거의 예술의 경지에 이르렀다고 칭찬한다. 그리고 며칠 후, 노먼은 밤늦게 경찰서로부터 전화를 받았는데, 폴과 여자 친구인 메이블이 술집에서 주위의 사람과 싸우다가 유치장에 수감되었다는 말을 듣게 된다. 노먼이 경찰서로 가서 폴과 메이블을 데리고 나온다. 노먼은 이러한 폴의 행동에 약간의 불만을 느꼈지만, 자신의 감정을 표출시키지 않는다. 얼마 후, 노먼은 제시라는 여성을 만나게 되는데, 그녀에게 호감을 느끼면서 아주 진실한 감정으로 대한다. 반면에 폴은 무엇이든 자신이 하고 싶은 대로 행동하면서 늘 술과 여자와 도박으로 방탕한 생활을 한다. 교수 임용을 기다리던 노먼은 자신이 원했던 시카고 대학으로부터 임용통지서를 받게 된다. 하지만 노먼은 아직 제시에게 결혼에 대한 의견을 묻지 않았기에 고민을 하다가 조심스럽게 함께 시카고로 갈 수 있겠느냐고 묻는다. 이에 제시가 노먼을 포옹하면서 당신과 함께라면 어디든지 가겠다고 말한다. 노먼은 폴에게도 교수 임용 에 관한 소식을 전한다. 그러자 폴이 기뻐하면서 노먼을 축하하며 술집으로 데리고 간다. 그런데 그곳에서도 폴이 주위 사람과 시비가 붙자, 노먼이 폴에게 나가자고 권유했으나 폴은 거절한다. 그러면서 폴은 거기에 남겠다고 하면서 내일 아침에 아버지와 함께 피싱하러 가자고 제안한다.

그런데 다음 날 아침, 약속한 시간에 폴이 나타나지 않자, 노먼은 불안해하며 기다린다. 다행히 폴이 늦게 나타났는데, 그 자리에서 노먼은 부모님에게 시카고 대학으로부터 임용통지서를 받았다고 알리자, 부모님은 매우 기뻐하신다. 피싱하러 가는 도중에 노먼이 폴에게 너도 나와 함께 시카고로 가는 것이 어떻겠냐고 묻자, 폴은 고향 몬태나를 절대 떠나지 않을 것이라고 하면서 노먼의 제안을 거부한다. 피싱 중에, 폴은 아주 커다란 송어를 잡게 된다. 이를 본 아버지가 "폴은 훌륭한 낚시꾼이야"라고 칭찬하자, 노먼은 "그의 피싱은 마치 예술 작품 같다"라고 하면서 "인생은 예술품이 아니고 순간은 영원한 것이 아니다"라고 말한다. 즉 노먼은 폴에 대한 염려와 걱정을 드러낸 것이다.

노먼과 제시가 시카고로 떠나기 전날, 노먼은 예기치 않았던 비보를 듣게 되는데, 그것은 폴의 죽음이었다. 폴은 술집에서 도박을 하다가 누군가에 의해 살해된 것이다. 그리고 그의 시체는 길거리에 버려졌는데, 폴은 아주 비참한 최후를 맞게 된다. 부모님은 이러한 폴의 죽음에 충격을 받는다. 하지만 맥클레인 목사는 눈물을 보이지 않으려고 애써 참는다. 그리고 마지막 장면에서는 맥클레인 목사가 예배에서 다음과 같은 설교를 하는데, "완전한 이해 없이도 우리는 누군가를 사랑할 수 있습니다."라고 말한다.

- 영화 선정 이유:

첫째, 1930년대 미국 몬테나 주를 배경으로 맥클레인 목사의 가정에서 자란 두 아들의 모습 속에서 기독교적인 가르침과 각자의 삶의 모습을 잘 보여주고 있다.

둘째, 두 아들은 성장하면서 전혀 다른 인생의 길을 선택하게
되는데, 이러한 배경 속에서 순종과 불순종의 주제를 잘
나타내고 있다.

셋째, 두 아들의 다른 삶을 통하여 오늘날 그리스도인들이 어
떠한 삶을 살아야 하는가를 깨닫게 해 주고 있다.

– 영화의 시놉시스는 설교문에 삽입시켰다.

(2) 설교문

성경에서 보면, 두 아들과 관련된 말씀들이 등장합니다. 창세기만 보
더라도 아담의 아들인 가인과 아벨, 그리고 아브라함의 아들인 이삭과
이스마엘, 이삭의 아들인 에서와 야곱 등이 나오는데, 그들은 인류 역사
에 있어 아주 중요한 획을 그었던 사람들이었습니다. 그런데 하나님은
그들 각자에게 다른 인생을 선택하도록 하셨습니다. 그 예로 말라기서 1
장 2~3절과 로마서 9장 13절을 보면, "내가 야곱은 사랑하고, 에서는
미워하였다"고 말씀하고 있습니다. 여기서 보면, 하나님은 야곱을 사랑
하셨고, 에서는 미워하신 것입니다. 그럼, 하나님은 왜 이렇게 하신 것
일까요? 여러분, 이것은 단순한 문제가 아니라고 생각됩니다. 창세기 25
장 31~34절을 보면, "야곱이 이르되 형이 가진 장자의 명분을 오늘 내
게 팔라 에서가 이르되 내가 죽게 되었으니 이 장자의 명분이 내게 무

엇이 유익하리요 야곱이 이르되 오늘 내게 맹세하라 에서가 맹세하고 장자의 명분을 야곱에게 판지라 야곱이 떡과 팥죽을 에서에게 주매 에서가 먹으며 마시고 일어나 갔으니 에서가 장자의 명분을 가볍게 여김이었더라". 여기서 보면, 에서는 하나님으로부터 받은 장자권을 야곱에게 떡과 팥죽에 넘겼습니다. 이것은 자신의 눈앞에 보이는 당장의 유익을 위해 하나님의 장자권을 가볍게 여긴 것입니다. 그 결과 그는 하나님으로부터 버림을 받은 것인데, 하나님이 에서를 버린 것이 아니라, 에서가 먼저 하나님을 버린 것입니다.

여러분, 이러한 에서의 태도는 오늘날, 우리에게서도 흔히 볼 수 있습니다. 예수님은 하나님 나라와 그 의를 먼저 생각하라고 가르치셨는데, 에서처럼 지금 자신의 눈앞에 있는 당장의 이익이나 정욕을 더 선호하는 것이 우리들의 모습이라는 것입니다. 따라서 하나님은 시편 1편 5~6절에서 "그러므로 악인들은 심판을 견디지 못하며 죄인들이 의인들의 모임에 들지 못하리로다"고 말씀하십니다. 다시 말해 하나님은 반드시 악인들을 심판하실 것을 강조하십니다.

사랑의 여러분, 하나님은 우주 만물을 창조하시고, 통치하시는 창조주이십니다. 그러므로 하나님은 주권자로서 하나님의 법과 질서로 이 세상을 통치하십니다. 그럼 우리 그리스도인들이 어떻게 해야 합니까? 하나님의 자녀는 먼저 하나님 나라에 대한 정체성을 분명히 깨닫고, 하나님의 말씀에 순종하는 삶을 살아야 합니다. 그럼, 하나님 나라의 정체성은 무엇을 의미합니까? 그것은 바로 하나님의 주권으로 다스려지는 나라라고 정의할 수 있습니다. 그러므로 하나님의 자녀는 하나님의 주권과 은혜에 대한 뜻을 정확하게 깨달아야 합니다. 왜냐하면, 하나님의 나라는 세상 사람들이 생각하는 원리와는 완전히 다르기 때문입니다. 세상 사람들의 원리는 각 개인이 가진 능력이나 노력에 비례해서 그 보상을 받기 때문에 이것은 인과응보의 법칙이라고 할 수 있습니다. 그러나 하나님 나라의 원리는 이러한 세상 사람들의 원리와는 완전히 다릅니다. 왜냐하면 하나님 나라는 자기보다 먼저 이웃을 위해 헌신하고 희생해야 된다는 것을 강조하기 때문입니다. 이에 대한 대표적인 예가 바로 예수 그리스도입니다. 예수님은 우리 같은 죄인들을 위하여 십자가에서 자신의 생명을 바치시고 결국 우리를 구원의 길로 인도해 주셨습니다. 그러므로 하나님의 자녀는 예수님처럼 자신보다 이웃을 더 사랑하는 삶을 살아가야 합니다. 이처럼 세상 사람들과 다르게 살아가는 것이 하나님 나라의 법칙이며 질서인 것입니다.

그럼, 오늘 본문에서 예수님이 강조하는 것은 두 아들의 비유를 통해서 결국 누가 하나님 나라에 들어가게 되는지를 말씀합니다. 먼저 28절을 보십시오.

아버지가 큰아들에게 오늘 포도원에 가서 일하라고 권고합니다. 그러자 큰아들은 '예'라고 대답하지만, 결국 가지 않았습니다. 큰 아들은 '예'라고 대답만 하고 행동으로는 옮기지 않은 것 입니다. 그러니까 궁극적으로 그는 아버지의 말씀에 불순종한 것입니다. 그런데 아버지가 둘째 아들에게도 같은 권고를 합니다. 그러자 둘째 아들은 이를 거부했지만, 나중에 포도원에 갑니다. 결국 둘째 아들은 아버지 말씀에 순종한 것입니다. 이에 대해 예수님은 거기에 모인 사람들에게 그럼 누가 아버지의 뜻을 따랐느냐고 묻자, 그들은 둘째 아들이라고 대답을 합니다. 그런데 거기 모인 자들이 누구인가 하면, 그들은 대제사장과 유대의 종교 지도자들이었습니다. 그러니까 그들은 자신들이 큰 아들처럼 하나님의 말씀에 불순종한 자임을 스스로 밝히고 있는 것입니다.

이 상황을 보다 구체적으로 살펴보면, 둘째 아들을 보십시오. 그는 처음에는 아버지의 명령을 거부했지만 나중에는 순종했습니다. 그럼, 둘째 아들은 왜 이렇게 변화되었을까요? 그 이유는 하나님께서 그에게 회개의 영을 주셔서 그가 자신의 죄를 깨닫게 했기 때문입니다. 그리고 이어서 예수님은 "세리와 창녀들이 너희보다 하나님 나라에 먼저 들어가게 될 것"이라고 말씀하십니다. 그럼, 여기서 세리와 창녀는 누구를 상징하고 있습니까? 그들은 바로 둘째 아들을 상징하고 있으며, 자신의 죄를 회개하고 하나님의 말씀에 순종한 자들인 것입니다. 그럼 큰아들은 누구를 상징하며 그는 어떻게 행했습니까? 큰 아들은 아버지의 권고에 가겠다고 대답하고 나서 결국 가지 않았습니다. 즉 그는 아버지의 말씀에 불순종하면서 자신의 생각과 뜻에 따라 행동을 한 것입니다. 그 큰 아들은 누구를 말합니까? 큰 아들은 바로 대제사장과 유대의 종교 지도자들입니다. 예수님은 그들을 향하여 너희는 하나님 나라에 들어가지 못하게 될 것임을 책망하시면서 너희는 외식적이고, 거짓된 자들이라고 경고하신 것 입니다. 여러분! 이처럼 예수님은 하나님 나라에 들어가는 자는 자신의 죄를 회개하고 하나님 말씀에 순종하는 사람이라고 선포하신 것입니다.

그럼 예수님은 왜 대제사장과 유대의 종교 지도자들을 질책하셨습니까? 그 이유는 마태복음 21장 1절 이후를 보면 알 수 있는데, 예수님이 나귀를 타고 예루살렘 성으로 들어가시는데, 군중들이 나와서 "호산나 다윗의 자손이여 찬송하리로다"고 하면서 예수님을 격렬히 찬양하였습니다. 그런데 예수님이 예루살렘 성전 안으로 들어가서 보니, 거룩해야 할 성전이 완전히 장터로 변해있는 것을 보신 것입니다. 그러자 예수님은 거기에 있던 장사꾼들을 향하여 "너희가 이 거룩한 기도하는 집, 거룩한 성전을 강도의 소굴로 만들었다"고 하시면서 화를 내셨습니다. 그러니까 예수님은 하나님의 거룩한 성전을 장터로 만든 사람들이 바로 대제사장과 유대의 종교 지도자들이라고 책망하신 것입니다. 그러자 이러한 예수님의 행동에 대제사장과 유대의 종교 지도자들은 "당신이 무슨 권위로 이처럼 성전을 뒤엎는 행동을 하느냐"고 따진 것입니다. 이에 예수님은 세례 요한을 언급하시면서 "요한의 세례가 하늘로부터 왔느냐 아니면 사람으로부터 왔느냐"고 질문하셨는데, 그들이 대답을 하지 못 합니다.

그럼 그들은 왜 대답을 하지 못했을까요? 첫째, 그들이 하늘로부터 왔다고 대답하면, 이는 유대인들이 믿는 거룩한 하나님을 모독하는 죄가 될 것이고, 둘째, 사람으로부터 왔다고 대답하면, 이는 세례 요한을 따르는 군중들로부터 어떠한 공격을 당하게 될지 모르는 상황이었기 때문입니다. 따라서 오늘의 결론은 마태복음 21장 43절, 44절에서 알 수 있는데, 이를 새 번역 버전으로 읽어보겠습니다. "그러므로 나는 너희에게 말한다. 하나님께서는 너희에게서 하나님의 나라를 빼앗아서, 그 나라의 열매를 맺는 민족에게 주실 것이다. 이 돌 위에 떨어지는 사람은 부스러질 것이요, 이 돌이 어떤 사람 위에 떨어지면, 그를 가루로 만들어 놓을 것이다." 이 말씀의 의미는 예수님은 자신을 영접하지 않고, 하나님 말씀에 불순종하는 자들은 결국 하나님의 나라에 들어가지 못하게 될 것이고, 예수님을 영접하고 하나님의 말씀에 순종하는 자들은 하나님 나라에 들어가게 될 것임을 강조하신 것입니다.

그럼 지금부터는 로버트 레드포드 감독의 "흐르는 강물처럼"이란 영화를 가지고 순종이라는 주제로 말씀을 나누고자 합니다. 먼저 이 영화의 배경은 1930년대의 몬테나 주를 배경으로 하고 있습니다. 영화에서 등장하는 주요 인물들을 보면, 아버지 맥클레인 목사에게는 두 아들이 있었는데, 큰 아들은 노먼, 둘째 아들은 폴이었습니다. 두 아들은 어린 시절부터 목사인 아버지로부터 성경의 말씀으로 자라납니다. 그리고 시간이 날 때, 아버지는 두 아들을 강으로 데리고 가서 물고기 잡는 법을 통하여 삶의 지혜를 가르치고, 기독교적인 바탕 위에 창조주 하나님의 가르침과 교훈을 가르쳤는데, 이처럼 아버지는 엄격하시면서도 인자하신 분이었습니다.

(**영화 클립 #1**: 1900년대 초 몬테뉴주 미줄라라는 작은 도시를 배경으로 아버지 맥클레인 목사로부터 두 아들은 기독교적 가르침을 받으면서 신앙인으로서의 삶을 살아간다.)

세월이 흘러서 어느 덧 두 아들은 청년이 됩니다. 그런데 그들은 같은 환경에서 자랐지만, 성격도 달랐고, 다른 길을 선택하게 됩니다. 큰 아들 노먼은 열심히 공부하여 아이비리그인 다트머스 대학에 진학을 하고, 대학교수가 되기 위해 학업을 계속합니다. 한편 둘째 아들 폴은 자기주장이 강한 성격을 드러내면서 몬태나에 있는 대학에 진학한 후, 졸업하자마자 지역 신문사 기자로 취업을 하게 됩니다. 약 6년이 지난 후, 노먼은 학업을 마치고, 고향에 왔는데, 노먼이 돌아와서 본 폴의 모습은 예전과는 많이 달라졌다는 것을 알게 됩니다. 폴은 쾌락을 즐기면서 늘 도박과 술로 살아갑니다. 다시 말해 폴은 자기의 생각과 뜻대로 살고 있는 것입니다. 여러분, 여기서 우리가 생각해 볼 수 있는 것은 두 아들은 기독교적인 환경에서 목사이신 아버지의 가르침을 받으며 성장했음에도 불구하고, 그들은 지금 아주 다른 삶을 살고 있습니다. 노먼은 기독교인으로서 될 수 있는 한 성경의 가르침에 충실한 삶을 살려고 노력을 하지만, 폴은 하나님과의 관계는 멀어지고, 죄악된 삶을 살아가고 있는 것입니다. 여기서 우리 그리스도인들에게 가장 중요한 것은 하나님과의 관계입니다. 하나님과의 관계가 끊어지게 되면, 우리는 결국 사악한 사탄과 마귀의 유혹에 빠져서 하나님과 단절된 삶을 살아갈 수밖에 없습니다. 그러므로 우리는 날마다 자신을 하나님 앞에 내려놓고, 자신이 지은 죄를 회개해야 합니다.

오늘 본문에서도 예수님은 대제사장과 유대의 종교 지도자들에게 너희는 결코 하나님 나라에 들어갈 수 없는 자들이라고 강조하셨습니다. 왜냐하면, 그들은 항상 외식하는 자들로 자신의 유익을 위해서 자기 뜻대로 삶을 사는 자들이기 때문입니다. 이처럼 하나님 말씀에 순종하지 않는 자들은 반드시 이에 대해 심판하신다는 것입니다. 예수님은 그들을 향하여 자신의 죄를 회개하고, 다시 하나님과의 관계를 회복하라고 경고하십니다.

(**영화 클립 #2**: 세월이 흘러서 두 아들은 청년이 되고, 각자가 선택한 인생을 살아가게 된다. 노먼은 대학을 졸업하고 교수가 되기 위해 학업을 계속하는 반면에 폴은 지역 신문사의 기자로서 사회생활을 시작하는데, 쾌락적인 삶을 살아가면서 언제나 술과 도박과 여자가 끊이지 않는 삶을 산다.)

노먼은 시카고 대학의 교수로 임용이 되자, 자신이 사랑하는 여자와 결혼 준비를 진행합니다. 그러나 폴은 어느 날 도박판에서 살해 되고, 그의 시체는 길거리에 버려지게 되는데, 그는 젊은 나이에 일생을 마치게 됩니다. 이러한 폴의 사망 소식이 맥클레인 목사에게 전해지자. 아버지는 슬퍼하면서도 아들의 죽음을 조용히 받아들입니다. 여러분, 이 같은 폴의 죽음에서 어떠한 생각이 드십니까? 여기서 우리에게 주는 교훈은 우리는 날마다 하나님 앞에 나아가 회개하면서 항상 바른 길을 가려고 노력해야 한다는 것입니다. 왜냐하면 이것이 하나님의 말씀에 순종하는 삶이기 때문입니다. 따라서 그리스도인들은 세상의 물질이나 명예, 권력, 쾌락, 물질보다 하나님 말씀을 최우선으로 하는 삶을 살면서 항상 예수 그리스도를 닮아 가기 위해서 최선을 다해야 합니다. 악한 영적 세력인 사탄과 마귀들은 항상 우리들과 하나님과의 관계를 단절시키고 방해한다는 것을 명심하시고, 성령 충만함과 도우심으로 그들을 물리쳐야 합니다. 이렇게 했을 때, 하나님은 우리를 하나님 나라와 의의 길로 인도하신다는 것을 기억하십시오.

(**영화 클립 #3**: 노먼은 시카고 대학교수로 임용되면서 결혼 준비를 진행하고, 자신의 꿈을 향한 새로운 미래를 시작하는 반면에 폴은 도박판에서 결국 누군가에 의해 살해되어 그의 시체는 길에 버려진다)

사랑의 여러분, 로마서 6장 23절을 보면, "죄의 삯은 곧 사망이다"고 말씀하십니다. 오늘 영화에서 맥클레인 목사님은 두 아들에게 항상 하나님의 말씀에 순종하며 참된 그리스도인의 삶을 살라고 가르쳤을 것입니다. 그러나 두 아들의 선택은 달랐습니다. 노먼은 하나님이 원하시는 삶을 살기 위해 순종을 했지만, 폴은 자신이 원하는 삶을 살았습니다. 그 결과, 두 아들의 결과는 달랐던 것입니다. 그러나 마지막 장면에서 맥클레인 목사님은 "완전한 이해가 없이도 우리는 누군가를 사랑할 수 있습니다"라고 말합니다. 여기서 우리가 생각할 수 있는 것은 비록 하나님의 자녀가 불순종하는 삶을 살았을지라도 하나님은 언제나 사랑으로 기다려주시고 품어주신다는 것을 깨닫게 하고 있습니다. 그러므로 우리는 언제나 하나님 앞에 나아가 죄를 회개하고 말씀에 순종하면서 성령이 충만한 삶을 살아야 합니다. 그리하면, 우리가 혹시 그릇된 길을 가더라도 올바른 길로 갈 수 있도록 하나님은 그 길을 인도하신다는 것을 믿으시기 바랍니다. 왜냐하면 하나님은 언제나 우리가 죄를 회개함으로써 순종함을 바라고 계시기 때문입니다.

2) 주제: 용서(Forgiveness)

(1) 영화설교를 위한 메시지 플랫폼 작성

- 성경 본문에 관한 내용
  - 본문: 마태복음 18장 21~35절
  - 제목: 아버지의 용서
  - 목표:
    a. 올바른 용서가 무엇인지를 이해시킨다.
    b. 그리스도인들은 왜 용서의 삶을 살아야 하는지를 강조한다.
  - 본문의 중심 메시지:
    a. 용서는 삶의 축복이다.
    b. 우리는 하나님의 용서를 받은 자이므로 우리도 용서를 베풀어야 한다.

- 영화에 대한 기본 방향
  - 주제: 진정한 용서란?
  - 신학적인 메시지:
    a. 인간의 죄는 회개함으로써 하나님께서 용서하여 주신다.
    b. 그리스도인들은 사랑으로 용서받고, 용서하는 삶을 살아야 한다.

- 영화 사전적 검토 방향:

  우리는 세상을 살아가면서 사람들과의 관계 속에서 살아간다. 그러다 보면, 인간관계 속에서 서로 상처를 주기도 하고 받기도 하면서 힘들어한다. 그러므로 하나님께서는 우리에게 서로 용서하며 살라고 말씀하신다. 그래서 영화에서는 하나님이 원하시는 용서의 삶이 어떠한 결과를 낳는지를 잘 설명해 주어야 한다.

- 영화 제목과 줄거리

  a. 윌리엄 H. 메이시 감독의 '러덜리스'

[사진 2] 러덜리스

b. 영화 줄거리:

대학생인 조쉬가 기숙사에서 혼자 기타를 치면서 노래하고, 작곡하는 모습으로 영화가 시작된다. 장면이 바뀌면, 광고 회사의 CEO인 샘이 클라이언트로부터 중요한 계약을 성공시키고 기뻐하는 모습이 보인다. 샘은 아들 조쉬에게 전화를 걸어 기쁜 소식을 알리면서 학교 앞 카페에서 점심을 함께 하자고 제안한다. 그런데 약속한 시간이 지났는데도 조쉬가 나타나지 않자, 이에 샘이 자리를 뜨려는 순간, TV 실시간 뉴스를 보게 된다. 그 긴급 뉴스는 조쉬가 재학 중인 대학에서 방금 전에 총기 난사사건이 발생하여 여러 명이 사망했다는 것이다. 그런데 이 사건의 가해자가 샘의 아들 조쉬로 밝혀졌고, 그도 그 자리에서 사망했다는 것이다. 이 사건으로 샘은 자신의 모든 삶을 포기하고 절망과 죄책감에 빠져 작은 시골 마을에서 은둔 생활을 하게 된다.

그 후, 2년 정도의 세월이 흐르자, 이혼한 전처인 에밀리가 샘을 찾아온다. 에밀리는 조쉬의 유품들을 샘에게 건네주기 위해 온 것이다. 샘이 에밀리에게 자신은 지금 작은 보트에 생활하기 때문에 조쉬의 유품을 둘 곳이 없다고 하면서 거부한다. 이로 인해 두 사람은 옥신각신을 하다가,

결국 에밀리는 조쉬의 유품을 차에서 내려놓고 가버린다. 샘이 조쉬의 유품들을 쓰레기통에 버리려 하다가, 조쉬가 어렸을 때 자신과 함께 찍었던 사진들을 발견하고, 샘이 유품들을 다시 챙긴다. 그런데 샘은 그 유품들 속에서 조쉬가 작사 작곡한 테이프들도 발견하게 된다. 샘이 조쉬의 테이프들을 하나씩 듣기 시작하는데, 그 가사에는 "이제 집으로 돌아가고 싶다", "내 마음을 나도 잘 모르겠네", "내 말은 모든 것이 거짓말이야"라고 하는 내용을 듣게 된다. 그러자 샘이 눈을 감으면서 자신이 조쉬에게 준 마음의 상처를 조금씩 깨닫기 시작한다. 그 후, 샘은 마을의 작은 카페에서 조쉬가 남긴 노래들을 부르기 시작한다. 그러던 어느 날, 구엔 틴이란 한 청년이 샘의 노래를 듣고, 찾아와서 함께 밴드를 결성해서 활동하자는 제안을 하게 되는데, 이를 샘이 받아들이고, "러덜러스"라는 이름으로 밴드 활동을 시작하게 된다. 그런데 "러덜리스" 밴드가 부른 노래가 날이 갈수록 많은 사람으로부터 큰 인기를 얻기 시작한다.

그러던 어느 날, 조쉬와 연인 관계였던 케이트가 샘 앞에 나타나서 "조쉬로 인해 사람들이 상처받고, 고통 받고 있는데, 어떻게 조쉬의 노래를 대중 앞에서 부를 수 있느냐?"하면서 샘을 책망한다. 케이트의 이러한 질책에 샘은 그녀를 설득하려고 했지만, 케이트는 완강히 거부한다. 조쉬의 21 번째 생일날, 샘은 조쉬의 묘비를 찾아갔는데, 이미 거기에 와있던 에밀리를 만난다. 두 사람은 조쉬의 묘비에 '살인자', '악마'라고 쓰여진 페인트 낙서를 보자, 어두운 표정으로 함께 낙서를 지우기 시작한다. 에밀리가 샘에게 요즘 자신은 피해당한 부모들을 한 사람씩 만나 용서를 구하고 있다고 말하면서 샘에게도 용서를 구하라고 권유한다. 그러자 샘은 조쉬가 저지른 살인 행위에 대해 아직 받아들일 수 없다고 소리를 지르면서 화를 낸다. 한편 케이트는 구엔틴을 찾아가서 지금 너희 밴드가 부르는 노래는 모두 살인자 조쉬가 작사 작곡했다는 것을 알려준다. 그러자 구엔틴은 분노하며 샘에게 가서 앞으로는 조쉬의 노래를 부르지 않겠고, 밴드 활동도 더 이상 하지 않겠다고 격분한다. 이에 샘은 구엔틴에게 그러지 말라고 충고하자, 구엔틴이 샘의 얼굴에 주먹을 휘두른다. 아들 같은 구엔틴에게 주먹으로 맞은 샘은 "그래도, 그는 내 아들이야"라고 울먹이며 소리친다. 이 일이 있은 후, 샘은 조쉬를 조금씩 이해하기 시작하면서 용서하겠다는 마음을 가진다.

얼마 후, 샘은 악기점을 하는 친구를 찾아가 대화를 나누게 되는데, 샘은 그동안 자신이 불렀던 노래들은 조쉬의 자작곡들이었다고 말해준다. 그러자 친구는 샘에게 이제 더 이상 조쉬의 노래를 부르지 말라고 충고한다. 그러나 샘은 친구 앞에서 "그래도 조쉬는 내 아들이야"하면서 두 번이나 반복한다. 그리고 얼마 후, 샘은 총기 사건이 발생한 대학을 찾아가서 사망한 학생들의 이름이 새겨진 추모비 앞에서 무릎을 꿇고, 오열하기 시작한다. 지나가던 많은 학생들이 이러한 샘의 모습을 지켜 서서 본다. 즉 샘은 아무런 이유 없이 죽음을 당한 희생자들에게 용서를 구한 것이다. 그리고 마지막 장면에서 샘은 조쉬가 자작곡한 노래들을 부르기 위해 시골의 작은 카페의 무대에 다시 오르는데, 그는 객석을 향하여 "내 아들 조쉬가 2년 전 총기 사건으로 여섯 명의 무고한 생명을 죽였고, 지금 자신이 부르는 노래는 모두 그가 만든 노래"라고 하면서 고백한다.

- 영화 선정 이유:

a. 아버지 샘이 아들이 저지른 살인에 대한 죄책감으로 방황하며 괴로워하는 모습을 보여주고 있다.

b. 피해자와 가해자 간에 용서의 문제를 깊이 있게 다루고 있다.

c. 용서는 결국 사랑으로부터 오는 것임을 잘 깨닫게 해준다.

– 영화의 시놉시스는 설교문에 삽입시켰다.

(2) 설교문

우리는 인생을 살아가면서 누군가를 용서하기도 하고, 누군가에게 용서를 구하기도 하면서 살아갑니다. 우리가 누군가를 용서해야 한다면, 이는 피해자의 입장에서 용서해야 할 것이고, 우리가 누군가로부터 용서를 받아야 한다면, 이는 가해자의 입장에서 용서를 받아야 하는 것입니다. 그런데 여기서 우리가 한 가지 생각해 볼 것은 '용서'는 피해자나 가해자의 입장에서 실천하기가 힘들다는 생각이 듭니다. 따라서 오늘은 용서라는 주제를 가지고 무엇이 진정한 용서인지, 그리고 용서는 우리의 삶에서 왜 중요한지를 함께 생각해 보고자 합니다.

여러분, 주기도문에서 보면, "우리가 우리에게 죄지은 자를 사하여 준 것같이 우리 죄를 사하여 주시옵고"라고 기록하고 있는데, 이것을 해석하면, 너희가 죄를 용서 받기 위해서는 너희도 다른 사람의 죄를 용서해야 함을 강조하고 있습니다. 그러므로 우리는 하나님께 우리의 죄 용서를 구할 때, 자신도 다른 사람을 용서하는 마음을 가져야 한다는 것을 의미합니다. 이처럼 용서는 예수님을 닮아가는 성화 과정을 통하여 반드시 우리가 훈련해야 할 의무이고 책임입니다. 그래서 예수님은 마태복음 6장 14~15절에서 "너희가 사람의 잘못을 용서하면 너희 하늘 아버지께서도 너희 잘못을 용서하시려니와 너희가 사람의 잘못을 용서하지 아니하면 너의 아버지께서도 너희 잘못을 용서하지 아니하시리라"고 경고하십니다. 따라서 이 말씀은 용서의 중요성과 상호성을 강조하고 있고, 우리가 받은 하나님의 용서를 다른 사람에게도 베풀어야 한다는 것을 가르치고 있습니다.

성경에서의 용서를 크게 두 가지 방향에서 생각해 볼 수 있는데, 첫 번째는 예수 그리스도의 십자가의 죽음과 부활을 믿는 자들에게는 하나님이 그들의 죄를 용서하여 주시고 구원 받게 한다는 사실입니다. 이것은 하나님이 예수 그리스도의 보혈로 아담이 지은 인간의 원죄를 용서하여 주신다는 것인데, 모든 인간은 원죄로 인해 죽을 수밖에 없지만, 예수 그리스도의 십자가 죽음과 부활을 믿는 자는 누구든지 자신의 죄를 용서받고, 영원한 생명의 길을 갈 수 있다는 것입니다.

두 번째는 우리 그리스도인들은 예수님의 십자가의 사랑과 은혜로 구원은 받았지만, 늘 연약한 인간들이기 때문에 계속 죄악 속에서 살아갈 수밖에 없습니다. 하지만 하나님은 날마다 자신의 죄를 회개하고 하나님 앞에 용서를 구하는 자는 그의 죄를 용서하시고, 더 이상은 죄악 속에서 살아가지 않도록 바른 복음의 길로 인도하십니다. 그러므로 우리는 자신의 죄를 하나님 앞에 나아가 회개함으로써 그리스도 안에서 매일 새롭게 거듭나야만 합니다. 그렇게 하기 위해서는 하나님 나라의 의인 된 자로서 성화를 통하여 예수 그리스도를 닮아가도록 노력해야 하는 것입니다.

그럼, 오늘 본문 마태복음 18장 21~22절을 보면, "그 때에 베드로가 나아와 가로되 주여 형제가 내게 죄를 범하면 몇 번이나 용서하여 주리이까 일곱 번까지 하오리이까 예수께서 가라사대 네게 이르노니 일곱 번뿐 아니라 일흔 번씩 일곱 번이라도 할지니라"고 말씀합니다. 그러면 여기서 예수님이 말씀하신 용서의 의미는 무엇입니까? 예수님은 용서를 일흔 번씩 일곱 번을 하라고 권고하셨는데, 이것의 상징적인 의미는 끊임없이 용서하라는 것으로 빚을 탕감 받는 자의 용서를 비유로 설명하십니다.

23~31절에서 예수님은 예화로 1만 달란트를 빚진 자와 100데나리온을 빚진 자를 들어 설명하시는데, 1만 달란트를 빚진 자는 데나리온으로 계산하면, 6천만 데나리온입니다. 이것은 그 당시 노동자 1일 품삯인 1데나리온으로 계산하면, 16만4천3백84년 동안 벌어야 갚을 수 있는 금액입니다. 다시 말하면 이것은 인간의 능력으로는 도저히 갚을 수 없는 것입니다. 누군가가 주인의 은혜로 인해 이 같은 어마어마한 금액을 탕감 받은 것입니다. 그런데 이러한 자가 자신에게 백 데나리온을 빚진 동료에게는 자신의 돈을 갚지 않는다고 인정사정도 없이 그를 고발하여 감옥에 보낸 것입니다. 그러자 이 모습을 본 다른 동료들이 그가 행한

짓을 주인에게 일러준 것입니다.

32~35절을 보면 "이에 주인이 그를 불러서 말하되 악한 종아 네가 빌기에 내가 네 빚을 전부 탕감하여 주었거늘 내가 너를 불쌍히 여김과 같이 너도 네 동료를 불쌍히 여김이 마땅하지 아니하냐 하고 주인이 노하여 그 빚을 다 갚도록 그를 옥졸들에게 넘기니라 너희가 각각 마음으로부터 형제를 용서하지 아니하면 나의 하늘 아버지께서도 너희에게 이와 같이 하시리라". 결론적으로 여기서 주는 교훈은 '남을 용서하는 자가 자신도 용서를 받는다는 것'입니다. 다시 말해 우리가 자신의 죄를 용서받기를 원한다면 자신도 용서할 수 있어야 한다는 것을 가르치고 있습니다. 따라서 용서는 바로 나 자신을 위한 것입니다.

에베소서 4장 32절을 보면, "서로 친절하게 하며 불쌍히 여기며 서로 용서하기를 하나님이 그리스도 안에서 너희를 용서하심과 같이 하라 Be kind and compassionate to one another, forgiving each other, just as Christ God forgave you." 여기서 바울은 에베소서 교인들을 향하여 하나님이 너희를 용서한 것처럼 너희도 서로 용서하라고 명령하고 있습니다. 그럼 바울은 왜 이러한 옥중서신을 그들에게 보냈을까요? 그 이유는 에베소 교회도 다른 교회들처럼 분열과 갈등이 많았기 때문입니다. 그 당시 에베소는 우상숭배가 심한 도시였고, 영적으로도 아주 피폐한 곳이었기에 성도들 간에 서로 다툼이 많았습니다. 이에 바울은 에베소 교인들에게 성령의 권능으로 마귀와 같은 악한 영적 세력들을 물리쳐야 한다고 가르치면서 그리스도 안에서 교회는 하나가 되어야 한다는 것을 권면했습니다. 결국 바울은 서로 용서해야 한다는 것을 계속 강조한 것입니다.

우리가 용서에 대하여 또 하나 중요하게 생각해야 할 것은 가해자로서 누군가에게 용서를 구할 때, 어떻게 하는 것이 올바른 용서 방법인가 하는 것입니다. 이는 앞에서도 말씀을 드렸듯이 먼저 해야 할 것은 하나님 앞에 나아가 자신의 죄를 회개하고, 용서를 구해야 합니다. 그런 다음에는 자신과 피해자에게 나아가 죄를 용서해 달라고 간구해야 합니다. 왜냐하면, 하나님은 서로 용서하라고 명령하시기 때문입니다. 그러므로 우리 그리스도인들은 용서를 통하여 자신의 죄와 잘못을 깨닫고, 참된 그리스도인으로 거듭나는 것이 생활화되어야 합니다.

사랑하는 여러분, 우리는 이미 하나님으로부터 용서받은 자들입니다. 따라서 우리도 그리스도의 사랑으로 누군가를 용서할 수 있어야 합니다. 이러할 때, 우리의 신앙이 한 단계 성숙해지고, 자신도 행복해질 수 있습니다. 여러분은 아직도 용서하지 못한 누군가가 있습니까? 그렇다면, 지금이라도 하나님 앞에 나아가 회개하시고, 용서를 구하십시오. 그리하면, 하나님께서는 성령의 권능 안에서 용서할 수 있는 마음을 허락하여 주실 것입니다.

그럼 지금부터는 '러덜리스(Rudderless)'라는 영화를 통하여 용서라는 주제의 말씀을 함께 나누고자 합니다. 먼저 영화의 제목 '러덜리스'를 번역하면, '갈 곳을 잃어버리고 방황하는 상태'라고 할 수 있는데, 이 영화에서는 현재 미국에서 자주 발생하는 총기 사건을 다루고 있습니다. 그리고 이 영화는 이혼한 가정에서 자란 조쉬라는 대학생 청년이 자신의 고통과 상처를 음악으로 치유하려다가, 끝내는 자신을 이기지 못하고 자신이 다니던 대학에서 총기를 난사해 6명의 학생을 그 자리에서 살해하고 자신도 자살로 생을 마감합니다. 그런데 이러한 살인을 저지른 조쉬의 아버지 샘은 자신의 모든 삶을 포기하고, 폐인처럼 살아가면서 거의 알코올 중독자로 변해갑니다. 그러던 어느 날 전처인 에밀리가 찾아와서 샘에게 "지금 당신은 세상을 피해 숨어 있는 거야"라고 책망하면서 아들 조쉬가 남기고 간 유물들을 넘겨주고 가버립니다.

(**영화 클립 #1**: 아들 조쉬가 다니던 대학에서의 총기 사건이후, 아버지 샘은 좌절하면서 날마다 고통스러운 삶을 살아간다)

샘은 아들이 저지른 총기 사건 이후에 절망감과 죄책감 속에서 세상을 외면하고 살아갑니다. 이러한 그가 가장 고통스럽게 생각하는 것은 자신은 이제 아무것도 할 수 없다고 생각한 것입니다. 게다가 그는 조쉬가 왜 그러한 끔찍한 살인 사건을 벌였는지도 도무지 이해할 수 없었습니다. 그래서 그는 전처가 가져다준 조쉬의 유품들을 버리려다가, 그 유품들 속에서 조쉬가 지금까지 작사 작곡했던 테이프들을 발견하게 됩니다. 그래서 샘은 조쉬의 노래들을 듣게 되는데, 그 노래에는 조쉬가 그동안 겪었던 상처와 아픔들이 담겨 있음을 깨닫게 됩니다. 조쉬는 화목한 가정을 원했고, 부모의 따뜻한 손길을 원했던 것입니다. 이에 샘은 조금씩 조쉬를 이해할 수 있게 되면서 자신이 기거하던 시골의 작은 카페에서 조쉬의 곡들을 노래하기 시작합니다. 그러던 중에 아들처럼 생각한 구엔틴을 만나서 러덜리스라는 밴드를 만들게 됩니다.

그러던 어느 날, 조쉬의 여자 친구였던 케이트가 샘을 찾아오는데, 그녀는 샘에게 어떻게 살인자의 노래를 부를 수 있냐고 하면서 화를 냅니다. 그러자 샘은 케이트를 어떻게든지 설득을 해보려고 노력했지만, 케이트는 샘을 거부하면서 용서하지 않습니다. 처음에는 샘도 케이트처럼 조쉬를 용서하지 않았습니다. 그래서 샘은 세상 사람들을 피해 시골로 가서 은둔 생활을 했던 것인데, 그는 살인자의 아버지라는 죄책감에서 벗어나지 못하고 도피를 한 것입니다. 여러분, 샘처럼 피해서 숨는 것이 올바른 방법일까요? 앞에서도 말씀을 드렸듯이 이것은 진정한 용서를 구하는 방법은 아닌 것입니다. 그럼 이런 상황에서 샘은 어떻게 해야 하는 것입니까? 샘은 먼저 하나님께 나아가 회개하면서 자신이 조쉬에게 준 상처와 아픔을 용서해 달라고 간구해야 합니다. 그런 다음에는 자신과 케이트, 그리고 피해자들의 유족에게도 용서를 구해야 하는 것입니다. 그런데 샘은 이러한 용서의 과정을 지키지 않고 숨어서 자신은 삶을 거의 포기하다시피 생활한 것입니다.

(영화 클립 #2: 샘은 조쉬의 자작곡들 속에서 조쉬가 겪었던 상처와 아픔을 깨닫게 되면서 조쉬의 노래들을 부르기 시작한다. 그러던 어느 날 조쉬의 여자 친구인 케이트가 나타나서 샘에게 살인자의 노래를 부르는 것은 용서할 수 없다고 책망한다)

샘은 조쉬의 상처와 아픔을 조금씩 알게 되지만, 아직 완전히 조쉬를 용서하지 못합니다. 그러던 중 샘은 조쉬의 21번째의 생일날이 되자, 조쉬의 묘비를 찾았다가 거기서 전처 에밀리를 만나게 됩니다. 그런데 조쉬의 묘비에 페인트로 '살인자, 악마'라고 쓴 낙서들을 보게 되자, 두 사람은 그 낙서들을 함께 지우는데, 에밀리가 샘에게 자신은 현재 피해자 가족들을 만나서 용서를 구하고 있다고 말하면서 샘에게도 유족들에게 용서를 구하라고 권면을 합니다. 그러자 샘은 에밀리의 제안을 거절하면서 그게 무슨 의미가 있냐고 하면서 화를 냅니다. 한편 케이트는 구엔틴을 만나 지금 러덜리스 밴드가 부르는 노래들은 살인자 조쉬의 자작곡들이라고 알려주자, 분노에 찬 구엔틴이 샘에게 주먹을 휘두르며 결별을 선언합니다. 이에 샘은 구엔틴에게 "그래도 조쉬는 내 아들이야"

라고 소리칩니다. 결국 샘은 조쉬의 상처와 아픔을 이해하고 받아들이면서 아들을 용서를 한 것입니다. 여러분, 진정한 용서는 남을 용서할 수 있어야 한다는 것이 중요한 것입니다. 그래서 예수님은 끊임없이 용서하라고 말씀하십니다. 왜냐하면, 하나님이 우리를 용서하셨기 때문에 우리도 용서를 끊임없이 해야 한다는 것입니다. 그러므로 용서의 근본은 사랑입니다.

(**영화 클립 #3**: 조쉬의 생일날, 그의 묘비 앞에서 샘과 전처인 에밀리가 만나게 되는데, 에밀리가 샘에게 자신도 피해자들의 가족들에게 용서를 구하고 있으니, 샘도 그들에게 용서를 구하라고 제안한다. 그러나 결국 이 문제로 그들은 서로 다투게 된다. 그리고 샘은 조쉬의 자작곡들 문제로 인해 구엔틴과 결별하게 된다)

그리고 얼마 후, 샘은 대학 도서관 앞에 세워진 희생자 추모비 앞에서 무릎 꿇고, 희생자들의 이름들을 한 사람씩 부르면서 오열하기 시작합니다. 지금 샘은 희생자들에게 용서를 구하고 있는 것입니다. 동시에 샘은 자신이 조쉬에게 준 상처와 아픔에 대해서도 용서를 구하고 있습니다. 즉 샘은 조쉬가 부모로부터 받았던 결손 가정의 불행과 외로움을 이해하게 된 것입니다. 그리고 나아가서는 희생자들의 유족들에게도 진정한 용서를 빌었습니다. 따라서 샘은 그들이 받은 고통과 슬픔을 조금이나마 위로 받기를 원했던 것입니다. 마지막 영화의 장면에서는 샘이 혼자 무대 위에 올라 다시 노래를 부르면서 "제 아들 이름은 조쉬입니다. 2년 전에 동료 대학생 6명을 총으로 사망케 했습니다. 이것은 제 아들의 노래입니다"라고 말하면서 자신을 세상에 드러내면서 용서를 구하고 있습니다.

(**영화 클립 #4**: 얼마 후, 샘은 총기 사건이 난 도서관 앞에서 무릎 꿇고 추모비에 적힌 희생자 이름들을 한 사람씩 읽으면서 오열한다. 그리고 마지막 장면에서는 샘이 카페에서 다시 노래를 부르기 시작하는데, 자신이 부르는 이 노래가 살인자인 조쉬의 노래라고 솔직하게 고백한다)

　사랑하는 여러분, "서로 용서하라"라는 것은 예수님의 명령입니다. 그러므로 우리 그리스도인들은 누군가를 용서하고, 누군가로부터 용서를 받아야 합니다. 왜냐하면, 우리가 이미 하나님으로부터 용서를 받았기 때문입니다. 그러므로 용서는 하나님의 관점으로 바라보아야 하고, 그리스도의 사랑에서부터 시작되어야 합니다. 그리고 모든 용서에는 하나님의 뜻과 섭리가 담겨 있는 것입니다. 그런데 용서는 결코 쉬운 일이 아니기 때문에 우리는 용서를 훈련하고 또 훈련하여 그리스도의 용서를 닮아가야 합니다. 예수님은 우리에게 끊임없이 용서하라고 가르쳐 주셨음을 기억하시면서 사랑으로 용서하는 삶을 사시길 축원합니다.

3) 주제: 사랑(Love)

(1) 영화설교를 위한 메시지 플랫폼 작성

■ 성경 본문에 관한 내용

   – 본문: 고린도전서 13장 1~7절

   – 제목: 사랑 참!

   – 목표:

      a. 그리스도의 온전한 사랑이 무엇인지를 깨닫게 한다.

      b. 사랑의 특성과 역할이 무엇인지를 강조한다.

   – 본문의 중심 메시지:

      a. 하나님의 근본은 사랑이시다.

      b. 그리스도인들에게는 사랑이 최우선이다.

■ 영화에 대한 기본 방향

   – 주제: 참된 사랑

   – 신학적인 메시지:

      a. 진정한 사랑은 이타적이다.

      b. 자신의 생명까지도 희생하는 조건 없는 사랑이 참된 사랑이다.

- 영화 사전적 검토 방향:

인간의 삶은 사랑 없이는 아무것도 할 수 없다. 왜냐하면, 인간의 관계는 사랑으로부터 시작되기 때문이다. 따라서 이 세상에는 다양한 사랑의 개념들이 존재한다. 그중에서도 최고의 사랑은 예수 그리스도께서 우리에게 베푸신 아가페 사랑이다. 그러므로 그리스도인들은 예수 그리스도처럼 조건 없는 사랑을 베풀어야 한다. 이에 영화에서는 이 같이 진정한 사랑을 베풀고 실천하는 모습을 보여주어야 한다.

- 선정된 영화 제목과 줄거리

  a. 장예모 감독의 '5일의 마중'

[사진 3] 5일의 마중

b 영화 줄거리:

1960년대와 70년대에 걸쳐서 실행된 중국의 문화대혁명은 자본주의를 핍박하고, 공산주의를 주입하기 위한 철저한 사상운동이었다. 이 영화는 문화대혁명 시기, 자본주의의 반역자로 몰린 루옌스가 억울하게 반혁명분자로 교도소에 갇히게 된다. 한편 아내 펑안위와 딸 단단은 사상범 가족으로 몰리면서 어렵고 힘든 상황 속에서 루옌스가 돌아오기만을 기다린다. 이 영화는 남편 루옌스와 아내 펑완위, 그리고 딸 단단이 주인공으로 등장한다.

영화의 도입부에서는 딸 단단이 공산당원들 앞에서 무용 연습하는 장면을 보여주는데, 그녀는 다음 공연의 주인공으로 캐스팅될 것이라고 기대한다. 그런데 어느 날, 공산당 간부가 펑안위와 단단을 당으로 소환해서 루옌스가 탈옥했다는 것을 알려주면서 그로부터 연락이 오면 반드시 당에 신고하라고 경고한다. 그러면서 만약 이를 어기면, 이러한 행위는 당을 배반하는 것이니, 처벌을 받게 될 것이라고 협박한다. 장대비가 쏟아지는 날, 탈옥한 루옌스가 가까스로 자신의 아파트 앞에 도착하여 현관문을 두 드린다. 이에 펑완위는 그가 남편 루옌스라는 것을 직감했지만, 그때 단단이 집으로 돌아오고 있다는 것을 알았기 때문에 문을 열어 주지 못한다. 문이 열리지 않자, 루옌스는 다급히 쪽지만 아파트 문틈 아래에 넣고 도망치듯이 가려고 할 때, 그 때 계단에서 딸 단단과 마주치게 된다. 그러자 단단은 자신이 아버지 문제로 당으로부터 의심받는 것을 원하지 않았기에, "난 당신을 모르며, 당신을 보고 싶지도 않다"라고 말한다. 이같은 딸의 냉혹한 모습에 루옌스는 폭우가 내리는 상황 에서 도망치듯이 사라진다. 다음날 펑완위는 루옌스가 건넨 쪽지를 보고, 만나기로 약속한 기차역으로 가는데, 단단이 이 사실을 알고 당에 고발한다. 딸이 고발한 것을 모르는 펑완위는 루옌스에게 줄 음식을 만들어서 쪽지에 적힌 기 차역으로 갔으나, 이미 공산당원들은 그 곳에 와서 잠복해 있었다. 이를 본 펑완위가 루옌스를 향하여 "여보, 도망가 요"하고 소리를 지른다. 그 때, 한 공산당원이 펑안위를 붙 잡으려고 몸싸움을 하는 바람에, 그녀가 그만 바닥에 넘어 지면서 머리를 부딪쳐 기억상실증이라는 무서운 병에 걸리 게 된다.

그 후, 몇 년이 흐른 후, 문화혁명은 끝나고, 루옌스는 석 방이 되어 집으로 돌아온다. 그러나 불행하게도 펑안위는 루엔스를 알아보지 못하고, 그를 집 밖으로 쫓아버린다. 쫓겨난 루엔스는 자신의 아파트가 올려다 보이는 허름한 집에 방 한 칸을 구해서 기거하기 시작한다. 그러면서 루엔스는 아내의 병을 낫게 하기 위해서 온갖 노력을 다한다. 루엔스는 아내의 기억을 되돌리기 위해서 옛날에 그녀가 좋아했던 음악을 자신이 직접 피아노를 연주해서 들려주기도 하고, 편지를 써서 그녀 앞에서 읽어 주기도 한다. 하지만 펑안위는 루엔스를 알아보지 못한다. 그러다가 어느 날, 펑안위는 예전에 남편을 만나러 갔던 기차역에 다시 가겠다고 말한다. 이에 루엔스는 남편이 오는 5일에 도착할 거라는 편지를 써서 단단을 통하여 전달한다. 펑안위는 5일이 되자, '루엔스'라고 쓴 팻말을 들고 기차역으로 향한다. 이에 루엔스는 자신이 아내를 만나기 위해 집으로 돌아오는 것처럼 실연을 하면서 기차역의 계단을 내려오는 모습을 보여주었는데도 펑안위는 루엔스를 알아보지 못한다. 그러니까 지금 펑안위의 기억 속에는 루엔스의 모습이 남아있지 않은 것이다. 그리고 마지막 장면에서는 눈이 펑펑 쏟아지는 겨울날, 루엔스가 백발이 된 아내 펑안위를 인력거에 태우고 다시 기차역으로 간다. 기차역에 도착한 펑안위는 하염없이 루옌스를 기다리지만, 남편의 모습은 보이지 않는다. 그리고 그녀의 옆에는 루옌스가 자신의 이름이 적힌 팻말을 들고서 아내와 함께 기차역에 서서 기다린다. 지금 루옌스는 아내의 병이 빨리 나아서 자신에 대한 기억이 돌아오기만을 기다리고 있는 것이다.

- 영화 선정 이유

첫째, 고난 속에서도 자신의 모든 것을 희생하는 사랑을 잘 보여주고 있다.

둘째, 자식을 위해 조건없는 사랑을 베푸는 부모의 모습이 잘 표현되고 있다.

셋째, 진정한 사랑이 얼마나 위대하고 아름다운 가를 잘 보여주고 있다.

- 영화의 시놉시스는 설교문에 삽입시켰다.

(2) 설교문

여러분, 오늘 본문 고린도전서 13장은 사랑장으로 알려져 있습니다. 그리고 바로 앞의 12장 31절을 보면, 바울은 고린도 교인들에게 "너희는 더욱 큰 은사를 사모하라 내가 또한 제일 좋은 길을 너희에게 보이리라"고 권면하고 있는데, 여기서 은사는 하나님이 각 성도들에게 주시는 특별한 능력이나 선물을 말합니다. 따라서 바울은 이러한 모든 은사들 중에서 가장 크고 좋은 은사는 바로 사랑이라고 하면서 사랑이 없으면 너희의 은사는 아무런 유익이 없다는 점을 강조하고, 사랑이 모든 행위의 바탕이 되어야 한다는 것을 가르칩니다.

바울이 이렇게 사랑을 강조하는 배경에는 지금까지 고린도교회 성도들이 은사를 자신의 생각과 기준대로 그릇된 판단을 한다는 것입니다. 그러면서 그들은 은사를 통하여 자신이 남들에게 얼마나 과시적으로 보일 수 있는가, 또는 얼마나 비교 우위에 있는가를 드러내면서 외식적이고 교만한 신앙인의 모습을 보여준 것입니다. 따라서 바울은 이러한 고린도 교인들을 향하여 그리스도인으로서 가장 근본적인 은사는 사랑이라는 것을 강조합니다.

여러분, 마태복음 22장 37절에서 40절까지를 보면, "예수께서 이르시되 네 마음을 다하고 목숨을 다하고 뜻을 다하여 주 너의 하나님을 사랑하라 하셨으니 이것이 크고 첫째 되는 계명이요 둘째도 그와 같으니 네 이웃을 네 자신 같이 사랑하라 하셨으니 이 두 계명이 온 율법과 선지자의 강령이니라". 이것을 한 마디로 요약하면, 하나님이 우리에게 주신 가장 으뜸이 계명은 바로 사랑이라는 것입니다. 따라서 예수님은 너희가 진정한 그리스도인들이 되기 위해서는 먼저 하나님을 사랑하고 이웃을 사랑하라고 명령하십니다. 그리고 나아가서 예수님은 진정한 사랑이 무엇인지를 몸소 보여주셨는데, 그것은 우리 같은 죄인들을 위해 자신의 생명을 희생하면서 십자가 사랑을 베푸셨습니다. 이러한 예수님의 사랑을 아가페 사랑이라고 부르는데, 이것은 아무런 조건 없이 남을 위해 헌신하는 사랑입니다.

그런데 여기서 한 가지 생각해 볼 것은 세상 사람들이 너무나 흔히 사용하는 단어가 '사랑'이라는 것입니다. 그래서 세상 사람들이 즐기는 영화나 드라마, 노래, 문학 작품들을 보면, 사랑을 주제로 한 것들이 대부분인데, 오늘 본문에서 말하는 '사랑'은 이와는 다르다는 것입니다. 여기서 '사랑'이라는 단어를 헬라어에서는 몇 가지의 개념으로 구분하고 있는데, 남녀 간의 사랑은 '에로스', 친구 간의 사랑은 '필리아', 그리고 예수 그리스도의 사랑은 '아가페'로 구분합니다. 따라서 세상 사람들이 주로 사용하는 사랑은 에로스나 필리아의 개념이지만, 성경에서 언급하는 예수님이 보여준 사랑은 아가페를 말합니다.

그럼, 오늘 본문을 분석해 보면, 바울은 앞의 12장에서 성령님이 성도들에게 주신 은사를 어떻게 사용할 것인가를 언급한 다음, 13장 1절부터 3절에서는 성도들이 어떠한 은사 활동을 실행하더라도 사랑이 없으면 아무것도 아니라고 강조합니다. 그러니까 사랑이 없으면, 그 모든 행위는 소리 나는 구리와 울리는 꽹과리가 되고, 또한 예언의 능력이나 비밀스러운 지식을 가지고 있고, 믿음이 있다고 할지라도 사랑이 없으면, 아무 것도 할 수 없다는 것입니다. 게다가 누군가를 구제하고, 자신이 희생하고 헌신을 할지라도 사랑이 없으면, 이것은 자신에게 아무런 유익도 없을 것이라고 하면서 바울은 사랑이 얼마나 중요한 것인가를 지속적으로 강조합니다. 그리고 4절부터 7절까지는 사랑이 있는 사람이라면 진정한 그리스도인으로 다음과 같이 살아가야 한다고 권면합니다.

첫째, 사랑이 있는 사람은 오래 참습니다. 그러므로 사랑이 있다면 인내하고 기다릴 수 있습니다. 따라서 예수님은 마태복음 10장 22절에서 "또 너희가 내 이름을 인하여 모든 사람에게 미움을 받을 것이나 나중까지 견디는 자는 구원을 얻으리라"고 가르치시는데, 사랑이 있는 사람은 어떠한 시련과 고난이 닥쳐와도 오래 참고 기다릴 수 있어야 하는 것을 말씀하신 것입니다.

둘째, 사랑이 있는 사람은 온유합니다. 여기서의 온유는 단순히 온순하고 부드럽다는 의미가 아니라 자신이 가진 것을 절제하고 통제할 수 있습니다. 그러므로 예수님은 마태복음 11장 29절에서 "나는 마음이 온유하고 겸손하니 나의 멍에를 메고 내게 배우라"라고 말씀하셨고, 산상수훈에서도 "온유한 자는 복이 있나니"라고 가르치셨습니다.

셋째, 사랑이 있는 사람은 투기하지 않습니다. 이것은 시기하거나 질투하지 말라는 것인데, 그 이유는 시기와 질투는 악한 영들이 가져다 주기 때문입니다.

넷째, 사랑이 있는 사람은 자랑하지 않습니다. 왜냐하면, 자신을 자랑하다 보면 결국 상대방에게 상처를 줄 수 있기 때문입니다. 야고보서 4장 16절을 보면 "이제도 너희가 허탄한 자랑을 하니 그러한 자랑은 다 악한 것이라". 그러므로 헛된 자랑은 그 자체가 악이 될 수 있기에 사랑으로 항상 겸손한 삶을 살아야 하는 것입니다.

다섯째, 사랑이 있는 사람은 교만하지 말고, 무례하게 행동하지 않습니다. 그 이유는 교만이 가장 큰 죄악 중의 하나이기 때문입니다. 또한 사랑이 있는 사람은 무례하게 행동하지 않는다는 것인데, 이는 지켜야 할 예의범절을 지킨다는 것입니다. 그러나 만약에 교만하거나 무례하게 행동한다면, 그러한 사람은 사랑이 없는 사람이 되기 때문에 잠언 16장 18절에서 보면, "교만은 패망의 선봉이요 거만한 마음은 넘어짐의 앞잡이니라"라고 가르칩니다.

여섯째, 사랑이 있는 사람은 자기의 유익을 구하지 않습니다. 이는 자기중심적이고, 자기의 유익만을 추구하는 사람은 사랑이 없다는 것입니다. 그러므로 성도들은 자기의 유익보다 남에게 베푸는 이타적인 모습을 보여 주어야 합니다.

일곱째, 사랑이 있는 사람은 성을 내지 않습니다. 왜냐하면, 성을 내는 것은 마귀가 가져다주는 것이고 이것은 죄의 기회를 제공하기 때문입니다.

여덟째, 사랑의 사람은 악한 것을 생각하지 않습니다. 그 이유는 악은 모든 것을 파괴하기 때문입니다. 따라서 예수님은 마태복음 5장 39절에서 "나는 너희에게 이르노니 악한 자를 대적지 말라 누구든지 네 오른편 뺨을 치거든 왼편도 돌려대며". 여기서 예수님이 악한 자를 대적하지 말라고 하신 이유는 악한 자들을 만나면, 고통을 당하거나 상처를 받기 때문입니다.

아홉째, 사랑이 있는 사람은 또한 불의를 기뻐하지 않고, 진리와 함께 기뻐합니다. 진리는 불의의 반대말로 옳은 것이라는 뜻으로 사용되고 있는데, 사랑이 있으면 불의한 일들을 거부하고 옳은 일을 행한다는 것을 강조하고 있습니다.

열 번째, 사랑이 있는 사람은 모든 것을 참고, 모든 것을 믿으며, 모든 것을 바라고, 모든 것을 견디어 냅니다. 그런데 모든 것을 참으라는 말씀은 무조건 참으라는 것이 아니라 불의한 자에 대해서는 반드시 진리를 밝혀야 한다는 것을 가르칩니다.

사랑의 여러분, 우리는 자신이 스스로 사랑이 있는 사람인지를 검토해 볼 필요가 있습니다. 요한 일서 4장 11절을 보면, "사랑하는 자들아 하나님이 이같이 우리를 사랑하셨은 즉 우리도 서로 사랑하는 것이 마땅하니라"고 말씀합니다. 그러므로 우리 그리스도인은 예수님이 보여준 사랑을 실천하는 사람이 되어야 합니다. 왜냐하면 이것이 진정한 그리스도의 사랑이 있는 사람의 징표이기 때문입니다.

그럼 지금부터 장예모 감독이 만든 "5일의 마중(원제: Coming Home)"이라는 영화를 가지고 오늘 성경 말씀을 함께 나누도록 하겠습니다. 이 영화는 60~70년대의 중국을 배경으로 하고 있는데, 그 당시 중국의 모택동은 국민들에게 자본주의를 말살시키고, 공산주의 사상을 주입시키기 위해서 문화대혁명을 실행했습니다. 그리고 영화에서 등장하는 주요 인물은 남편 루옌스, 아내 펑안위, 딸 단단입니다. 영화의 도입부는 문화대혁명 당시, 미국에서 유학하고 돌아온 남편 루옌스가 교수 생활을 하다가 자본주의 사상범으로 몰려 공산당에게 끌려가 십여 년째 감옥에 수감 중이었습니다. 이러한 가운데 아내와 딸은 공산당 간부로부터 소환을 당하는데, 그 이유는 남편 루옌스가 탈옥을 감행했으니 혹시라도 그로부터 연락이 오면, 빨리 당에 신고를 하라는 명령을 받게 됩니다.

장대비가 몹시 내리던 어느 날, 루옌스는 탈옥에 성공한 후, 아내를 만나기 위해 자신의 아파트로 갔으나, 아내는 딸 단단이 집으로 오는 중이었기에 문을 열어주지 못합니다. 왜냐하면, 아내는 딸 단단이 아버지가 사상범으로 감옥에 가는 바람에 자신이 출세하는데 방해가 되고, 불이익을 당했다고 생각하면서 남편을 공산당에 고발할 수도 있다는 것을 알았기 때문입니다. 그런데 아내가 문을 열지 않자, 루옌스는 아파트 문 밑으로 쪽지만을 남기고 아파트 계단을 내려가다가 단단과 마주치게 됩니다. 그런데 딸은 마주 친 사람이 아버지인 것을 알면서도, "난 당신이 누군지 모르고, 당신을 보고 싶지 않다"고 하면서 루엔스에게 냉혹하게 대합니다. 그러자 루엔스는 아무 말도 없이 빗속으로 사라집니다. 여러 분, 이러한 가족의 모습은 너무나 비극적인 현실을 보여줍니다. 지금 딸은 십여 년 만에 만난 아버지에게 큰 상처와 아픔을 주는 말을 건넨 것입니다. 이러한 모습은 시대적인 불행한 현실을 그대로 보여주고 있습니다. 그런데 하나님은 이 세상을 창조하실 때, 이러한 가족의 모습을 원하지 않으셨습니다.

창세기에서 보면, 하나님은 남자와 여자를 창조하시고, 두 사람이 합하여 하나의 가정이라는 공동체를 이루게 하시고, 그들에게 생육하고 번성하라고 말씀하셨습니다. 다시 말하면, 하나님은 남녀간에 아름다운 가정을 통하여 가족 간의 화합과 사랑을 강조하셨습니다. 그런데 지금 영화에서 보여준 가족의 모습은 하나님의 가르침을 깨뜨리는 모습인 것입니다. 하지만 루엔스는 모든 것을 자신의 탓으로 돌리고 이 상황을 그대로 받아들입니다.

(**영화 클립 #1**: 공산당원들로부터 협박받는 아내와 딸의 모습이 보이고, 탈옥한 남편 루엔스는 아내를 만나기 위해 자신의 아파트로 찾아간다. 그러나 아내가 문을 열어주지 않자, 결국 루엔스는 돌아가려다가 딸을 만난다. 그런데 딸이 아버지를 모른다는 말에 다시 도망을 간다)

아내는 남편이 남기고 간 쪽지를 보게 됩니다. 다음 날 아내는 남편에게 줄 빵과 음식을 싸서 남편이 만나자고 약속한 기차역으로 가게 되는데, 딸이 이러한 사실을 공산당에게 고발합니다. 딸 단단은 공산당 선전부에서 최고의 무용수로 활동했는데, 사상범인 아버지 때문에 주연에서 탈락되자, 아버지에 대한 복수심으로 공산당에 고발한 것입니다. 이로 인해 기차역에서 루옌스는 다시 체포되어 끌려갑니다. 그러나 루옌스는 아버지로서의 딸에 대한 죄책감으로 딸의 이러한 행위에 원망하지 않고 현실을 그대로 받아들입니다. 여러분, 이것이 부모가 자식에게 주는 무조건적인 사랑입니다. 오늘 본문에서도 이타적인 사랑이 있는 사람은 자기의 유익을 구하지 않고 인내하며 오래 참습니다. 그리고 성내지도 않고 온유하며 무례하지도 않고 겸손합니다. 결론적으로 이러한 사랑은 조건없이 희생하고 용서하신 예수 그리스도의 아가페 사랑과 닮아 있습니다.

(**영화 클립 #2**: 아내가 남편을 만나기 위해서 약속한 기차역으로 간다. 그런데, 딸이 공산당에게 이를 고발함으로써 루옌스는 다시 체포된다. 이를 본 아내는 끌려가는 남편을 보고 달려가다가 공산당원과의 몸싸움으로 바닥에 넘어져서 머리를 다치게 된다)

그 후, 여러 해가 지나자, 문화혁명이 끝나고 루옌스가 집으로 돌아옵니다. 그러나 불행하게도 아내 펑안위는 남편이 기차역에서 다시 체포될 당시, 넘어진 사고로 인해 머리를 다친 후, 일종의 기억상실증이라는 무서운 병에 걸리고 맙니다. 더 안타까운 것은 그녀가 유독 남편만 알아보지 못합니다. 그래서 그녀는 그토록 기다리던 사랑하는 남편이 집으로 돌아왔는데도 알아보지 못하고 그를 모르는 사람이라고 하면서 쫓아버립니다.

루엔스는 이러한 아내의 모습에 낙심하고, 좌절도 하지만, 어떻게 해서든지 아내의 병을 낫게 하고, 자신에 대한 기억을 되돌리기 위해서 진정한 사랑으로 헌신합니다. 루엔스는 아내가 좋아했던 음악을 들려주기 위해서 피아노를 직접 쳐주기도 하고, 그리고 예전에 자신과 함께 찍었던 사진도 보여주고, 때로는 편지를 써서 읽어 주기도 합니다. 그러나 불행하게도 아내의 기억은 되돌아오지 않습니다. 아내가 유일하게 기억하는 것은 오직 남편이 주고 간 쪽지였습니다. 이처럼 루엔스의 사랑은 자신을 알아보지 못하는 아내를 위해 모든 것을 내어주며 변함없이 헌신하고 있는 것입니다.

(영화 클립 #3: 그 후, 문화혁명이 끝나자, 석방된 루엔스는 집으로 갔으나 아내가 기억상실증으로 인해 자신을 알아보지 못한다는 것을 알게 된다. 이에 루엔스는 아내의 병을 낫게 하고, 자신에 대한 기억을 되돌리기 위해 온갖 노력을 다한다)

매월 5일이 되면, 눈이 몹시 내리는 날에도 루엔스는 아내를 인력거에 태우고 기차역으로 마중을 갑니다. 그리고 루엔스는 자신의 이름이 적힌 팻말을 들고, 아내와 함께 오지 않을 사람을 한없이 기다립니다. 여러분, 진정한 사랑은 자신의 모든 것을 희생하며 헌신하는 것입니다. 루엔스는 수십여 년 동안 사상범으로 몰려 얼마나 많은 고난과 박해를 받았습니까? 그러나 그는 불의를 참고 인내하면서 오직 집으로 돌아가겠다는 믿음으로 이겨냈습니다. 결국 루엔스가 집으로 돌아왔는데, 사랑하는 아내는 기억상실증이라는 병에 걸려 자신을 알아보지도 못한다는 것을 알게 됩니다. 그러나 루엔스는 이러한 현실에 좌절하지 않고, 아내를 위해 기다리며 희생합니다. 이것이 아낌없이 주는 진정한 사랑입니다.

(영화 클립 #4: 아내는 매월 5일이 되면, 기차역으로 향합니다. 이에 루엔스는 눈이 펑펑 내리는 날에도 기차역에서 하염없이 자신을 기다리는 아내를 위해 자신도 함께 기다립니다. 그러면서 그는 아내의 병이 낫기를 참고 인내하며 기다립니다.)

사랑의 여러분, 사랑하는 아내를 위하여 모든 것을 헌신하고 희생하는 루엔스의 모습, 이것이 바로 예수 그리스도를 닮은 아가페 사랑입니다.

오늘날 우리 그리스도인에게 이러한 사랑이 있습니까? 오늘 본문에서 바울은 고린도교회 성도들에게 이러한 사랑이 없음을 질책하면서 이러한 그리스도를 닮은 사랑이 있어야 한다고 가르칩니다. 그럼, 우리는 어떻게 아가페적인 사랑을 가질 수 있을까요? 이에 대한 해답은 고린도전서 13장 본문의 말씀을 계속 묵상해 보시기 바랍니다.

4) 주제: 약속(Promise)

(1) 영화설교를 위한 메시지 플랫폼 작성

■ 성경 본문에 관한 내용

- 본문: 신명기 31장 1~6절, 여호수아 1장 1~3절
- 제목: 천년의 약속
- 목표:

  a. 하나님의 약속은 반드시 이루어진다는 것을 강조한다.

  b. 세대를 넘어 약속의 소중함을 깨닫게 한다.

- 본문의 중심 메시지:

  a. 하나님이 아브라함에게 하신 약속의 땅은 여호수아를 통하여 이루게 하신다.

  b. 그리스도인들은 믿음 안에서 두려워하지 말고 항상 강하고 담대해야 한다.

■ 영화에 대한 기본 방향

- 주제: 약속의 소중함

- 신학적인 메시지:

  a. 약속은 소중하므로 반드시 지켜져야 한다.

  b. 믿음이 강하고 담대한 자는 세상의 어떠한 환란도 이겨낼
  수 있다.

- 영화 사전적 검토 방향:

  우리는 인생을 살아가면서 수없이 많은 약속을 하게 되는데,
  약속은 반드시 지켜지고 성취되어야 한다. 하지만 어떤 경우에
  는 약속이 지켜지지 않을 때도 있는데, 그럴 때는 상대방에게
  사전에 그 이유를 충분히 전달함으로써 관계가 훼손되지 않도
  록 해야 할 것이다. 성경의 십계명도 하나님이 우리 그리스도
  인에게 주신 약속이다. 따라서 우리는 이러한 하나님과의 약속
  을 잘 지킬 때, 진정한 하나님의 자녀로 살아갈 수 있다. 그러
  므로 영화에서도 약속의 소중함을 깨닫고 약속을 지키기 위해
  최선을 다하는 모습을 보여주어야 한다.

- 영화 제목과 줄거리

  a. 스티븐 스필버그 감독의 '터미널'

[사진 4] 터미널

b. 영화 줄거리:

영화는 나보스키가 뉴욕의 JFK 공항에 도착하면서 시작된
다. 나보스키는 입국 심사를 위해 긴 줄을 서게 되는데, 미
국 국무부 공항관리국은 폐쇄회로를 통하여 입국자들을 주
의 깊게 살핀다. 입국심사대에서 나보스키의 차례가 되자,
그가 심사원에게 여권을 보여준다. 그런데 갑자기 공항 보
안요원들이 나타나 나보스키를 데리고 간다. 한 보안 요원
이 나보스키에게 미국에 온 목적이 무엇이냐고 묻자, 나보

스키는 "택시 좀 불러 달라"고 하면서 동문서답을 한다. 영어가 미숙한 나보스키는 보안요원의 질문을 전혀 알아듣지 못한 것이다. 잠시 후, 공항 입국 책임자인 프랭크가 나보스키에게 어제 당신의 고국 크라코지아에서 내전이 발생하는 바람에 당신의 여권은 무효가 되면서 지금부터 무국적자가 되었다고 말해준다. 이어서 프랭크는 나보스키에게 공항 안에서는 자유이기 때문에 이곳에 머무를 수는 있으나, 절대 공항문을 열고 밖으로 나가서는 안 된다고 경고한다. 그러나 나보스키는 프랭크가 방금 한 말이 무슨 뜻인지도 모르고 "Thank You"라고 대답하자, 보안요원이 나보스키에게 식사쿠폰 몇 장과 전화카드 한 장을 주고 가버린다.

그날 이후, 나보스키는 공항에서 기거하기 시작한다. 첫날부터 나보스키에게 시련이 닥치는데, 공항 청소원인 굽타가 나보스키의 식사쿠폰을 실수로 쓰레기통에 버리는 바람에 나보스키는 아무 것도 먹지 못한다. 밤이 되자, 나보스키는 누울 곳을 찾아 공항 이곳저곳을 헤매다가, 결국은 의자들을 가져와서 잠자리를 만든다. 다음날, 나보스키는 여기 저기 공항에 방치된 카트를 제자리에 가져다 놓으면 한 카트당 25센트 코인을 벌 수 있다는 것을 알게 된다. 나보스키는 이렇게 카트를 정리하여 모은 돈으로 햄버거를 사서 끼니를 때운다. 또한 나보스키는 영어 공부를 하기 위해서 공항서점을 이용하기도 하고, 일정한 수입을 벌기 위해서 공항샵에 취업도 하려고 했지만, 신분 문제로 모두 거절당한다.

이러한 나보스키를 못마땅하게 생각한 프랭크는 어떻게 해서든지 나보스키를 공항에서 쫓아낼 궁리를 하다가, 공항 밖으로 나가는 불법을 저지르도록 유도한다. 하지만 나보스키는 그러한 유혹에 넘어가지 않고 법규를 지킨다. 그러던 어느 날, 공항의 보수공사를 감독하던 작업반장이 나보스키에게 파트타임으로 작업을 맡겼는데, 나보스키가 혼자 밤을 새워가며 공사를 마무리하는 것을 보고, 공항보수 작업반에 채용한다. 그날 이후, 나보스키는 풀타임의 고정적인 임금을 받게 되면서 공항에 근무하는 여러 사람들로부터도 좋은 이미지를 얻게 된다. 그러던 중, 세관 입국심사에서 한 러시안이 흉기를 들고 난동을 부리자, 프랭크가 나보스키를 불러 그 러시안을 설득시키도록 한다. 왜냐하면 나보스키가 영어가 서툰 그를 러시아어로 통역할 수 있었기 때문이었다.

이 사건 이후, 나보스키는 공항직원들로부터 영웅 대접을 받으면서 인기를 얻게 된다. 하지만 프랭크는 나보스키에게 더 큰 적개심을 품게 된다. 며칠 후, 프랭크가 나보스키에게 왜 뉴욕에 가려고 하는지 이유를 물으면서, 당신이 들고 다니는 땅콩 캔에는 도대체 뭐가 들었느냐고 묻는다. 이에 나보스키가 약속이라고 대답하자, 프랭크는 자신을 놀리는 줄 알고, 나도 약속을 하나 하겠는데, "당신은 미국에 한 발짝도 못 들여 놔" 하면서 경고한다.

그러다가 나보스키는 우연한 기회에 알게 된 스튜어디스 아멜라에게 호감을 느끼면서 사랑에 빠지게 된다. 아멜라는 나보스키에게 자신은 얼마 전까지 한 유부남을 사랑했었다고 말하면서 그 유부남이 자신에게 거짓말을 해서 헤어졌다고 고백한다. 그 후, 나보스키와 아멜라는 더욱 가까워지게 되는데, 프랭크가 이러한 사실을 알고 아멜라를 자신의 오피스로 부른다. 프랭크는 아멜라에게 나보스키는 현재 무국적자라 공항에서 생활하고 있는데, 그가 늘 땅콩 캔을 들고 다니는 이유를 아느냐고 묻는다. 이에 아멜라는 "땅콩버터나 만들겠죠" 하면서 프랭크에게 냉소적으로 대답한다.

그 날, 아멜라가 나보스키에게 "도대체 당신은 누구이며 왜 이곳에서 살아요?"라고 묻자, 나보스키는 자신의 땅콩 캔을 열어 보이면서 1958년에 헝가리 신문에 보도된 57명의 뉴욕 재즈클럽 연주자들을 찍은 사진을 보여준다. 그러면서 나보스키는 자신의 아버지가 병상에서도 그 사진을 보면서 지난 40년 동안 57명의 연주자들에게 각각 사인을 받으려고 노력했다고 말한다. 그런데 아버지가 56명의 사인은 받아서 이 캔 속에 보관했는데, 마지막 한 명의 사인을 받지 못하고 돌아가셨다는 것이다. 그 마지막 한 사람이 바로 베니 골슨이라는 재즈연주자이고, 그가 현재 뉴욕에서 섹스폰 연주자로 활동하고 있다고 말한다. 그래서 나보스키는 아버지에게 베니 골슨의 사인을 자신이 꼭 받아오겠다고 약속을 했고, 현재 자신은 아버지와의 약속을 지키기 위해서 이렇게 뉴욕으로 왔다고 말한다. 그러면서 나보스키는 "난 끝까지 약속을 지킬 것이다"라고 말한다.

이러한 말을 들은 아멜라는 감격해 하면서 나보스키에 대한 오해를 풀게 된다. 나보스키가 공항에 기거한 지 9개월째 되던 날, 마침내 고국 크라코지아의 내전이 종식된다. 이에 아멜라는 나보스키에게 우리가 헤어지는 것은 운명이라고 말하면서 자신은 헤어졌던 유부남과 재결합할 것이라고 고백한다. 그러면서 아멜라는 자신의 연인에게 당신의 사정을 이야기했다고 말하면서 그로부터 당신이 뉴욕을 입국할 수 있는 하루 비자를 가져왔다고 하며 서류를 건네준다.

하지만 나보스키가 뉴욕에 입국하기 위해서는 마지막 절차로 프랭크의 사인이 필요했다. 그러나 프랭크는 나보스키에게 당장 고국으로 돌아가라고 명령하면서 비자 서류의 사인을 거부한다. 이러한 사실을 알게 된 공항 보안요원들은 나보스키를 뉴욕에 들어갈 수 있도록 도와준다. 결국 나보스키는 뉴욕으로 가서 베니 골슨을 만나 그로부터 사인을 받고, 고국 코라코지아로 가는 비행기에 오른다.

- 영화 선정 이유

첫째, 아들은 아버지와의 약속의 소중함을 깨닫고 반드시 지켜야 한다는 믿음을 잘 보여준다.

둘째, 고난 가운데서도 바른 길을 가는 용기와 담대함을 잘 보여준다.

셋째, 세상이 불법을 저지르도록 유도하여도 끝까지 의로운자로서의 자세와 성품을 잘 보여준다.

- 영화의 시놉시스는 설교문에 삽입시켰다.

(2) 설교문

중고등학교 시절에 제가 좋아하던 노래가 있었는데, 그게 바로 혼성 포크 듀엣인 뚜아에무아의 '약속'이라는 노래입니다. 뚜아에무아의 뜻은 '너와 나'라는 프랑스어인데, 이 노래는 박인희 씨가 작사를 했고, 작곡은 이필원 씨가 한 것으로 알려져 있습니다. 그 가사를 보면, "약속 약속/ 그 언젠가 만나자던 너와 나의 약속/ 약속 약속/ 너와 나의 약속/ 잊지 말고 살자던 우리들의 약속"이라고 쓰여져 있습니다. 여기서 약속의 사전적 의미는 "무언가를 미리 정해 두는 것"을 말합니다.

이처럼 우리 인간들은 누군가와의 관계 속에서 끊임없이 약속하며 살아갑니다. 특히 그리스도인들은 아주 특별한 분과 약속을 하게 되는데, 그분이 바로 하나님입니다. 그래서 성경을 보면, 하나님은 많은 약속의 말씀을 주시는데, 십계명과 율법, 약속의 땅 가나안, 메시아 예수 그리스도, 새 하늘과 새 땅 등과 같은 다양한 약속들입니다. 그리고 하나님은 약속을 주실 뿐만 아니라 이러한 약속들을 반드시 성취하십니다. 그중에서도 하나님이 하신 가장 중요한 약속은 예수 그리스도를 영접하고 믿으면, 구원을 받게 되지만, 그렇지 않으면, 구원 받지 못하고 영원한 멸망의 길을 가게 된다는 것입니다. 따라서 우리 그리스도인들은 이같은 하나님의 약속을 믿고 구원받는 삶을 살아야 합니다.

따라서 성경에는 이러한 하나님의 약속을 믿고 살아간 사람들의 이야기가 기록되어 있는데, 오늘 본문에서 등장하는 주인공은 바로 여호수아입니다. 하나님은 아브라함에게 하셨던 가나안 땅에 대한 약속을 모세를 거쳐 여호수아를 통해 성취하도록 하셨는데, 이것은 세대를 넘어 수백 년 동안을 지나서 이루어진 약속이었습니다.

그럼, 오늘 본문인 신명기 31장 1절부터 6절까지를 보겠는데, 여기서 모세는 자신의 마지막 남은 생애를 광야에서 보내면서 하나님께서 자신에게 하셨던 약속의 말씀을 전하고 있습니다. 첫째, 이제 자신은 120세가 되었기에 더 이상 이스라엘 백성들을 이끌고 약속의 땅인 가나안에 들어가지 못하고 이 세상을 마감하게 된다는 것, 둘째, 이스라엘의 새로운 지도자로 임명된 여호수아가 이스라엘 백성들을 이끌고 가나안 땅에 들어가게 된다는 것, 지금 이 두 가지의 약속을 모세가 이스라엘 백성들에게 확인해 주고 있습니다.

따라서 모세는 하나님이 약속한 가나안 땅을 눈앞에 두고, 마지막 고별설교를 합니다. 여러분, 모세는 수백만 명의 이스라엘 백성들을 이끌고 애굽을 탈출하여 지난 40년 동안 광야에서 혹독한 고난과 시련을 겪었습니다. 결국 하나님은 이러한 광야의 시험을 통하여 이스라엘 백성들이 어떠한 마음과 자세로 하나님 앞에 나아가야 하는지를 깨닫게 하셨습니다. 그런데 그들은 어떠했습니까? 그들은 자신들이 힘들고 어려워지자, 하나님을 원망하고, 불순종하면서 하나님이 가장 싫어하는 우상숭배를 즐겼습니다. 하지만 하나님은 이러한 이스라엘 백성들을 버리지 않으시고, 만나와 메추리알로 공급하시어 그들의 생명을 유지시켜 주셨습니다. 다시 말해 하나님은 그들을 사랑으로 품으셨던 것입니다. 또한, 신명기 3장 27~28절에서 하나님은 모세에게 "너는 비스가 산꼭대기에 올라가서 눈을 들어 동서남북을 바라고 네 눈으로 그 땅을 바라보라 너는 이 요단을 건너지 못할 것임이니라 너는 여호수아에게 명령하고 그를 담대하게 하며 그를 강하게 하라 그는 이 백성을 거느리고 건너가서 네가 볼 땅을 그들이 기업으로 얻게 하리라 하셨느니라."고 말씀합니다.

이 말씀은 하나님이 모세에게 네가 이스라엘 백성들을 가나안 땅으로 인도했지만, 너는 그 땅에 들어가지 못할 것이라고 선언하신 것입니다. 그러면서 하나님은 모세에게 너의 후계자인 여호수아를 강하게 담대하게 하라고 명령하시면서 그가 이스라엘 백성들을 이끌고 가나안 땅에 들어가게 될 것이라고 약속하신 것입니다. 따라서 오늘 본문 신명기 31장 3절부터를 보면, 하나님은 모세에게 하신 약속 그대로 실행하셨고, 4절에서도 모세는 하나님이 하신 일들을 언급하면서 아모리왕 시혼과 옥과 같은 왕들을 멸망시켰다고 강조합니다. 여기에 등장하는 왕들은 그 당시 매우 막강한 군사력을 자랑하는 왕들이었습니다. 그러나 하나님은 그들을 멸망시키셨는데, 이것은 전적으로 하나님이 약속하신 것들이 성취되었음을 확증하는 것입니다.

　5절에서도 모세는 계속해서 하나님이 하신 일을 언급하는데, "또한 여호와께서 그들을 너희 앞에 넘기시리니 너희는 내가 너희에게 명한 모든 명령대로 그들에게 행할 것이라"하고 선포하고 있습니다. 그러니까 신명기 31장 3절, 4절, 5절을 보면, 모세는 공통적으로 첫 번째 단어를 "여호와께서"라고 시작합니다. 이것은 지금 하나님이 이 모든 일은 직접 하셨음을 계속 강조하는 것입니다. 그럼, 하나님께서는 왜 이 같은 일을 직접 하신 겁니까? 그것은 바로 하나님이 이스라엘 백성들에게 하신 약속이기 때문입니다. 그러므로 이스라엘 백성들은 하나님께서 하신 약속을 굳게 믿고 하나님 앞에 순종하기만 하면 되는 겁니다. 그리고 6절을 보면, "너희는 강하고 담대하라 두려워하지 말라 그들 앞에서 떨지 말라 이는 네 하나님 여호와 그가 너와 함께 가시며 결코 너를 떠나지 아니 하시며 버리지 아니하실 것임이라"고 말씀합니다. 여기서 모세가 다시 하나님을 강조하는 이유는 지금 이스라엘 백성들이 하나님의 약속을 믿지 않고 가나안 족속을 두려워하고 있었기 때문입니다. 그 당시 가나안 족속은 철로 만든 칼과 철 병거를 소유하고 있었기에 이스라엘 백성은 지레 겁을 먹고 두려워했던 것입니다. 그렇지만 모세는 하나님은 이스라엘 백성들을 절대 떠나지 않을 것이라고 강조하면서 너희는 절대로 이 싸움에서 패배하지 않을 것이라고 확신을 주고 있습니다.

그럼, 그 후 이스라엘 백성들은 어떻게 되었을까요? 지금부터는 여호수아 1장 1절부터 3절까지를 함께 보겠습니다. 먼저 1절에서 "여호와의 종 모세가 죽은 후에 여호와께서 모세의 수종자 눈의 아들 여호수아에게 말씀하여 이르시되". 결국 모세는 죽었습니다. 그리고 하나님은 이스라엘의 새 지도자로 여호수아를 세우시면서 2절에서 "내 종 모세가 죽었으니 이제 너는 이 모든 백성과 더불어 일어나 이 요단을 건너 내가 그들 곧 이스라엘 자손에게 주는 그 땅으로 가라"라고 명령하십니다. 모세가 죽었기에 이제 하나님은 여호수아를 통하여 하나님의 음성을 들려주시고 있습니다. 하나님은 여호수아에게 "내 종 모세가 죽었으니 이제 너는"이라고 부르면서 모세의 대를 이어 여호수아가 이스라엘의 새 지도자임을 확인시켜주십니다. 이어서 하나님은 여호수아에게 "모든 백성과 더불어 일어나 요단을 건너 내가 그들 곧 이스라엘 자손에게 주는 그 땅으로 가라"라고 명령하십니다. 지금 하나님은 여호수아를 통하여 당신이 약속하신 가나안 땅이 성취되는 것을 분명히 보여주고 있는 것입니다.

여러분, 이 얼마나 위대하고 감격스러운 장면입니까? 지금 하나님께서는 아브라함을 통하여 수백 년 전에 약속한 기나안 땅을 세대를 넘어 여호수아를 통하여 성취시키신 것입니다. 그러면서 3절에서는 "내가 모세에게 말한 바와 같이 너희 발바닥으로 밟는 곳은 모두 내가 너희에게 주었노니"라고 말씀하십니다.

사랑의 여러분, 오늘 말씀의 제목은 "천년의 약속"입니다. 여기서 궁극적으로 강조하고 싶은 것은 하나님의 약속은 세대를 넘어서도 반드시 성취된다는 것입니다. 이처럼 하나님은 아브라함에게 주신 약속의 땅을 세대를 넘어 여호수아를 통해 이루신 것입니다. 이러한 약속을 지키기 위해 하나님은 이스라엘 백성들과 항상 함께 하셨습니다. 여러분, 이러한 하나님의 약속은 오늘날 우리 세대에도 이어지고 있습니다. 오늘 본문의 말씀을 기억하면서 강하고 담대하게 하나님의 약속을 믿고 이 세상을 살아가십시다.

지금부터는 약속이라는 주제를 가지고 스티븐 스필버그 감독인 만든 '터미널'이라는 영화를 가지고 오늘 말씀을 다시 한 번 생각해 보도록 하겠습니다. 그리고 이 영화는 실제로 있었던 실화를 각색하여 새롭게 스토리를 구성한 것으로 알려져 있습니다. 이 영화에서는 '코라코지아'라는 가상의 국가가 등장합니다. 그리고 시작은 주인공 나보스 키가 고국을 떠나 미국의 JFK 공항에 도착하면서 사건이 일어나는데, 나보스키가 입국 심사를 받다가 거절을 당하면서 하루아침에 무국적자 가 됩니다. 그 이유는 고국인 코라코지아에 발생한 내전으로 인해 미국과의 외교 관계가 끊어지면서 국적이 소멸되었기 때문입니다. 이러한 급변 상황으로 인해 나보스키는 JFK 공항 밖으로 나갈 수도 없고, 고국으로 돌아갈 수도 없는 상태가 되면서 감금이나 다름없는 생활을 시작 하게 됩니다.

나보스키는 영어도 미숙하고, 가진 돈도 없는 상황이라 하루하루를 고통스럽게 살아가고, 예기치 않았던 여러 가지 고난과 시행착오를 겪게 됩니다. 이러한 생활은 마치 이스라엘 백성들이 출애굽하면서 광야에서 겪었던 상황과 유사합니다. 이스라엘 백성들은 하나님이 약속하신 가나안 땅에 들어가기 위해서 예기치 않았던 어렵고 힘든 광야생활을 맞이했던 것인데, 지금 나보스키에게 닥친 공항생활도 마치 광야와 같이 힘들고 막막한 상황이었던 것입니다. 하지만 나보스키는 어떻게 해서든지 살아남기 위해서 생존의 문제를 해결해야만 했던 것입니다.

(**영화클립 #1**: 뉴욕의 JFK 공항에 도착한 나보스키는 고국의 내전으로 인해 무국적자가 되면서 미국 입국이 거절되고, 공항에 감금된 채로 살아가게 된다)

그런데 시간이 흐르면서 나보스키는 점점 공항 생활에 적응을 하면서 먹을 것과 잠잘 것이 해결되자, 영어 공부도 시작하게 됩니다. 그러나 일정한 수입이 필요한 상황이었기에 풀타임 직업을 구하려고 노력을 해보지만, 번번이 신분 문제로 거절을 당합니다. 이것은 바로 이스라엘 백성들이 출애굽하면서 겪는 고난과 너무나 닮아 있습니다. 그러던 중에 나보스키는 공항 보수하는 팀에 합류하게 되면서 일정한 급여도 받게 됩니다. 그런데 공항출입을 통제하는 책임자인 프랭크는 이러한 나보스키를 못마땅하게 생각하면서 어떻게 해서든지 그를 공항에서 쫓아내기 위해 나보스키가 불법을 저지르도록 유도합니다. 그러나 나보스키는 그러한 불법을 거부합니다. 그러던 어느 날 프랭크는 나보스키를 불러 당신이 들고 다니는 캔 통에는 무엇이 들어있느냐고 묻자, 나보스키가 약속이라고 말합니다. 그러니까 나보스키는 오직 캔 통에 들어 있는 약속을 지키기 위해서 이러한 모든 고통을 감수하고 있는 것입니다.

나보스키는 지금 자신에게 벌어지고 있는 낯선 상황을 그대로 순종하면서 오직 약속을 지키기 위해서 참고 인내하고 있는 것입니다. 또한 그는 공항을 탈출할 수 있는 기회도 있었지만, 그러한 불법의 유혹에 빠지지 않고 오직 바른 길을 갑니다. 여러분, 우리 그리스도인들도 나보스키처럼 이러한 삶을 살아야 합니다. 세상의 사악한 유혹들은 언제나 우리를 공격하면서 죄악을 저지르도록 유도한다는 사실을 명심하십시오. 그러나 나보스키는 자신의 약속을 지키기 위해 어려운 상황에 적응하면서 여호수아처럼 용기 있고 담대한 자의 모습을 보여주고 있습니다. 만약 제가 나보스키였다면, 그렇게 할 수 있었을까? 하는 질문을 던져보는데, 저는 나보스키처럼 할 수 없었을 거라고 생각됩니다.

(**영화클립 #2**: 나보스키가 점점 공항의 생활에 적응하게 되면서 생존의 문제를 해결해 나가자, 공항 책임자인 프랭크는 나보스키를 공항에서 내쫓기 위해 불법을 저지르도록 유혹한다. 그러나 나보스키는 불법을 거부하고, 공항의 직원들과 더욱 가깝게 지내면서 그들부터 호감을 얻게 된다)

이러한 가운데 나보스키는 스튜어디스 아멜라를 우연히 만나게 되면서 그녀에게 이성의 감정을 느끼게 됩니다. 나보스키가 아멜라와 가까워지자, 프랭크는 이를 알고 아멜라를 불러서 현재 나보스키는 무국적자이기 때문에 공항에서 생활하고 있고, 게다가 그가 의심스러운 것은 항상 캔을 들고 다니는 것이라고 하면서 오해를 하게 만듭니다. 그러자 아멜라는 나보스키를 만나서 자신의 불만을 이야기합니다. 나보스키는 그녀의 오해를 풀어주기 위해 캔에 담긴 이야기를 꺼내면서 그 캔에는 아버지가 돌아가시기 전에 자신과 했던 약속이 담겨 있다고 말합니다. 그리고 그 약속의 내용은 아버지는 지난 40년 동안 뉴욕의 재즈 클럽 연주 자 57명 중에 56명의 개인 사인은 받아 이 캔 속에 보관했으나, 마지막 한 사람만 받지 못하고 돌아가셨기 때문에 자신은 그 사람의 사인을 받기 위해 뉴욕에 왔다고 말합니다. 그런데 자신이 무국적가 되면서 입국이 거부되어 현재 이렇게 공항생활을 하고 있다고 말합니다.

여러분, 이것은 마치 하나님께서 아브라함 약속한 가나안 땅에 들어

가기 위해 이스라엘 백성들이 겪었던 광야에서의 모습입니다. 결국 아브라함을 이어서 모세가 이스라엘 백성들을 이끌고 출애굽하여 가나안 땅에 들어가려고 했지만, 마지막에 모세는 모압평야에서 자신은 가나안에 들어갈 수 없고, 여호수아가 너희들을 가나안 땅에 들어가게 할 것이라고 하나님이 약속하신 말씀을 선포합니다. 즉 모세는 하나님께서 여호수아를 후계자로 세워 가나안 땅의 약속을 성취하게 할 것이라고 말한 것입니다. 이처럼 약속은 소중한 것이기에 하나님도 세대를 넘어서까지 이스라엘 백성들과의 약속을 지키시는 것입니다. 따라서 지금 나보스키도 아버지와의 약속을 지키기 위해 자신이 마지막까지 최선을 다하고 있는 것입니다.

(**영화클립 #3**: 나보스키가 아멜라와 사랑에 빠지자. 프랭크는 아멜라가 나보스키를 오해하도록 만든다. 그러나 나보스키는 아멜라에게 자신이 처한 상황을 솔직하게 설명하면서 자신은 아버지와의 약속을 지키기 위해 뉴욕에 왔고, 자신은 아버지에게 한 소중한 약속을 꼭 지키겠다고 말한다)

공항 생활 9개월째가 되던 날, 나보스키는 고국 코라코지아의 내전이 끝나게 되면서 드디어 고국으로는 돌아갈 수 있게 됩니다. 하지만 나보스키는 아버지와의 약속이 남아 있었기에 고민하게 됩니다. 그러던 중, 아멜라는 나보스키가 뉴욕에 입국할 수 있는 하루용 비자 허가증을 받아 옵니다. 그런데 그 허가증엔 프랭크의 사인이 있어야 가능한 상황이었습니다. 프랭크는 이를 알고 사인을 거부합니다. 이러한 긴박한 상황에서 공항의 보안대원들이 나보스키가 뉴욕에 입국할 수 있도록 도움을 줌으로써 결국 나보스키가 뉴욕 땅을 밟을 수 있게 됩니다. 그리고 나보스키는 마지막 남은 재즈연주자를 만나 그의 사인을 받고난 후, 고국으로 돌아가는 비행기에 오르게 됩니다.

여러분, 우리에게도 이러한 고난과 시련은 언제나 갑자기 닥칠 수 있습니다. 그럼, 우리에게 이러한 상황이 닥치면, 어떻게 해야 할까요? 오늘 영화에서 나보스키는 끝까지 자신의 목표를 향하여 도전하면서 어렵고 힘든 상황 가운데서도 아버지와의 약속을 지키기 위해 최선을 다하는 모습을 보여줍니다. 그리고 나아가서는 항상 겸손하고 정의로운 자세로 불의를 거부하면서 진실된 성품을 드러냅니다. 따라서 우리 그리스도인들은 올바른 길을 가는 나보스키의 삶의 자세와 태도를 본받아야 할 것입니다.

(**영화클립 #4**: 결국 나보스키는 공항 보안대원들의 도움을 받아 뉴욕에 입국하게 되고, 마지막 재즈연주자를 만나 아버지와의 약속을 성취한 후, 고국으로 돌아간다)

사랑의 여러분, 우리 그리스도인들은 하나님과 약속을 맺은 사이입니다. 하나님은 우리가 믿음으로 하나님의 말씀에 순종하는 삶을 살면, 하나님 나라에서 영생의 축복을 누리면서 살게 될 것이라고 약속을 하셨습니다. 그리고 하나님의 이러한 약속은 반드시 지켜질 것입니다. 하지만 우리는 이러한 하나님과의 약속을 지키지 않고 살아갈 때도 많습니다. 그러면서도 마치 하나님 나라에 들어갈 수 있는 것처럼 처신하고 행동합니다. 그런데 여기서 분명히 말씀드릴 수 있는 것은 하나님과의 약속을 지키지 않는데, 어떻게 하나님 나라에 들어갈 수 있습니까? 이것은 아닙니다. 따라서 우리 그리스도인들은 하나님과의 약속을 소중하게 생각하고, 그 약속의 말씀을 지키기 위해 최선을 다해야 합니다. 그러면 지금 우리 세대에 성취되지 않는 약속일지라도 하나님은 세대를 넘어서도 반드시 성취시키실 것입니다. 이 말씀을 기억하시고, 약속을 소중하게 지키는 여러분들 되길 축원합니다.

5) 주제: 용기(Courage)

(1) 영화설교를 위한 메시지 플랫폼 작성

■ 성경 본문에 관한 내용

- 본문: 사무엘상 17장 41~49절
- 제목: 용기가 세상을 변화시킨다!

- 목표:

a. 진정한 용기는 하나님이 함께 하실 때 가능하다는 것을 강
조한다.

b. 믿음 안에서 두려움을 이길 때, 용기 있는 자가 된다는 것
을 깨닫게 한다.

- 본문의 중심 메시지:

a. 용기 있는 자는 죽음을 두려워하지 않는다.

b. 하나님에 대한 믿음과 순종이 승리의 근원이다.

■ 영화에 대한 기본 방향

- 주제: 진정한 용기

- 신학적인 메시지:

a. 한 사람의 용기가 세상을 변화시킨다.

b. 그리스도인들은 믿음 안에서 기도로 승리하는 삶을 산다.

- 영화 사전적 검토 방향:

그리스도인들은 어떠한 상황에서도 좌절하거나 낙심하지 말
고, 진정한 용기로 자신의 사명을 감당할 수 있어야 한다. 그
러므로 그리스도인들은 언제나 하나님이 자신과 함께하심을
믿고, 용기 있고 담대한 자의 모습으로 살아가야 한다. 왜냐하

면, 진정한 용기는 성령의 권능 안에서 승리하는 삶을 살고, 나아가서는 불가능한 것을 가능하게 할 수 있기 때문이다. 이러한 용기는 하나님이 함께하실 때, 나타난다. 그러므로 용기 있는 자는 두려움 없이 모든 일에 긍정적이다. 따라서 영화는 이러한 진정한 용기를 가진 자의 담대한 모습을 보여 주어야 한다.

- 영화 제목과 줄거리
  a. 멜 깁슨 감독의 '핵소 고지'

[사진 5] 핵소 고지

b. 영화 줄거리:

전쟁터에서 하나님에 대한 기도 소리가 들리면서 시작된다. 아버지 토마스가 전쟁에서 사망한 전우들을 그리워하면서 그들이 묻혀 있는 국립묘지에서 술을 마시며 괴로워한다. 장면이 바뀌면, 어린 시절, 토마스의 두 아들이 서로 싸우다가 동생인 데스먼드가 형 해럴드를 돌로 쳐서 해럴드가 의식을 잃고 쓰러지고 만다. 다행히 해럴드가 깨어나자, 엄마는 데스먼드가 해럴드를 죽일 수도 있었는데, 하나님의 도우심으로 살아났다고 말한다.

그리고 15년이 흘렀다. 데스먼드가 교회 앞에서 자동차 사고를 목격하게 되자, 그가 달려가 중상을 당한 사람을 병원으로 이송해서 소중한 생명을 구하게 된다. 이러한 가운데 데스먼드는 그 병원의 간호사로 근무하던 도로시에게 이성적인 호감을 느끼게 된다. 그러던 어느 날, 형 해럴드는 가족들과 함께하는 식사 자리에 군복을 입고 나타나 자신은 이번 2차 세계대전에 참여하게 되었다고 말한다. 이에 가족들은 헤럴드의 무모한 행동에 못마땅해 한다. 한편 동생 데스먼드는 도로시와 깊은 사랑에 빠지게 되자, 그녀에게 청혼하여 승낙을 받는다. 그런데 얼마 후, 데스먼드가 도로시에게 갑자기 자신도 이번 2차 세계대전에 의무병으로 참여하겠다고 말하자, 도로시가 이를 반대하지 않고 받아들인다. 데스먼드가 입대하는 날, 도로시는 데스몬드에게 살아서 꼭 돌아오라는 말과 함께 자신의 사진과 성경책을 선물로 준다.

그리고 얼마 후, 데스먼드는 잭슨 기지에 배치되어 훈련을 받게 되는데, 데스몬드가 상관에게 자신은 의무병으로 지원했기 때문에 총은 필요 없고, 사격 훈련도 받지 않겠다고 선언한다. 즉 데스몬드는 자신의 종교적 신념을 이유로 총을 거부한 것이다. 그러자, 부대장과 동료들은 데스먼드를 조롱하고 멸시하면서 그를 제대시켜야 된다고 말한다. 하지만 담당 군의관은 데스먼드를 제대시키려면 정당한 사유가 있어야 하는데, 그 사유가 불충분하기 때문에 제대를 시킬 수 없다고 말한다. 또한 데스먼드도 지금 나라가 전쟁으로 인해 위기 상황인데, 혼자만 집으로 돌아갈 수 없다고 하면서 끝까지 전쟁에 참여하겠다는 의사를 밝힌다. 그러자 이번에는 동료들이 나서서 그를 따돌리고 폭행까지 하게 된다. 또한 부대장은 데스먼드에게 다시 총을 잡으라고 명령을 했지만, 데스먼드는 하나님이 말씀하신 '살인하지 말라'는 십계명을 어길 수 없다고 말한다. 결국, 데스먼드는 명령 불복종으로 군감옥에 가게 되자, 자신의 결혼식에도 참석하지 못하게 된다. 다음 날, 도로시가 감옥으로 찾아와서 데스먼드에게 총을 드는 시늉이라도 좋으니 지금이라도 마음을 바꾸라고 말한다. 그러나 데스먼드는 도로시의 말도 거부하고, 결국 군사재판에 회부된다. 재판관이 데스먼드에게 당신은 군법을 어겼다고 말하자, 데스먼드는 자신은 처음부터 총을 들지 않는 의무병으로 지원했기 때문에 죄가 없다고 말하면서 재판관이 제시한 타협안도 거부한다. 이러한 소식을 들은 아버지 토마스는 1차 세계대전 당시 자신의 상관이 현재 데스먼드가 속한 부대의 사령관이었기에 그를 찾아간다. 그리고 사령관으로부터 데스먼드는 의무병으로 지원했기에 총을 들지 않아도 된다는 승인서류를 받아냄으로써 마침내 데스먼드는 도로시와 결혼식을 올리고, 전쟁에 참여할 수 있게 된다.

1945년 5월, 일본 오키나와 전투에 투입된 데스먼드의 부대는 마침내 '핵소 고지'에 이르게 된다. 그런데 데스먼드가 도착해서 보니, 이미 많은 미군 병사들의 시체가 처참하게 널려져 있는 것을 보게 된다. 데스먼드는 이곳 '핵소 고지'

가 죽음의 전쟁터라는 것을 한눈에 알 수 있게 된다. 드디어 전투가 개시되자, 일본군들의 공격으로 동료들이 무참히 쓰러진다. 그날 밤, 데스먼드는 불침번을 서다가 아내 도로시의 사진을 꺼내 본다. 그때, 동료가 데스먼드에게 이제라도 총을 들고 함께 싸우는 것이 어떠냐고 묻자, 데스먼드는 자신이 총을 들지 않는 이유는 아버지 때문이라고 고백한다. 아버지가 전쟁의 후유증으로 인해 정신적인 질환에 걸려서 총으로 엄마를 죽이려는 것을 보고 자신은 절대 총을 들지 않겠다고 하나님께 맹세했다고 말한다.

다음 날, 새벽이 밝아오자, 일본군들의 대대적인 반격이 개시되자, 전우들이 후퇴하면서 많은 사상자가 발생한다. 그러나 데스먼드는 오직 한 생명이라도 살리겠다는 신념과 용기로 전우들을 구해낸다. 또한 데스먼드는 이미 미군이 철수하였음에도 불구하고, 혼자서 죽음을 무릅쓰고 부상당한 동료들을 한 명이라도 더 구해낸다. 그러면서 그는 하나님 앞에 나아가 "주님, 저에게 무얼 바라시나요? 전 이해가 안 돼요."라고 기도하며 끝까지 동료들의 생명을 구해낸다. 그러던 중에 일본군에 발각된 데스먼드가 쫓기게 되는데, 데스먼드는 가까스로 죽음의 위기를 면하게 된다. 그러나 데스먼드는 자신이 위험한 상황에서도 동료들을 구해내면서 "하나님, 제발 한 명이라도 더 구하게 해 주세요"하며 기도한다. 이처럼 데스먼드는 혼자서 전우들의 생명을 구하는 것은 자살 행위처럼 위험한 일이었지만, 자신의 임무를 다하고 무사히 부대로 귀환한다.

다음날, 부대장은 성경을 읽고 있는 데스먼드에게 다가와서 다시 '핵소 고지'를 공격할 것이라고 말한다. 다음 날이 되자, 모든 부대원들이 공격 개시 전에 데스먼드의 기도가 끝나기를 기다린다. 데스먼드의 기도가 끝나자, 전우들은 새로운 각오와 용기로 공격을 개시한다. 그런데 데스먼드가 부상병을 구하다가 자신도 일본군의 수류탄을 맞고 쓰러진다. 이러한 와중에도 데스먼드는 자신의 성경책부터 찾으려고 하면서 부상당한 전우들을 응급처치 한다. 이와 같은 참혹한 전투가 계속 되다가, 마침내 미군의 핵폭탄 투하로 일본군이 항복하면서 전쟁은 끝나게 된다. 그리고 데스먼드는 무사히 고향으로 돌아오게 되는데, 그는 혼자서 동료 75명의 생명을 구하는 기적을 이루게 된다. 이에 데스먼드는 이와 같은 기적은 모두 위대하신 하나님께서 하셨다고 간증한다.

- 선정 이유

첫째, 그리스도인으로서 진정한 용기가 무엇인지를 잘 보여준다.

둘째, 위기 상황에서도 올바른 믿음과 종교관으로 영적으로 성숙한 모습을 잘 보여준다.

셋째, 모든 것을 하나님께 의지하면서 두려워하지 않고, 담대하게 나아가는 모습을 잘 보여준다.

넷째, 한 사람의 생명을 소중히 여기고, 어려운 상황에서도 기도하는 모습이 감동을 준다.

- 영화의 시놉시스는 설교문에 삽입시켰다.

(2) 설교문

용기란 무엇입니까? 대부분 용기는 두려움 없는 상태라고 생각하기 쉬운데, 넬슨 만델라는 두려움이 없는 것이 용기가 아니라, 두려움을 극복하는 것이 용기라고 말합니다. 그러므로 용기는 두려움이 있음에도 불구하고 자신의 의지로 두려움을 이기는 것을 말합니다. 신명기 3장 22절을 보면, 모세는 출애굽 한 이스라엘 백성들에게 "너희는 그들을 두려워하지 말라 너희의 하나님 여호와께서 친히 너희를 위하여 싸우시리라 하였노라"고 강조합니다. 여기서 모세는 이스라엘 백성들을 향하여 너희는 두려워하지 말고 하나님의 명령을 믿고 담대히 나아가 싸우라고 가르칩니다. 이처럼 용기는 우리가 어려움 속에서도 하나님의 주권과 보호하심을 믿고 살아갈 때, 그 능력이 나타납니다.

독일계 신학자 폴 틸리히 교수는 진정한 용기란 단순히 두려움을 극복하는 것을 넘어서 가장 중요한 것을 위해 보다 덜 중요한 것을 버릴 수 있어야 한다고 말합니다. 그러므로 우리는 인생을 살면서 모든 것을 다 누릴 수 없고, 모든 것을 다 가질 수 없는 것입니다.

사랑의 여러분, 오늘 본문은 여러분들이 너무 잘 아시는 다윗과 골리앗의 싸움으로 이스라엘과 블레셋과의 전쟁 이야기입니다. 먼저 이스라엘과 블레셋의 전쟁 역사를 살펴보면, 블레셋이라는 지역은 오늘날 팔레스타인을 말하는데, 원래 팔레스타인은 하나님께서 아브라함에게 약속하셨던 약속의 땅 가나안을 말합니다. 하나님은 이스라엘 백성들에게 가나안 땅에 들어가면, 이미 그 땅에 살고 있던 가나안 족속들을 완전히 진멸하라는 명령을 내리셨습니다. 그러나 이스라엘 백성들은 이러한 하나님의 명령을 지키지 않았습니다. 결국 그들은 하나님의 말씀에 불순종한 것인데, 이 내용은 사사기 2장 2~3절에 잘 나타나 있습니다: "너희는 이 땅의 주민과 언약을 맺지 말며 그들의 제단들을 헐라하였거늘 너희가 내 목소리를 듣지 아니하였으니 어찌하여 그리하였느냐 그러므로 내가 또 말하기를 내가 그들을 너희 앞에서 쫓아내지 아니하리니 그들이 너희 옆구리에 가시가 될 것이며 그들의 신들이 너희에게 올무가 되리라 하였노라." 이스라엘 백성들은 하나님이 명령하신 가나안 족속들을 완전히 쫓아내지 못했는데, 그 족속 중의 하나가 블레셋 족속이었던 것입니다. 그 결과, 지금도 이스라엘은 팔레스타인과 전쟁을 계속하고 있는데, 이 전쟁이 언제 종식될지는 오직 하나님만이 아십니다.

오늘 본문 사무엘상 17장을 보면, 블레셋 진영의 골리앗이라는 군대 장관이 이스라엘 진영의 군대를 모욕하고 조롱합니다. 골리앗은 이스라엘 군대를 향하여 너희들 중에 한 사람을 내보내어 나와 싸움을 겨뤄보자고 소리칩니다. 이스라엘의 군대는 이러한 골리앗의 행동에 두려워하면서 아무도 나서지 못합니다. 그런데 이러한 골리앗의 모욕적인 말을 들은 다윗이, "할례 없는 블레셋 사람이 살아 계시는 하나님의 군대를 모욕하느냐"고 하면서 아주 용기 있는 모습을 보입니다. 이처럼 다윗이 용기 있는 모습을 보이는 것은 하나님이 항상 자신과 함께하신다는 것을 믿었기 때문입니다. 그리고 다윗은 사울 왕 앞에 불려가자, 자신이 골리앗과 싸우겠다고 나섭니다, 그러자 사울 왕은 "너는 소년이고 그는 용사다"라고 하면서 만류합니다. 이에 다윗은 자신이 양치기 시절 사자와 곰도 맨손으로 쳐서 죽였다고 하면서 하나님은 블레셋 사람으로부터도 자기를 건져주실 것이라고 말합니다. 이에 사울 왕도 "하나님께서 너와 함께 계시기를 원하노라"고 하며 결국 다윗을 허락합니다. 이처럼 진정한 용기는 자신의 이익을 위해서가 아니라, 더 중요한 것을 위해 행동

할 때 나타납니다.

그럼 여기서 우리는 세 가지 교훈을 깨달을 수가 있는데, 첫째, 하나님과 함께하면, 진정한 용기가 생겨납니다. 다윗은 골리앗과 싸움에서 가지고 간 것은 오직 물매와 돌 다섯 개였습니다. 그런데 골리앗은 방패든 부하를 앞장 세우고 나옵니다. 왜 그랬을까요? 골리앗은 다윗 같이 어린 소년이 나올 줄은 꿈에도 생각하지 못했기 때문입니다. 그런데 더 신기한 것은 이 어린 소년이 가지고 나온 무기를 가까이 가서 보니, 그것은 나무로 만든 물매인 것을 알고, 더 깔보기 시작합니다. 그러면서 골리앗은 자신이 믿는 신들의 이름을 부르면서 다윗을 향하여 저주까지 합니다. 그때, 다윗이 골리앗에게 "너는 칼과 창과 단창을 가지고 나왔으나, 나는 만군의 여호와의 이름으로 너에게 나왔다"고 말합니다.

그럼, 다윗은 어떻게 이러한 용기 있는 자의 모습을 보여줄 수 있었던 것일까요? 그것은 바로 하나님이 자신과 함께하신다는 믿음이 있었기 때문입니다. 그래서 그는 누구도 두려워하지 않았습니다. 아니 두려움이 있다고 할지라도 그에게는 하나님에 대한 믿음이 더 컸기에 그 두려움을 극복할 수 있었던 것입니다. 게다가 다윗은 하나님이 자신과 함께 한다는 것을 진정으로 믿었기에 이번 싸움에서도 반드시 승리할 수 있다고 확신했던 것입니다.

둘째, 하나님과 함께라면, 불가능한 도전은 없다는 것입니다. 46절을 보면 다윗이 "오늘 여호와께서 너를 내 손에 넘기시리니"라고 확신하고 있는데, 이는 하나님을 신뢰하는 믿음에서 나온 것이기에 가능한 것입니다. 다시 말해 이것의 의미는 이미 이스라엘이 전쟁에서 승리했다는 것을 말하는 것입니다. 그리고 47절에서도 "여호와의 구원하심이 칼과 창에 있지 아니함을 이 무리에게 알게 하리라 전쟁은 여호와께 속한 것인즉 그가 너희를 우리 손에 넘기시리라"라고 말합니다. 여기서도 다윗은 하나님이 블레셋과의 전쟁을 승리하게 하신다는 것을 확신하고 있습니다. 그러므로 이 전쟁은 단순히 다윗과 골리앗의 싸움이 아니라, 하나님과 블레셋과의 전쟁이라는 것을 알 수 있습니다. 결국 다윗은 자신이 미리 준비한 물맷돌을 골리앗의 이마에 정확히 던져서 단번에 그를 쓰러뜨리고 승리합니다. 여러분, 이것은 하나님이 계획하신 승리입니다. 따라서 우리 그리스도인들도 다윗처럼 어려운 상황에서 하나님을 믿고 의지할 때, 이와 같은 승리하는 삶을 살아갈 수 있는 것을 깨달으시기 바랍니다. 이처럼 하나님은 불가능한 것도 가능한 것으로 바꾸어 주시는 분이십니다.

사랑하는 성도 여러분, 오늘 본문을 통하여 우리가 생각할 수 있는 것은 이 세상에는 다양한 골리앗들이 존재한다는 것입니다. 세상 사람들은 돈, 권력, 명예, 건강, 자녀의 성공 등, 이러한 것들을 우상으로 여기고 있는데, 이러한 우상들과 싸워서 승리하기 위해서는 첫째, 하나님이 항상 나와 함께 한다는 믿음 안에서 이러한 골리앗들을 물리칠 수 있다는 진정한 용기 있는 삶을 살아야 합니다. 둘째, 하나님이 함께 하시면, 내게 능력 주시는 성령의 권능 안에서 불가능은 없다는 담대함으로 도전하며 나아가야 합니다. 그럼, 여러분들도 하나님 안에서 진정한 믿음과 용기, 담대함으로 승리하는 삶을 사시길 축원 드립니다.

그럼 지금부터는 멜 깁슨이 연출한 "핵소 고지"라는 영화를 보면서 진정한 용기가 무엇인지를 다시 한 번 생각해 보도록 하겠습니다. 이 영화는 제2차 세계대전 당시, 미국과 일본이 오키나와 섬에서 싸웠던 전쟁을 다루고 있습니다. 영화의 도입부에서는 1차 세계대전에 참여하여 전쟁 후의 상처와 후유증으로 고통 받는 아버지 토마스가 어머니를 총으로 죽이려고 하는데, 이를 둘째 아들 데스먼드가 보게 됩니다. 데스먼드는 이에 대한 충격으로 아버지에 대해 분노를 느끼게 됩니다. 그리고 그는 십계명중 하나인 "살인을 하지 말라"라는 계명을 자신의 신념으로 받아들이고, 신실한 그리스도인으로 살아갈 것을 다짐합니다. 그러다가 어느 날, 데스먼드는 교회 앞에서 교통사고를 당한 사람을 목격하자, 재빨리 그를 병원으로 이송해서 생명을 구하게 됩니다. 이러한 과정 가운데, 데스먼드는 병원에서 만난 도로시라는 간호사와 사랑을 하게 되는데, 어느 날 그는 도로시에게 자신의 형 헤롤드처럼 2차 세계대전에 의무병으로 참여하겠다고 말합니다. 이러한 데스먼드의 모습에서 우리는 그가 진정한 그리스도인으로서 믿음과 용기를 가지고 인간의 생명을 존귀하게 여기는 자임을 알 수 있습니다.

(**영화 클립 #1**: 데스먼드가 교회 앞에서 교통사고를 목격하자, 사고당한 사람을 병원에 재빨리 이송하여 생명을 구하게 된다. 그리고 얼마 후, 데스먼드는 병원에서 만난 간호사 도로시를 사랑하게 되는데, 갑자기 그녀에게 자신도 이번 2차 세계대전에 의무병으로 참여하겠다고 말한다)

데스먼드가 훈련소에 입대하여 훈련병 생활을 시작하게 됩니다. 그런데 훈련 중에 데스먼드는 종교적 신념을 가지고 의무병으로 지원했기 때문에 총을 들지 않고, 사격 훈련도 받지 않겠다는 선언을 합니다. 이에 부대장은 데스먼드가 군법과 상관의 명령을 어겼기에 제대시키려고 합니다. 그러자 데스먼드는 제대를 거부하면서 지금 조국이 전쟁 중인데, 자신만 집으로 돌아갈 수 없다고 항변합니다. 그러다가 결국 데스먼드는 군사재판에 넘겨집니다. 이 사실을 알게 된 아버지 토마스는 1차 세계대전 당시 자신의 상관이 현재 데스먼드 부대의 사령관인 것을 알고, 그를 찾아가서 아들 데스먼드가 총을 들지 않고 의무병으로 참여해도 된다는 승인서류를 받아냄으로써 데스먼드는 전쟁에 참여하게 됩니다.

여기서 우리가 알 수 있는 것은 첫째, 데스먼드 어떤 상황에서도 자신의 종교적 신념과 양심을 지켰습니다. 둘째, 데스먼드는 총을 들지 않고도 전쟁에 참여함으로써 진정한 용기 있는 자의 모습을 보여줍니다. 그럼, 데스먼드의 이러한 믿음과 용기는 어디서 나온 것입니까? 그것은 바로 하나님에 대한 신뢰와 믿음, 즉 하나님은 언제나 자신과 함께하신다는 확신으로부터 나온 것입니다. 그는 이러한 확신이 있었기에 진정한 용기가 생겨났던 것입니다. 여러분, 데스먼드의 이러한 도전이 불가능한 것을 가능한 것으로 바꿀 수 있었습니다. 따라서 우리 그리스도인들에게도 이러한 용기와 도전이 필요합니다. 왜냐하면, 우리가 예수 그리스도가 가신 길을 따른다는 것은 그만큼 십자가의 희생과 헌신이 있어야 하기 때문입니다.

(**영화 클립 #2**: 데스먼드가 훈련소에 입대하여 훈련을 받는 도중에 자신은 종교적 신념을 가지고 의무병으로 참여했기 때문에 총을 들지 않겠다고 말한다. 이로 인해 데스먼드는 상관이나 동료들로부터 조롱과 멸시를 당하고 결국 군사재판에 넘겨지는데, 데스먼드는 아버지 토마스의 도움으로 오키나와 전투에 참여하게 된다)

드디어 데스먼드의 부대가 오키나와 섬의 해안가에 도착하게 됩니다. 그런데 도착해서 보니, 이미 수많은 미군들의 시체가 여기저기 흩어져 있는 것을 보고, 데스먼드는 이곳 핵소고지가 죽음의 전쟁터라는 것을 깨닫게 됩니다. 데스먼드 부대의 공격이 시작되는데, 여러 은폐된 곳에 진지를 구축한 일본군들의 저항이 만만치 않습니다. 동료들이 일본군의 대포와 기관총에 집중포화를 맞고 순식간에 쓰러지자, 즉각 후퇴 명령이 내려집니다. 그러나 데스먼드는 혼자서 쓰러진 동료들을 한 사람씩 확인하면서 아직 살아있는 동료들을 자신이 직접 업고, 한 명씩 나르기 시작합니다. 그러면서 데스먼드는 "하나님, 한 명이라도 더 생명을 구하게 해 주세요"하며 간절히 기도합니다. 이처럼 데스먼드는 의무병으로서 오직 부상당한 동료들의 생명을 살리기 위해서 이와 같이 용기 있는 행동을 감행합니다. 그는 결코 자신의 죽음을 두려워하지 않습니다. 그는 오직 한 생명이라도 더 구하기 위하여 희생정신과 순종하는 마음으로 최선을 다합니다. 또한 그는 하나님만을 의지하면서 불가능해 보이는 상황에서도 도전과 용기로 진정한 그리스도인의 참 모습을 보여줍니다.

(**영화 클립 #3**: 오키나와 전투에서 일본군의 저항으로 동료들이 처참하게 쓰러지자, 데스먼드는 쓰러진 전우들을 구하는데 위험을 무릅 쓰고 용기 있는 자의 모습을 보여준다. 그리고 그는 하나님께 한 명의 생명이라도 더 생명을 구하게 해달라고 기도한다)

그러던 중에, 일본군들의 포탄이 미군 진영에 터지면서 데스먼드가 부상을 입게 됩니다. 이 와중에도 데스먼드는 자신의 잃어버린 성경책을 찾기 위해 고군분투하면서 자신 옆에 쓰러져 있는 동료들을 응급처치합니다. 그러다가 결국 데스먼드도 후방으로 후송이 되는데, 처절한 전투는 계속 됩니다. 그 후, 미군의 원자폭탄 투하로 일본이 제2차 세계대전에서 항복함으로써 전쟁은 끝나게 되고, 데스먼드는 고향으로 돌아오게 됩니다. 데스먼드가 혼자서 전쟁에서 생명을 살려낸 미군의 숫자는 무려 75명이었습니다. 이러한 공적으로 데스먼드는 국가로부터 훈장을 받게 되는데, 데스먼드가 이에 대한 소감을 말하면서 이 모든 것은 하나님께서 하셨다고 간증합니다.

여러분, 이 영화는 실화의 내용을 각색한 것으로 어떤 부분은 실제의 상황과 다를 수도 있습니다. 그러나 데스먼드가 오키나와 전쟁에서 보여준 믿음과 용기는 불가능한 것을 가능한 것으로 바꾸게 했던 것인데, 이와 같은 데스먼드의 진정한 용기는 하나님의 영광을 드러내게 했던 것입니다. 이처럼 하나님은 한 사람을 도구로 사용하셔서 세상을 변화시키고, 인류의 역사를 이루어 가신다는 것을 기억하시길 바랍니다.

(영화 클립 #4: 데스먼드가 자신도 포탄을 맞고 부상당하면서까지, 그는 쓰러진 전우들을 돌본다. 그리고 얼마 후, 일본군의 항복으로 전쟁이 끝나자, 데스먼드는 고향으로 돌아오는데, 그는 국가로부터 무공훈장을 받게 된다. 마지막에 데스먼드가 이 모든 것은 하나님께서 하셨다고 간증한다)

사랑의 여러분, 진정한 용기는 하나님이 함께 하실 때 나타납니다. 그래서 오늘 본문을 보면, 다윗의 진정한 용기가 세상을 바꾸었듯이 용기 있는 사람들은 고난과 역경 속에서도 하나님만을 의지함으로써 위대한 역사를 만들어 갑니다. 또한 오늘 영화에서도 데스몬드는 참혹한 전쟁 가운데서도 한 사람의 생명을 구하기 위해 하나님 앞에 나아가 기도하면서 진정한 용기 있는 자의 모습을 보여주고 있습니다. 이처럼 한 사람의 용기가 세상에 얼마나 위대한 변화를 가져올 수 있는지 다시 한번 생각하게 합니다.

6) 주제: 고난(Suffering)

(1) 영화설교를 위한 메시지 플랫폼 작성

- 성경 본문에 관한 내용
  - 본문: 욥기 1장 13~22절
  - 제목: 고난 속에서의 소망
  - 목표:
    a. 하나님께서 주시는 고난의 의미와 목적을 분명히 알아야 한다는 것을 강조한다.
    b. 그리스도인은 고난을 통하여 결국 하나님의 영광으로 나아갈 수 있음을 깨닫게 한다.

- 본문의 중심 메시지:

    a. 욥의 고난은 궁극적으로 하나님의 의가 위대하심을 드러내기 위한 것이다.

    b. 욥은 고난 속에서도 흔들리지 않는 믿음을 보여준다.

■ 영화에 대한 기본 방향

  - 주제: 고난의 참된 의미

  - 신학적인 메시지:

    a. 고난은 자신의 믿음을 점검하고 성장시키는 계기가 된다.

    b. 고난을 참고 인내하면, 그 뒤에는 하나님의 축복과 영광이 따른다.

  - 영화 사전적 검토 방향:

    사람들은 누구든지 고난 없는 삶을 살기 원한다. 그러나 인생을 살다 보면, 예기치 못한 고난이 찾아오는데, 어떤 사람들은 고난을 이기지 못하고 낙심하고 좌절하면서 인생을 포기도 한다. 하지만, 우리 그리스도인들은 고난 가운데서도 하나님의 뜻이 무엇인가를 발견하기 위해 노력하면서 참고 인내하며 고난이 지나가기를 기다려야 한다. 그래서 영화는 이러한 예기치 않은 고난을 어떻게 극복해 나가는지를 보여주어야 한다.

- 영화 제목과 줄거리

   a. 이안 감독의 '라이프 오브 파이'

[사진 6] 라이프 오브 파이

   b. 영화의 줄거리:

작가는 캐나다 출신의 한 인도인으로부터 그가 지금까지 살아온 이야기를 듣게 된다. 그는 '피신 몰라토 파텔'이었는데, 이러한 이름은 프랑스의 한 수영장의 이름을 인용한 것이라고 말한다. 그런데 '피신'이라는 이름은 영어의 '피싱'이란 단어와 비슷해서 그는 친구들로부터 '오줌싸게'라는 놀림을 받았다고 말한다. 그래서 그는 전학을 가게 되는데, 거기서는 자신의 이름을 '파이'로 개명했다고 말한다. 그러면서 그는 작가에게 당신이 믿든지 안 믿든지 간에 "신의 존재를 믿을 만한 이야기를 해 주겠다"고 하면서 자신의 어린 시절에 대한 이야기를 들려주기 시작한다.

파이는 원래 인도의 '폰티체리'라는 곳에서 태어났으며, 그의 아버지는 폰티체리시에 있는 동물원의 주인이었다고 말한다. 그리고 자신은 둘째 아들이었고, 어려서부터 힌두교, 기독교, 이슬람교에 까지도 관심을 가지면서 여러 종교에 심취했었다고 말한다. 그리고 그 동물원에는 '리처드 파커'라는 사람 이름을 가진 호랑이가 있었는데, 이는 사냥꾼이 호랑이를 동물원에 팔면서 서류에 호랑이 이름을 써야 하는 난에 모르고 자신의 이름을 쓰는 바람에 그렇게 되었다고 말한다.

어느 날, 파이가 호랑이 파커에게 고기를 주려고 하자, 아버지가 나타나서 그런 위험한 행동은 절대 하지 말라고 주의를 주셨다는 것이다. 파이가 청소년이 되었을 때, 폰티체리시가 재정적인 어려움을 겪게 되자, 동물원에 대한 지원을 중단시키는 바람에, 아버지는 캐나다 이민을 결정했다는 것이다. 그래서 가족들과 일부 동물들을 화물선에 싣고 캐나다로 향하게 되었다는 것이다. 그런데 화물선이 필리핀을 지나 태평양으로 가는 도중에 강력한 폭풍우로 인해 침몰하게 되면서 일가족은 몰살을 당하고, 파이만 살아남아 구명보트를 탔다는 것이다. 그런데, 그 구명보트에는 파이 외에도 다리가 부러진 얼룩말, 오랑우탄, 하이에나가 함께 타게 되었다고 말한다. 구명보트의 좁은 공간에 있게 된 그들은 서로 긴장의 상태가 계속되었는데, 갑자기 하이에나가 얼룩말, 오랑우탄을 차례로 죽이고, 파이를 공격하려고 했다는 것이다. 그런데 그 순간, 보트 천막 아래에서 호랑이 '리처드 파커'가 나타나서 하이에나를 순식간에 죽이는 바람에, 결국 파이와 파커만 남게 되면서 서로 대치하는 상황이 되었다고 말한다. 그리고 바다에 폭풍우가 몰아치자, 위기의 상황에서 파이는 신에게 "당신의 능력을 보여 주세요."하며 기도를 했다고 말한다. 그 후, 파이와 파커는 계속해서 생존의 싸움을 하게 되었는데, 파이는 "무엇보다도 희망을 버려서는 안 된다"고 다짐하고, 날이 갈수록 바다 위서 생존하는 방법을 터득하게 되었다는 것이다. 그러면서 파이는 점점 파커와도 공존하는 것이 바람직하다고 생각하고, 서로 소통하는 법을 깨닫기 시작하면서 물고기를 잡아 파커에게 먹이를 주었다고 말한다. 그럼에도 불구하고, 파이는 파커에 대한 경계심도 늦추지 않았다는 것이다.

그런데 또다시 강력한 폭풍우가 찾아오자, 파이와 파커는 심각한 고난의 순간을 맞이하게 되었다는 것이다. 그래서 파이는 하나님께 나아가 "그리스도여, 당신의 배려와 자비로움을 베풀어 주옵소서"라며 절실히 기도했다고 말한다. 그리고 얼마의 시간이 흐른 후, 파이는 의식을 찾게 되었는데, 바다는 다시 고요해졌고, 햇살이 비치기 시작했다는 것이다. 그러나 파이와 파커는 한동안 쓰러진 상태에서 일어나지 못했다고 말한다. 그래서 파이는 파커에게 다가가서 물을 주려고 했는데, 파커가 전혀 움직이지 못하는 것을 보고 파커의 목을 끌어안고 눈물을 흘렸다는 것이다. 그러면서 파이는 파커에게 "결국 우리는 죽게 될 거야"하고 말하고 나서는 "하나님 저에게 새로운 삶을 주셔서 감사합니다. 이젠 죽을 준비가 됐어요."라고 마지막 기도를 했다고 말한다.

그 후, 파이는 보트 안에서 허기진 배를 움켜잡고 고통스러워했는데, 또다시 폭풍우가 몰아치자 거의 실신한 상태에서 한 조그만 섬에 다다르게 되었다고 말한다. 그런데 그 섬은 수많은 미어캣이 기거하는 기묘한 섬으로, 맛 좋은 해초가 풍부한데다가 호수까지 있어 매우 살기 좋은 섬이었으나, 밤이 되면 호수가 산성화되면서 모든 것들을 녹여버리고, 사람까지 잡아먹는 식인섬이었다고 말한다. 그래서 파이와 파커는 그 섬에서 빠져나와 또 다시 표류하다가 마침내 구명보트가 멕시코의 어느 해안가에 닿았다고 말한다. 그런데 갑자기 파커가 보트 위에서 훌쩍 뛰어내리더니 모래사장을 지나 유유히 숲속으로 사라졌다는 것이다. 그러나 파이 자신은 너무 지치고 힘든 상태라 꼼짝하지 못하고 쓰러져 있었는데, 해안가에 있던 주민들이 자신을 발견하고 병원으로 옮겨졌다고 말한다. 그 후, 파이는 병원에서 요양을 취하던 중에 일본의 선박회사 직원들로부터 이번 사건의 진술을 요청받게 되었는데, 파이는 자신이 겪었던 모든 과정을 그대로 진술했다는 것이다. 그런데 그들이 파이의 진술을 믿지 못하겠다고 하면서 보고서에 적을 수 있는 진짜 이야기를 해달라고 요구했다는 것이다.

그래서 파이는 새로운 이야기를 해 주었는데, 자신과 가족들이 탄 화물선이 태평양을 지나다가 폭풍우에 침몰되면서 구명보트에는 단지 네 명만이 구조되었다고 말한다. 그네 명은 파이, 파이 어머니, 요리사, 다리가 부러진 일본인 선원이었는데, 그들 사이에 생존의 싸움이 시작되었다고 말한다. 그런데 그들 중에 요리사는 악한 사람이었지만 상황 파악을 잘하는 사람이었다고 말한다. 또한 중상을 입은 선원은 결국 사망하게 되자, 그의 시체를 물고기 미끼로 사용하여 물고기를 잡았다는 것이다. 그런데 갑자기 요리사가 파이를 폭행하자, 파이의 어머니가 이를 말리다가 그만 바다에 빠지게 되었는데, 그때 어머니는 상어들의 공격으로 죽게 되었다고 말한다. 이를 본 파이가 분노하여 결국 요리사를 살해했다는 것이다. 이러한 파이의 새로운 이야기를 듣고 있던 작가는 "그럼 선원은 얼룩말이고, 어머니는 오랑우탄, 요리사는 하이에나 그리고 당신은 리처드 파커인 셈이군요."라고 말하자, 파이가 작가에게 "당신은 지금까지 두 가지 이야기를 다 들었는데, 어느 것이 더 마음에 드나요?"하고 묻는다. 그러자 작가는 "리처드 파커의 이야기가 더 좋아요"라고 대답한다. 이에 파이는 작가에게 "고맙다"

고 하면서 "그것이 하나님과 더 잘 어울리기 때문이다"라며
그 이유를 설명해 준다.

- 영화 선정 이유

    첫째, 예기치 않은 고난 가운데서도 끝까지 인내하면서 고난에
    대처하는 모습을 잘 표현한다.

    둘째, 하나님은 우주만물을 다스리고 통치하시는 절대자이심
    을 잘 보여준다.

    셋째, 고난을 통하여 새로운 소망과 가능성을 발견할 수 있다
    는 것을 깨닫게 해준다.

    넷째, 고난 속에서 인간은 하나님의 계획과 뜻을 발견할 수 있
    음을 알게 해준다.

- 영화의 시놉시스는 설교문에 삽입시켰다.

(2) 설교문

우리는 세상을 살아가는 동안 예기치 못한 고난들을 겪게 됩니다.
성경에도 이러한 고난의 이야기들이 많이 기록되어 있는데, 그중에서도
오늘 본문 욥기를 보면 욥은 하루 아침에 예상치 않았던 참혹한 고난을
겪게 됩니다. 그럼, 여러분은 욥기에 대해 얼마나 알고 계십니까? 욥기
는 구약성경의 시편, 잠언, 전도서, 아가서와 함께 시가서로 분류되는데,

이러한 시가서의 목적은 하나님을 찬양하고, 인간들에게는 신앙적 교훈을 주기 위해서 기록된 것으로 알려져 있습니다. 따라서 시가서는 한마디로 하나님의 주권과 섭리를 깨닫게 하는 성경입니다. 또한 영어 성경에서는 욥기를 'JOB'으로 표기하고 있는데, 이는 히브리어로 '미움을 받는 자'라는 뜻이고, 아랍어로는 '회복'이라는 의미로 '하나님께로 돌아온다는 뜻'을 가지고 있습니다. 그리고 욥기의 저자가 아직 밝혀지지 않아서 욥기가 언제 기록되었는지는 정확하지 않습니다. 또한 욥기의 시대적 배경에 대해서도 여러 주장들이 있는데, 가장 지배적인 것은 욥은 족장 시대의 인물로 기원전 약 2000년경, 아브라함이 활동했던 때의 사람으로 보고 있습니다. 그리고 욥이 실제 존재한 인물인지에 대해서도 의견이 분분한데, 에스겔서 14장 14절에서 보면, 하나님께서 노아, 다니엘, 욥을 의로운 인물로 기록하고 있는 것을 보면, 욥이 실제의 인물이라고 추정됩니다. 마지막으로 욥기의 구성을 보면, 서론 부분 1~2장과 마지막 결론 부분 42장 7절부터는 산문의 형태로 기록되어 있고, 중간에 있는 3장부터 42장 6절까지는 시의 형태로 기록되어 있는데, 이는 욥기가 문학적으로도 매우 특이하다고 말씀드릴 수 있습니다.

그럼, 오늘 본문 1장 1절부터 3절까지를 보면, 욥은 과연 어떠한 인물이었는지가 잘 나타납니다. "우스 땅에 욥이라 불리는 사람이 있었는데 그 사람은 온전하고 정직하여 하나님을 경외하며 악에서 떠난 자더라 그에게 아들 일곱과 딸 셋이 태어나니라 그의 소유물은 양이 칠천 마리요 낙타가 삼천 마리요 소가 오백 겨리요 암나귀가 오백 마리이며 종도 많이 있었으니 이 사람은 동방 사람 중에 가장 훌륭한 자라." 이처럼 욥은 우스 땅에 살았고, 온전하고 정직하며, 하나님을 경외하고, 악에서 떠난 사람이었다고 말합니다. 그리고 욥에게는 아들 일곱에 딸 셋이 있었고, 그의 가축은 양이 7천, 낙타가 3천, 소가 5백 겨리(1천), 암나귀 5백 마리였으며, 많은 종들도 거느리고 있었습니다. 그러니까 결론적으로 욥은 동방 사람 중에서 가장 의롭고 정직한 사람이었습니다. 이것은 오늘 본문 1장 8절에 잘 나타나 있습니다. "여호와께서 사탄에게 이르시되 네가 내 종 욥을 주의하여 보았느냐 그와 같이 온전하고 정직하여 하나님을 경외하며 악에서 떠난 자는 세상에 없느니라"고 말씀하고 있는데, 여기서 하나님은 욥을 내 종이라고 부르면서 그는 악에서 떠난 온전하고 정직한 의인이었음을 강조하십니다.

그런데 이러한 욥에게 어느 날 갑자기 끔찍한 고난이 찾아오게 되는데, 그 배경은 사탄이 하나님에게 시비를 걸면서 시작됩니다. 그 과정을 살펴보면, 하나님이 사탄에게 "이 세상에는 욥 같은 의인이 없다"고 말씀을 하시자, 사탄은 하나님에게 "욥이 까닭없이 하나님을 경외할 이유가 없다"고 하면서 욥이 그렇게 의인이 된 이유는 하나님께서 욥에게 집과 많은 소유물을 허락하셨기 때문이라고 말합니다. 그러면서 사탄은 만약에 하나님의 손으로 그의 모든 소유물을 거두어 가시면, 욥은 틀림없이 하나님을 욕하고 저주할 것이라고 말합니다. 그러자 하나님은 사탄에게 욥의 모든 소유물을 너의 손에 맡길테니, 욥의 몸에는 절대 손대지 말라고 명령하십니다. 그 후, 욥의 고난이 시작됩니다. 그러자 사탄은 신이 나서 욥에게 엄청난 고난을 가져다주는데, 오늘 본문은 사탄이 욥에게 준 고난에 대해 자세히 설명하고 있습니다.

먼저 욥에게 찾아온 첫 번째 고난은 13~15절에 기록되어 있는데, 욥의 자녀들이 맏아들 집에서 함께 음식을 먹고 포도주를 마시고 있었습니다. 그런데, 갑자기 스바 사람들이 나타나 욥이 소유한 소와 나귀를 빼앗고, 종들을 죽입니다. 욥이 그 소식을 듣게 되는데, 여기서 등장하는 스바 사람은 그 당시 아라비아의 남쪽 지역에 거주하는 족속으로 그들은 주로 사막에서 유목생활을 했기 때문에 아주 악명 높은 자들이었습니다.

16~17절을 보시면, 욥의 두 번째, 세 번째의 고난이 기록되어 있는데, 두 번째는 하나님의 불이 하늘에서 떨어져 욥의 양 떼와 종들을 모두 불에 태워버립니다. 그리고 세 번째는 갈대아 사람들이 새 떼처럼 무리를 지어서 욥의 낙타들을 빼앗고, 칼로 욥의 종들을 죽입니다. 그 결과, 욥은 하루아침에 모든 소유물을 잃고, 게다가 종들도 모두 죽임을 당하게 됩니다. 그리고 18~19절에서는 욥의 네 번째의 고난을 기록하고

있는데, 이 고난은 상상도 못할 사건이었습니다. 욥의 자녀들이 맏아들 집에서 잔치를 벌이고 있었는데, 거친 광풍이 불어와서 집의 네 모퉁이 기둥을 치는 바람에 집이 무너지면서 그곳에 함께 있던 욥의 자녀들이 모두 죽임을 당하였던 것입니다. 이처럼 욥은 사탄의 시험과 계략으로 인해 처참한 고난을 겪게 됩니다. 그리고 이 모든 일은 하루 동안에 일어났는데, 욥은 자신의 모든 소유물과 사랑하던 자녀들까지도 한순간에 잃어버린 것입니다.

여러분, 지금 이 상황이 얼마나 참혹하고 비참합니까? 욥이 무엇을 잘못했습니까? 그는 하나님이 인정한 정직하고 경건한 사람이었습니다. 그리고 하나님은 그에게 축복을 허락하시고, 자랑하고 칭찬하셨습니다. 그런데 이러한 욥에게 상상도 못할 극심한 고난이 찾아온 것입니다. 그럼, 이러한 상황에서 욥은 과연 어떻게 행동했습니까? 20절에서 보면, 욥은 자신의 겉옷을 찢고, 머리털을 깎고, 땅에 엎드려 하나님을 경외하며 예배했다고 기록합니다. 그러니까 욥은 고난 가운데서도 하나님 앞에 원망하지 않고 겸손하게 엎드린 것입니다. 욥은 자신이 처한 상황을 그대로 받아들인 것입니다. 즉 욥은 모든 것을 자신의 탓으로 돌리고, "하나님의 뜻에 순종하겠습니다."라고 고백한 것입니다. 사탄은 하나님에게 욥이 하나님을 경외하는 것은 오직 하나님께서 그에게 넘치는 축복을 주셨기 때문이고, 그가 가진 소유물들을 다 거두어 버리면, 욥은 더 이상 하나님을 경외하지 않을 것이라고 장담했지만, 욥은 그러지 않았습니다.

21절 후반부를 보면, "주신 이도 여호와시요 거두신 이도 여호와시니 여호와의 이름이 찬송을 받으실지니이다". 이처럼 욥은 고난 가운데서도 여호와의 이름을 찬양하며 나아갑니다. 또한, 21절 전반부에서는 우리 인간들은 알몸으로 왔다가 알몸으로 돌아간다고 고백하면서, 자신은 모든 것을 잃어버렸다고 할지라도 하나님의 뜻을 겸허히 받아들이겠다고 말합니다. 그런데 여러분, 여기서 우리가 한 가지 생각해야 할 것이 있습니다. 욥도 인간이기에 지금 자신이 처한 고난 속에서 아픔과 절망을 느꼈을 겁니다. 그럼에도 불구하고, 욥은 하나님이 하신 일은 모두 옳다고 고백합니다. 여러분, 이것이 진정한 믿음입니다. 그래서 욥은 "나는 하나님을 찬송합니다."라고 고백합니다. 그리고 22절에서는 '이 모든 일에 욥이 범죄 하지 아니하고 하나님을 향하여 원망하지 아니하니라'고 기록하고 있는데, 이것은 욥이 인간적으로 이겨내기 힘든 상황이라고 할지라도 자신은 결코 하나님 앞에 죄 짓지 않고, 원망도 하지 않겠다고 결단하는 것입니다.

그럼, 욥은 왜 그렇게 할 수 있었을까요? 그 이유는 자기 인생의 주인이 자신이 아니라 하나님이시라는 것을 깨달았기 때문입니다. 그래서 욥은 모든 영광을 하나님께 돌렸고, 하나님은 욥이 고난 가운데서도 하나님을 원망하지 않고 순순히 받아들이는 믿음으로 인해 결국 사탄과의 내기에서 승리하셨습니다.

사랑의 여러분, 오늘 본문에서 깨닫게 하는 것은, 첫째, 욥은 예기치 않게 찾아온 고난 속에서도 하나님에 대한 믿음은 절대로 흔들리지 않았다는 것입니다. 따라서 우리 그리스도인들도 고난이 찾아올 때, 그 때가 바로 자신의 믿음이 진정한 것인지를 시험받는 때라는 것을 기억하시기 바랍니다.

둘째, 욥은 고난 속에서도 하나님 앞에 나아가 엎드리고 예배하면서 하나님은 언제나 옳으신 분이라는 것을 온전히 받아들였던 것입니다. 즉 욥은 주신 이도 여호와시고, 거두신 이도 여호와라고 고백하고 있는데, 이 말씀은 우리 그리스도인들이 매일 삶속에서 실천하며 묵상해야 할 말씀인 것입니다.

셋째, 욥은 극심한 고난 가운데서도 하나님을 원망하거나 불평하지 않았기에 더 큰 축복을 받게 되었던 것인데, 이것은 욥기 42장 10절에 잘 나타나 있습니다. "욥이 그의 친구들을 위하여 기도할 때 여호와께서 욥의 곤경을 돌이키시고 여호와께서 욥에게 이전 모든 소유보다 갑절이나 주신지라". 즉, 욥은 결국 하나님으로부터 갑절의 축복을 받게 되었음을 알 수 있는데, 우리도 욥처럼 고난이 닥쳐도 하나님을 불평하거나 원망하지 않고, 무한한 신뢰와 순종으로 나아가야 한다는 것을 기억하시길 바랍니다. 왜냐하면 하나님은 절대자이시고, 우주만물을 다스리시는 통치자이시기 때문입니다.

그럼, 지금부터는 이안 감독이 연출한 '라이프 오브 파이'라는 영화의 스토리와 오늘 본문의 말씀을 함께 생각해 보도록 하겠습니다. 이 영화는 인도의 작은 도시에서 동물원을 운영하던 주인공인 파이네 가족의 이야기입니다. 어린 시절 파이는 힌두교, 기독교, 이슬람교 등 다양한 종교를 탐구하며 신앙에 깊은 관심을 가지게 됩니다. 그러던 어느 날, 시 당국으로부터 동물원에 지원하는 재정이 중단되자, 파이 아버지는 가족들과 동물들을 화물선에 태우고 캐나다로 이민을 떠나게 됩니다. 그런데 화물선이 태평양을 지나는 순간, 거센 폭풍우를 만나면서 배가 침몰하게 됩니다. 이 같은 사고로 파이의 가족들은 모두 사망하고, 파이 혼자 구명보트에 살아남게 됩니다. 그리고 동물들도 거의 사망하는데, 오랑우탄, 다리를 다친 얼룩말, 하이에나는 구명보트에 남게 됩니다. 여러분, 우리는 인생을 살아가다 보면, 이처럼 예기치 않은 극심한 고난이 찾아올 때가 있습니다.

그런데 이러한 고난이 찾아오면, 대부분은 낙심하고, 좌절하면서 왜 나에게 이러한 고난이 찾아왔냐고 하면서 불평하고 원망도 하게 됩니다. 오늘 본문의 욥도 하나님이 사랑하는 의인이었지만, 갑자기 찾아온 처절한 고난으로 인해 그는 하루아침에 모든 것을 잃어버렸습니다. 이런 고난이 닥치면, 그리스도인이라 할지라도 대부분은 하나님을 향하여 원망하며 억울하다고 불평할 것입니다. 이러한 모습은 하나님이 선택한 이스라엘 백성들에게서도 볼 수 있었습니다.

(**영화 클립 #1**: 어린 시절부터 다양한 종교에 관심이 많았던 파이는 동물원을 운영하던 부모님을 따라 캐나다로 이민을 가다가 화물선이 태평양 한가운데서 폭풍우를 만나면서 처참한 고난을 당한다, 모든 가족은 죽음을 당하지만, 유일하게 구명보트에 파이만이 살아남고, 동물들 중에는 오랑우탄, 얼룩말, 하이에나가 살아남는다)

얼마 후, 바다 한가운데 떠 있는 구명보트에서 동물의 세계처럼 생존의 싸움이 시작되는데, 하이에나가 얼룩말과 오랑우탄을 순서대로 죽입니다. 그런데 갑자기 구명보트 밑에서 파카라는 호랑이가 나타나서 하이에나를 죽여 버립니다. 이에 구명보트에는 파이와 파커 호랑이만이 남게 되자, 파이는 자신이 먼저 파커를 죽이려고 해보지만, 자신의 힘과 능력으로는 부족하다는 것을 깨닫게 됩니다. 그러다가 파이는 자신이 생존하기 위해서는 파커와 공존해야 함을 깨닫고, 그를 훈련시키고 먹이를 제공합니다. 이러한 가운데 둘은 서로 가까워지게 됩니다. 그런데 또다시 폭풍우가 몰아치자, 둘은 거친 파도에 표류를 계속하면서 고난은 계속됩니다. 이처럼 고난은 간헐적으로, 때로는 연속적으로 찾아오니다. 이럴 때, 우리 그리스도인들은 어떻게 대처해야 할까요? 여기서 분명히 깨달아야 할 것은 오늘 본문에서도 알 수 있듯이, 우리는 고난 속에서 자신의 한계를 깨닫고 겸손히 하나님 앞에 나아가 하나님의 섭리를 따라야 합니다. 그리고 하나님이 이 세상을 다스리고 통치하시는 절대자이심을 인정해야 합니다. 따라서 우리는 고난 속에서 자신을 연단하고 하나님의 뜻이 무엇인지를 생각해야 하는 것입니다.

(**영화 클립 #2**: 구명보트에서 생존을 위한 싸움이 벌어지는데, 결국 파이와 파커 호랑이만이 살아남게 된다. 파이가 파커를 죽이려고 해보지만 자신이 역부족이란 것을 깨닫고 공존하는 방법을 선택한다. 그러다가 둘은 서로 가까워진다. 그런데 다시 폭풍우가 몰아치자, 둘은 파도에 표류를 당하면서 지속적인 고난을 겪는다)

고난으로 인해 결국 파커가 지쳐서 쓰러지자 파이가 파커에게 다가가서 물을 먹여주려고 애씁니다. 그런데 얼마 후, 또다시 거센 폭풍우가 몰아치면서 이제 파이는 자신의 힘과 능력으로는 아무것도 할 수 없다는 한계를 깨닫고 절대자에게 기도하기 시작합니다.

그럼 여기서 파이가 보여준 종교관을 살펴보면, 그는 어렸을 때 힌두교, 이슬람교, 기독교 등의 다양한 종교에 관심을 가지고 이러한 종교들의 영향을 받으면서 성장했습니다. 그러나 그가 처절한 고난 가운데 인간의 한계를 느꼈을 때, 그는 우주 만물의 절대자에게 나아갔음을 알 수 있습니다. 결국, 그는 극심한 고난의 여정 속에서 하나님께 의지하며 하나님과의 깊은 교감을 경험하게 된 것입니다. 그러자 얼마 후, 폭풍우는 지나가고 바다에는 다시 평온함이 찾아옵니다. 파이는 무서운 파도와 폭풍의 위력도 결국 하나님의 권능 안에서 겸손해지는 모습을 보고 나서야 하나님이 얼마나 위대하신지를 깨닫게 됩니다. 여러분, 이처럼 하나님은 고난 속에서도 우리와 함께하시며, 우리가 극복 할 수 있는 힘과 능력을 주십니다. 따라서 우리 그리스도인들은 하나님은 우리의 상상을 뛰어넘는 전능자이시며, 우리의 모든 삶을 주관하시는 존재이심을 확실히 믿고, 그분의 인도하심에 순종해야 합니다.

(**영화 클립 #3**: 거대한 파도와 싸우던 파이는 더 이상 자신은 아무것도 할 수 없다는 한계를 느끼고, 결국 하나님 앞에 나아가 기도하기 시작한다. 그런데 얼마 후, 폭풍우는 사라지고, 바다에는 다시 평온함이 찾아온다)

마지막에는 파이와 파커가 구명보트에 쓰러져 표류하다가 멕시코 어느 해안가에 도착하게 됩니다. 그런데 파커가 갑자기 일어나 먼저 모래사장에 뛰어내리더니 유유히 숲속으로 사라집니다. 한편 파이는 의식을 잃은 채 해안가에 쓰러져 있다가 누군가에 의해 발견되어져 병원으로 이송되고, 얼마 후 깨어납니다. 여기서 우리가 깨달을 수 있는 것은 하나님은 특정한 틀에 갇혀 계신 분이 아니라, 언제 어디서나 우리의 삶을 선한 길로 인도하신다는 것입니다. 따라서 우리 그리스도인들은 고난이 찾아와도 원망하거나 슬퍼하지 말고, 하나님께 진실한 믿음과 소망으로 나아가야 합니다.

(**영화 클립 #4**: 파이와 파커가 구명보트를 타고 표류하다가 멕시코 어느 해안가에 다다르게 되자, 파커는 구명보트에서 뛰어내려 숲속으로 사라지고, 해안가에 쓰러져 있던 파이는 누군가에 의해 발견되어 병원으로 이송되어 깨어난다)

　사랑의 성도 여러분, 우리는 인생을 살아가면서 언제든지 고난을 겪게 됩니다. 그런데 여기서 우리가 분명하게 깨달아야 할 것은 고난도 하나님께 속한 것이기에 우리는 하나님의 주권과 섭리를 인정하고 겸손한 자세로 나아가야 합니다. 그리하면 고난 뒤에는 우리가 영적으로 더욱 성숙해지고, 나아가서는 하나님이 우리를 축복의 길로 인도하신다는 것을 믿으시기 바랍니다. 오늘 영화에서도 파이는 극심한 고난 가운데서 자신의 한계를 인정하고 하나님의 주권과 섭리에 자신을 맡기면서 결국에는 자신의 생명을 구원받을 수 있었습니다. 여러분, 오늘 본문의 욥과 주인공 파이는 고난의 산 증인으로서 또 하나의 영적 깨달음을 던져주고 있습니다. 어떠한 고난 속에서도 오직 소망을 잃지 않고 하나님만을 바라볼 때, 우리는 결국 영생과 축복의 길로 갈 수 있다는 것을 믿으시기 바랍니다.

7) 주제: 사명(Mission)

(1) 영화설교를 위한 메시지 플랫폼 작성

■ 성경 본문에 관한 내용

- 본문: 사도행전 20장 17~27절

- 제목: 죽음보다 위대한 사명

- 목표:

  a. 그리스도인의 위대한 사명은 영혼 구원과 복음 전파임을 강조한다.

  b. 그리스도인은 복음을 위해 자신의 목숨까지도 희생할 수 있음을 깨닫게 한다.

- 본문의 중심 메시지:

  a. 바울은 영혼을 살리는 그리스도의 복음을 전하기 위해서 죽음도 두려워하지 않았다.

  b. 바울은 예수님으로부터 받은 사도로서의 사명을 다하기 위해 오직 성령의 권능에 의지하는 삶을 살았다.

■ 영화에 대한 기본 방향

  – 주제: 사명의 길

  – 신학적인 메시지:

  a. 그리스도인의 사명은 하나님의 복음을 전하는 삶을 사는
     것이다.

  b. 진정한 그리스도인은 고난 가운데서도 죽음을 두려워하지
     않고 믿음으로 헌신한다.

  – 영화 사전적 검토 방향:

  인류가 사는 세상은 지금도 세계 곳곳에서 전쟁이 끊이지 않
  고 있으며, 또한 세계 역사는 전쟁으로 점철되어 왔다. 그래서
  지금도 전쟁으로 인해 무고한 생명이 죽어가고 있으며, 앞으로
  도 이러한 전쟁은 끊임없이 계속될 것이다. 그러나 우리 그리
  스도인들은 생명의 소중함을 최우선의 가치로 생각하고, 이 세
  상에서 한 생명을 구원하는데 최선을 다해야 한다. 왜냐하면,
  인간의 생명은 하나님이 주셨기 때문에 한 생명이라도 전쟁으
  로부터 보호되고 지켜야 하기 때문이다. 그리고 하나님께서는
  온 인류가 창조 세계의 질서에 따라 화평하고, 평화롭게 살아
  가라고 명령하셨음을 기억해야 한다. 그러므로 영화는 이러한
  하나님의 사명을 위해 전쟁의 위험으로부터 한 생명이 소중하

다는 것을 보여주어야 한다.

- 영화 제목과 줄거리

　a. 피터 스펜서 감독의 '위대한 임무'

[사진 7]　위대한 임무

　b. 영화의 줄거리:

　　영화는 독일군의 점령 하에 있던 1940년대 초반의 네덜란
　　드를 배경으로 시작된다. 그 당시 나치의 유대인 학살은 네
　　덜란드의 모든 도시를 공포의 도가니로 몰고 간다. 이에 한

스를 비롯한 많은 네덜란드 대학생들이 독일군의 침탈에 반기를 들고 저항운동에 참여한다. 그들은 저항군 조직인 '틴에이지 아미(Teenage Army)'를 만들어, 하나님의 뜻에 순종하는 것이 기독교의 사명이라고 말한다. 이러한 가운데, 한스는 저항 세력들의 편지를 전달하는 중요한 사명을 맡기 위해서, 교회 목사의 신분증을 만들어 소지한다. 아미 중에는 피트와 아티가 연인 사이였는데, 아티의 요청으로 피트가 유대인들을 보호하는 일에 동참하게 된다. 한편 시계 수리점을 운영하던 코리 텐 붐여사는 자신의 집을 개조해서 유대인을 보호하는 일에 앞장서고, 위험한 가운데에서도 아미들의 비밀 활동을 적극적으로 돕는다.

그러던 어느 날, 유대인들의 선생이었던 유시도 이곳으로 피신하게 되는데, 그들은 기독교와 유대교의 논쟁으로 한바탕 소동이 벌어지기도 한다. 그들 논쟁의 주제는 생명이 우선인가, 거짓말 안 하는 것이 우선인가였다. 결국, 생명이 우선이라는 것에 공감하면서 그들은 유대인들의 생명을 보호하는 일에 동참한다. 한편 아티는 부모를 잃은 유대인 아이들을 위해서 보육원을 운영하고 있었는데, 독일군의 래만 대령은 이에 대한 불만을 가지고 있었기에 언제 무슨 짓을 할지 모르는 위험한 인물이었다. 게다가 시간이 가면 갈수록 독일군들은 저항군에게 서서히 박해를 가하면서 어떻게 해서든지 유대인들을 색출해서 죽이려고 한다. 그래서 독일군들은 대대적으로 가택수색을 하고, 많은 유대인을 붙잡아 간다. 그러나 젊은 대학생 아미들이 대피하고 있던 코리 여사의 집은 다행히 피해갔다.

얼마 후, 한스가 자신 집에 잠시 들렸는데, 갑자기 독일군들이 들이닥치자, 한스가 마루 밑으로 숨는다. 그런데 한스는 아버지가 독일군들에게 심문을 받다가 나치당에 가입하게 된 것을 알고 매우 낙심한다. 또한 한스와 동료들은 자신들의 내부에 독일군과 소통하는 간첩이 있다는 것을 알고, 그가 누구인지를 찾으려고 노력한다. 이러한 가운데 저항군들은 독일군이 유대인을 학살하기 위해 그들을 트럭에 태우고 이동한다는 것을 알게 된다. 이에 한스와 동료들은 독일군의 트럭이 다리 위를 지날 때, 폭파하는 작전을 세우게 된다. 그런데 한스와 피트는 동료인 라스가 수상한 행동을 하는 것을 목격하고 그를 불러 다그친다. 그 결과, 라스가 독일군의 간첩이었다는 것을 알게 되자, 그들은 라스를 역으로 이용하여 독일군을 교란하는 작전을 지시한다. 이

작전이 성공함으로써 많은 유대인들을 구출해 낸 다. 한스와 피트는 이처럼 생명을 구하는 일이 얼마나 소중 한 것인지를 다시 한 번 깨닫게 된다. 그들은 이것이 하나님의 뜻이고, 하나님이 주신 사명이라고 말한다. 그러던 중, 한스는 독일군에게 붙잡히게 되면서 심한 고문을 당한다. 그러나 한스는 끝까지 저항군의 비밀을 독일군에게 누설하지 않는다. 결국 한스는 유대인들과 함께 강제수용소로 끌려가다가, 자신의 쪽지를 여자 친구 미즈에게 건넨다. 그 쪽지에는 "사랑하는 미즈에게, 다시 만날 그날을 위해 기도해 줘"라고 적혀 있었다.

한편 피트와 동료들은 독일군 사령부를 침입하여 신분증, 배급표, 현금 등을 탈취하는데 성공하지만, 결국 독일군들에게 발각되어 쫓기게 된다. 그러던 중, 동료인 프랭크가 지붕에서 떨어져 사망하는 사건이 발생한다. 프랭크가 사망하게 되자, 저항군 내부에서는 강력한 반발들이 나타난다. 그러나 피트는 동료의 무모한 희생이 있다고 할지라도 옳은 일이라면 반드시 실행해야 한다고 주장한다. 며칠 후, 피트는 독일군 래만 대령이 보육원의 유대인 아이들을 집단 학살한다는 계획을 입수하게 된다. 이에 피트는 보육원

원장으로 있는 여자친구 아티에게 전화를 걸어 아이들을 빨리 대피시키라고 알려준다. 아티가 아이들을 대피시키는 동안, 피트는 독일군 트럭을 탈취하여 동료들과 함께 보육원으로 향한다. 한편 아티는 모든 아이들은 도피시키려고 했으나, 마지막 순간에 한 아이가 사라진 것이다. 그때, 피트가 도착해서 사라진 아이를 찾으려고 헤매다가 결국 피트는 독일군에게 붙잡히고 만다.

한편 체포된 한스는 유대인 강제수용소에 끌려가 의사 오피스에서 타자기를 치고 있는데, 갑자기 독일군이 들이닥쳐 한스와 함께 있던 의사에게 독일어로 질문을 한다. 이에 의사가 뭐라고 답변하자, 그들이 돌아간다. 이에 한스가 의사에게 당신이 무슨 말을 했느냐고 묻자, "너는 폐결핵 환자라고 말했기 때문에 곧 풀려나게 될 것"이라고 말해준다. 하지만 독일군에게 체포된 피트와 동료들은 결국 사형장으로 끌려가게 되는데, 피트가 동료에게 "그리스도인들에게 가장 큰 사랑은 친구를 위해 목숨을 버리는 것이다"라고 말하자, 동료가 "지금은 우리를 구하러 오는 사람은 없겠지?" 하며 묻는다. 그러자 피트는 "그분이 우리를 구원하셨잖아" 하고 말한다. 이에 동료가 "이것이 끝이 아니라 시작인 거야"라며 응답한다. 잠시 후, 피터와 동료들은 모두 독일군의 총에 사형을 당한다. 그리고 영화의 마지막에는 한스가 고향으로 돌아오게 되는데, 그는 돌아와서도 계속해서 저항군 활동을 한다. 그리고 한스는 고문에 못 이겨 나치당에 가입했던 자신의 아버지도 조국 네덜란드를 위해 저항군을 지휘했다는 사실을 뒤늦게 알게 된다.

- 영화 선정 이유

첫째, 죽어가는 한 생명을 구하는 일에 최선을 다하는 사명을 잘 보여준다.

둘째, 세상의 불의에 맞서 정의를 위해 싸우는 모습을 감동적으로 보여준다.

셋째, 조국을 위해 죽음을 두려워하지 않는 진정한 그리스도인의 참모습을 잘 보여준다.

- 영화의 시놉시스는 설교문에 삽입시켰다.

(2) 설교문

여러분, 우리나라의 대표적인 CCM인 '사명'이란 노래가사를 보면, "주님이 홀로 가신 그 길, 나도 따라가오, 모든 물과 피를 흘리신 그 길을 나도 가오, 험한 산도 나는 괜찮소, 바다 끝이라도 나는 괜찮소, 죽어

가는 저들을 위해 나를 버리길 바라오, 아버지 나를 보내주오, 나는 달려가겠소, 목숨도 아끼지 않겠소, 나를 보내주오"라고 쓰여져 있습니다.

이 가사 중에서 "험한 산도 나는 괜찮소, 바다 끝이라도 나는 괜찮소, 죽어가는 저들을 위해 나를 버리길 바라오,"라는 표현은 하나님이 주신 사명을 자신의 생명을 바쳐서라도 끝까지 감당하겠다는 순종과 결단을 나타내고 있습니다. 그런데 여기서 한 가지 짚어 볼 것은 오늘날 우리 그리스도인들이 과연 이러한 믿음과 헌신의 사명자로 살고 있는가 하는 것입니다.

고린도전서 3장에서 바울은 그리스도인들을 3가지 타입으로 분류하는데, 신령한 자, 육신에 속한 자, 불신자로 구분하고 있습니다. 즉 신령한 자는 성령의 충만함으로 인해 하나님의 권능과 도우심에 따라 성령의 열매를 맺고 오직 하나님의 말씀에 순종하며 살아가는 사람들을 말합니다. 그리고 육신에 속한 자는 성령은 받았지만, 아직 어린아이와 같은 영적 수준에 머물러 있는 자들로 그들은 성령에 의지하지 않고, 세상적인 생각과 방법에 의지하며 살아가는 자들을 말합니다. 그렇기 때문에 그들은 세상 사람들과 구분되지 않습니다.

마지막은 불신자들로서 그들은 예수 그리스도를 영접하지도 않았기에 성령과는 관계가 없습니다. 따라서 그들은 오직 인간적인 정욕과 이기심으로 살아가는 자들을 말합니다. 따라서 바울이 강조하기를 참된 그리스도인은 신령한 자로서 성령의 충만함과 권능 안에서 오직 하나님의 말씀에 순종하며 살아가야 한다는 것입니다. 이러한 바울의 사명자로서의 자세가 오늘 본문 사도행전 20장에서도 잘 나타나고 있는데, 바울은 예수님으로부터 부르심을 받은 이래, 오직 하나님의 복음을 전하며, 자신의 목숨을 바쳐서라도 한 영혼을 구원하는 일에 최선을 다하겠다고 강조합니다. 그럼, 오늘 본문 중에 사도행전 20장 17~21절까지를 보겠습니다. 지금 바울은 예루살렘으로 가기로 결심하고 그 여정에서 에베소 교회를 방문을 할 수 없다고 판단하고, 에베소 교회의 장로들을 밀레노로 불러 고별설교를 하면서 지난 3년 동안 자신이 어떻게 사역했는지를 간증합니다.

첫째, 바울은 유대인의 간계로 인해 고난과 시험이 컸지만, 겸손과 눈물로 주를 섬겼다고 말합니다.

둘째, 바울은 에베소 성도들에게 유익한 것이라면, 하나도 빼놓지 않고, 오직 그리스도의 복음을 전하고 가르쳤다고 증거합니다. 여기서 성도들에게 유익한 것이란 그리스도인으로서의 올바른 삶을 살라는 가르침이었다고 말합니다.

셋째, 바울은 유대인이나 헬라인들에게 가르친 것은 오직 회개와 믿음이었다고 말합니다.

결론적으로 바울 자신은 하나님의 사명자로서 충실했음을 강조하면서 에베소장로들에게도 하나님의 충성스러운 종이 되라고 권면합니다.

22절을 보면, 바울은 "보라 이제 나는 성령에 매여 예루살렘으로 가는데"라고 시작하는데, 여기서 바울은 모든 일을 결정하고 행동하는데 있어 오직 성령님께 매여 있다는 것을 강조합니다. 이것은 바울이 성령의 인도하심에 따라 참된 그리스도인의 삶을 살아가고 있음을 증거하는 것입니다. 그럼 성령의 인도하시는 삶은 어떠한 삶일까요? 그것은 성령님의 계획에 따라 살아가는 삶입니다. 그래서 지금 바울은 성령의 인도하심에 따라 예루살렘으로 가는 것을 결정했다고 말합니다. 왜냐하면, 성령의 절대적인 간섭과 계획에 의해서 자신을 예루살렘으로 가도록 했기 때문이라는 것입니다. 그러면서 바울은 거기서 무슨 일을 당할지 모르나, 성령이 자신에게 가르쳐준 것은 오직 결박과 환난이 기다릴 것이라고 말했다는 것입니다.

그럼에도 불구하고 자신은 예루살렘으로 가는데, 거기서 어떠한 고난과 시련이 닥쳐도 두려워하지 않겠다고 결단합니다. 그러면서 24절에서는 "내가 달려갈 길과 주 예수께 받은 사명 곧 하나님의 은혜의 복음을 증언하는 일을 마치려 함에는 나의 생명조차 조금도 귀한 것으로 여기지 아니하노라"는 확신을 보여줍니다. 여기서 바울은 자신의 사명을 "주 예수께 받은 것"으로 표현하고 있는데, 이것은 자신의 뜻이 아니라 하나님의 뜻에 의해 주어진 것임을 강조하는 것입니다. 따라서 하나님의 사명은 자신의 생명을 바쳐서라도 순종해야 한다는 것을 가르쳐주고 있는 것입니다.

성도 여러분, 세상에서 생명만큼 귀한 것이 어디 있습니까? 예수님도 마태복음 16장 26절에서 "사람이 만일 온 천하를 얻고도 제 목숨을 잃으면 무엇이 유익하리요 사람이 무엇을 주고 제 목숨과 바꾸겠느냐?"하고 말씀하십니다. 대부분의 사람들은 자신 생명이 제일 귀하다고 생각하겠지만, 바울은 자신의 생명보다 더 귀한 것이 있었는데, 그것은 바로 복음 전도의 사명이었습니다.

25절부터 27절까지를 보면, 바울은 에베소 교회의 장로들에게 지금까지는 자신이 복음을 전하면서 이곳저곳을 다녔기 때문에 당신들을 만날 수 있었지만, 이제는 자신이 죽을 수도 있으므로 다시는 얼굴을 볼 수 없을 것이라고 마지막 인사를 전합니다. 따라서 지금 바울은 자신의 죽음을 각오하고, 이러한 고별설교를 하는 것입니다. 그러면서 바울은 복음을 전할 때, 자신은 사명자로서의 책임을 다했기 때문에 더는 부끄러움이 없다고 강조합니다. 이에 대한 증거로 바울은 "여러분께 증언하거니와 모든 사람의 피에 대하여 내가 깨끗하다"고 말합니다. 이것의 의미는 바울 자신이 그만큼 최선을 다해 복음을 전했다고 증거하는 것입니다. 그리고 27절의 "꺼리지 않고"라는 의미는 하나님의 뜻을 전함에 있어서 자신은 물러서지 않았고 당당했다는 것입니다. 즉 바울은 어떠한 고난과 핍박 가운데서도 올바른 복음을 전하는데, 최선을 다했음을 강조하고 있습니다. 왜냐하면, 당시 이단들은 바울이 전한 복음을 왜곡시키면서 많은 비난을 했기 때문입니다. 그럼에도 불구하고 바울은 복음 전하면서 하나님의 뜻을 올바르게 전했다고 증거합니다.

사랑의 여러분, 바울은 다메섹 도상에서 부활하신 예수님을 만난 후, 그는 하나님의 복음을 전하는 사명에 자신의 생명을 걸었습니다. 또한 그는 죽음을 두려워하지 않기 때문에 예루살렘으로 향한다고 말합니다. 왜냐하면, 이것이 하나님의 뜻이라고 믿었기 때문이라는 것입니다. 여러분, 우리 그리스도인들도 하나님의 사명을 받은 자들입니다. 따라서 우리도 사명자로서 부끄러움이 없는 삶을 살아야 한다는 것을 다시 한 번 깨달으시기 바랍니다.

그럼, 지금부터는 피터 스펜서 감독이 연출한 "위대한 임무"라는 영화와 함께 말씀을 나누도록 하겠습니다. 제2차 세계대전 당시, 네덜란드를 점령한 독일군이 유대인을 학살한다는 계획이 알려지자, 한스를 비롯한 네덜란드의 대학생들은 '틴에이지 아미'라는 비밀 조직을 결성하여 유대인을 보호하는 사명을 수행하게 됩니다. 그들은 시내에서 시계 수리점을 하는 토리 여사의 집을 개조해서 함께 기거하며 저항운동을 하게 됩니다. 그러던 중, 그들 간에 논쟁이 벌어지는데, 주제는 윤리적인 관점에서 볼 때, 인간의 생명이 우선인가? 거짓말하지 않는 것이 우선인가?를 놓고 논쟁이 벌어집니다. 다시 말해 이것은 기독교와 유대교 간의 율법에 관한 논쟁이었습니다. 그 결과, 그들은 생명이 우선이라는 것에 모두가 동의하게 됩니다. 왜냐하면 인간의 생명은 하나님께 속해 있기 때문이라는 것입니다, 이에 대한 근거는 창세기 1장 27을 보면 "하나님이 자기 형상 곧 하나님의 형상대로 사람을 창조하시되 남자와 여자를 창조하시고"라고 기록하고 있습니다. 따라서 인간은 창조주 하나님의 형상대로 지음을 받았기에 인간의 생명은 무엇보다 소중하고 고귀하다는 것입니다. 그러므로 진정한 그리스도인들은 기독교의 본질인 생명존중의 사상을 근본으로 하면서 한 사람의 생명을 구하는 일에 자신을 희생하고 헌신하여야 하는 것입니다. 이에 지금 네덜란드의 틴에이지 아미들도 유대인들의 생명을 구하는 일에 사명감을 가지고 독일군에게 저항을 하게 됩니다.

(**영화클립 #1**: 제2차 세계대전 당시 네덜란드의 대학생들은 '틴에이지 아미'라는 비밀 조직을 만들어서 독일군에 저항하게 된다. 즉 그들은 독일군들이 학살하려는 유대인들을 구출하는 작전을 수립한다)

상부의 명령에 따라 독일군 지휘관인 래만 대령은 유대인들 색출에 혈안이 되어 체포하려고 합니다. 그래서 그는 어떻게 해서든지 유대인들을 잡아들이라고 명령을 내립니다. 이로 인해 수많은 유대인이 강제수용소로 끌려가게 되는데, 한스와 피트를 비롯한 저항군들은 독일군의 트럭을 공격하여 유대인들을 구출해 냅니다. 그들은 자신의 죽음을 무릅쓰고 유대인들의 생명을 살리는 일에 최선을 다합니다. 이에 반해 독일군들은 인류 역사에서 가장 잔인한 행위를 저지르는데, 그들은 악독한 세력입니다. 하나님은 시편 37편에서 범죄자들이나 행악자들은 반드시 저주하시고, 멸망케 하신다고 말씀하십니다. 따라서 하나님의 저주와 심판은 반드시 성취되는 진리입니다. 그러니까 독일군은 인간의 존엄성과 생명의 가치를 무시하고 하나님의 말씀에 불순종하는 자들인 것입니다. 반면에 이러한 악한 세력에 저항하는 네덜란드 대학생들은 진정 약한 자들을 위해 자신의 생명을 바쳐서 싸우는 참된 그리스도인들인 것입니다.

(**영화클립 #2**: 독일군은 수단과 방법을 가리지 않고, 유대인을 색출해서 강제수용소로 끌고 간다. 이에 저항군들은 유대인들을 호송하는 독일군의 트럭을 공격하여 수많은 유대인을 구출해낸다)

대학생 아미 한스가 독일군에게 체포되어 심한 고문을 당합니다. 그러나 그는 끝까지 저항군에 대한 비밀 정보를 누설하지 않습니다. 한편 피트와 동료들은 독일군 사령부를 공격함으로써 신분증, 배급표, 현금 등을 탈취하는데 성공하지만, 작전 수행 중에 독일군들로부터 발각되어 쫓기다가, 동료인 프랭크가 지붕에서 떨어져 사망하는 사건이 발생합니다. 이로 인해 저항군 내부에서는 비판의 소리도 나왔지만, 피트는 무모한 일이라고 할지라도 옳다고 생각하면 감행해야 된다고 말합니다. 한편 피트는 독일군 래만 대령이 보육원의 유대인 아이들을 학살하고자 한다는 계획을 알게 되자, 여자 친구인 아티에게 연락하여 아이들과 함께 빨리 도피하라고 말합니다. 이에 아티는 아이들과 함께 도피하였으나, 피트는 없어진 한 아이를 찾다가 그만 독일군에게 붙잡히고 맙니다.

여러분, 우리가 살아가는 세상에는 세 가지 타입의 사람들이 있습니다. 첫째는 아무런 목적도 없이 살아가는 사람인데, 이러한 사람은 인생의 의미나 가치에는 관심이 없고, 아무런 생각 없이 살아갑니다. 둘째는 자신만을 위해 사는 사람인데, 그들은 철저히 자신의 이익을 위해서 살기 때문에 다른 사람에 대해서는 관심이 없습니다. 이러한 사람들을 에고이스트라고 부릅니다. 셋째는 사명감을 가지고 살아가는 사람입니다. 이러한 사람들은 인생에 대한 사명이 있기에 인생의 의미나 가치를 중요하게 생각합니다. 지금 네덜란드의 대학생들은 바로 세 번째의 사람들로써 그들은 자신의 목숨을 희생하더라도 생명을 살리는데 자신의 사명을 다하고자 하는 것입니다. 하나님은 바로 이러한 사람들을 찾고 계십니다. 예수 그리스도가 자신의 생명을 바쳐서 우리 같은 죄인들을 죄로부터 구원하셨듯이 지금 네덜란드의 대학생들은 유대인들을 구하기 위해 이와 같은 위대한 임무를 감행하고 있는 것입니다.

(**영화클립 #3**: 저항군 한스가 독일군에 체포되어 심한 고문을 받게 되고, 작전 중에 동료 프랭크가 사망하자, 저항군 내에서는 갈등이 표출된다. 한편 피트는 독일군들이 유대인 고아들을 학살하려 한다는 정보를 입수하고, 여자친구인 아티에게 아이들을 데리고 빨리 도피하라고 알려준다. 그러나 피트는 잃어버린 한 아이를 찾다가 독일군에게 체포된다)

체포되었던 한스는 포로수용소의 한 의사의 도움으로 풀려납니다. 그러나 피트와 동료들은 독일군들에게 붙잡혀서 결국 사형장으로 끌려갑니다. 그런데 사형장으로 가는 도중에 피트가 동료에게 그리스도인들에게 가장 큰 사랑은 친구를 위해 목숨을 버리는 것이라고 예수님의 복음을 전합니다. 그리고 피트는 사형장에서 동료들에게 "예수님이 우릴 구원하셨잖아"하고 마지막 고별의 말을 하자, 옆에 있던 동료는 "이것이 끝이 아니라 시작이잖아"라고 말합니다. 여러분, 이들의 모습에서 우리는 진정한 그리스도인이 누구인가를 깨닫게 됩니다. 그리고 죽음을 당하면서도 이것이 마지막이 아니라 새로운 시작이라는 유언의 말이 마치 예수님이 십자가에서 하신 말씀처럼 가슴에 전해 옵니다. 여러분, 이와 같은 모습에서 그들의 사명은 한 사람의 생명을 지키고 사랑을 실천하며 정의를 위한 싸움을 멈추지 않는 것임을 보여줍니다. 자신의 생명을 버리면서까지 하나님의 뜻을 따랐던 이들의 이야기는 오늘날 우리들에게도 깊은 영적 도전과 감동을 가져다줍니다.

(**영화클립 #4**: 저항군들 중에 피터와 동료들은 독일군에게 붙잡혀서 결국 총살을 당하게 된다. 하지만 남은 동료들은 계속해서 독일군에 저항하면서 한 생명을 구하는 사명에 최선을 다한다)

사랑의 여러분, 예수님은 하나님의 사명을 다 이루시고 이 세상을 떠나시면서 자신의 사명을 제자들에게 위임하며, 모든 민족에게 복음을 전하라는 위대한 사명을 주셨습니다. 이에 바울은 오늘 본문에서 자신의 죽음을 두려워하지 않고, 오직 하나님 나라의 복음을 전하는 사명에 온전히 헌신하는 모습을 보여줍니다. 여러분, 우리도 바울처럼 그리스도의 사명을 받은 자들입니다. 따라서 오늘날 우리도 주님께 받은 사명을 충실히 감당하며, 삶의 중심을 복음 전파에 두고 한 영혼을 살리는 일에 최선을 다하여야 할 것입니다.

8) 주제: 인종차별(Racial Discrimination)

(1) 영화설교를 위한 메시지 플랫폼 작성

- 성경 본문에 관한 내용
  - 본문: 야고보서 2장 1~9절

- 제목: 차별 없는 세상!
- 목표:

  a. 사람을 차별하는 것은 죄라는 것을 깨닫게 한다.

  b. 모든 인간을 동등하게 사랑하는 것이 하나님의 계명임을 강조한다.

- 본문의 중심 메시지:

  a. 참된 믿음을 가진 자들은 행동으로 나타나야 한다.

  b. 사람 차별은 하나님의 법을 어기는 죄이다.

■ 영화에 대한 기본 방향

- 주제: 인종 차별은 죄

- 신학적인 메시지:

  a. 모든 사람은 하나님 앞에서 평등하고 동등하다.

  b. 예수 그리스도의 사랑에는 아무런 차별이 없다.

- 영화 사전적 검토 방향:

  현재 우리가 살아가는 세상은 인종간에 서로 차별하고, 차별을 당하는 경우가 많이 발생하고 있다. 하지만, 성경에서는 이러한 인종차별은 죄이며, 하나님의 법을 어기는 행위라고 경고한다. 따라서 영화는 차별로 인해 고통받으며 사는 사람들을 통

하여 더 이상은 인종, 계급, 성별 등에 의해 차별되어서는 안
된다는 것을 보여주어야 한다.

- 영화 제목과 줄거리

   a. 제프 니콜스 감독의 '러빙'

[사진 8] 러빙

   b. 영화 줄거리:

영화는 1950년대 말 미국의 버지니아 주를 배경으로 하고
있다. 밀드레드가 "나 임신했어"라고 말하자, 이 말을 들은
리처드가 "잘 됐네."하며 기뻐한다. 이처럼 리처드와 밀드

레드는 사랑하는 평범한 커플이었지만, 그 당시, 버지니아에서는 흑백 인종 간에는 결혼이 법적으로 허락되지 않았다. 어느 날, 리처드가 밀드레드에게 한 에이커의 땅을 샀다고 하면서, 이곳에 집을 짓겠다고 말한다. 그런 다음, "나하고 결혼해 줄래"라며 청혼을 한다. 하지만 그들은 버지니아주법 아래서는 결혼을 할 수 없었으므로 워싱톤 D.C로 가서 결혼식을 올리고 부부가 되어 돌아온다. 그러나 첫 날 밤에 버지니아 경찰관들이 자고 있던 두 사람의 침실에 들어가 손전등을 비추면서 리처드에게 "왜 흑인 여자와 함께 누워 있어?"하며 두 사람을 연행해 간다. 그런 다음, 두 사람은 유치장에 갇히게 된다. 다음 날, 리처드는 보석으로 풀려났지만, 밀드레드는 다음 주 월요일 재판 때까지 기다려야만 했다. 리처드가 이에 대해 항의를 했지만, 보안관은 오히려 리처드에게 "위법인 것을 알면서, 왜 이런 짓을 했냐?"라고 하면서 화를 낸다. 월요일이 되자, 밀드레드가 재판을 받고, 보석금을 냄으로써 석방된다. 하지만 두 사람이 함께 있는 것은 불법이었으므로 어쩔 수 없이 헤어지게 된다. 그날 밤, 리처드는 몰래 밀드레드가 있는 집으로 가서 포옹을 한다. 밀드레드가 리처드에게 "앞으로 우리는 어떻게 되는 거야"라고 묻자, 리처드가 "잘 될 거야"라고 하며 그녀를 안심시킨다.

며칠 후, 그들은 그 지역에서 가장 유명한 변호사를 선임해서 법정에 서게 되는데, 판사는 죄를 인정하면 형 집행은 피할 수 있다고 하면서, 결혼을 취소하거나 25년 동안 버지니아를 떠나 있거나 둘 중에 하나를 선택하라고 명령한다. 그래서 두 사람은 가족과 이별하고 고향 버지니아를 떠나 워싱턴 D.C.로 이주한다. 거기서 그들은 새로운 삶을 시작하는데, 추운 겨울이 찾아온다. 밀드레드가 리처드에게 우리 첫 아이는 엄마가 받아주시면 좋겠다고 말하자, 리처드는 아내의 출산을 위해 버지니아로 간다. 남들의 눈을 피하기 위해 리차드는 밀드레드를 차 뒷좌석에 담요를 쓰고 숨어 있게 하다가 다른 차로 갈아타게 하고, 자신은 따로 가서 나중에 합류한다. 결국 밀드레드는 첫 아이를 엄마 집에서 출산한다.

그런데 이러한 사실을 안 누군가가 경찰에 고발함으로써 두 사람은 다시 연행되어 버지니아 법정에 서게 된다. 변호사는 법정에서 재판장에게 자신이 이들 부부에게 말을 잘못 전해서 이러한 상황이 벌어졌다고 증언하면서 선처를 호소한다, 이에 리처드 부부는 재판장의 선처로 풀려나 워싱턴 D.C.로 되돌아간다. 그 후, 이들 부부는 세 명의 아이들을 낳고 평범하게 살아간다.

그러던 어느 날, 밀드레드는 리처드에게 오늘 아이가 길에서 놀다가 자동차 사고가 발생해 다쳤다고 말하면서, 이제는 더 이상 이렇게 위험한 도시에서 아이들을 키울 수 없다고 하면서 불평을 한다. 이에 리처드는 버지니아로 돌아갈 결심을 했지만, 버지니아로 돌아가지 못하고 버지니아 경계선에 집을 짓고 새로운 삶을 시작한다.

이러한 가운데, TV에서는 흑백 인종간의 차별이 이슈화가 되고 사회 문제로 부각되면서 흑인들의 시위가 고조된다. 이에 리처드 부부는 인권 변호사인 코헨의 도움을 받아 버지니아주와 법정 싸움을 시작하게 되는데, 1차 재판에서는 패소한다. 그러자 리처드는 더는 재판을 하지 않겠다고 결심한다. 그러나 밀드레드는 포기하지 않고 법정 투쟁을 계속하겠다는 의지를 보인다. 이러한 가운데 주위에서는 리처드에게 밀드레드와 이혼하라고 권유하자, 리처드는 이를 거부하면서 밀드레드에게 "난 당신을 끝까지 지켜줄 거야" 하며 눈물을 보인다. 즉 리처드는 모든 것이 어렵고 힘든 상황이었지만, 끝까지 아내와 함께한다는 사랑의 마음을 표현한 것이다.

추운 겨울날, 리처드 부부와 변호사들이 함께 있는 자리에서 코헨 변호사가 좋은 뉴스가 있다면서 말을 꺼낸다. 그것은 리처드 부부의 건을 대법원에서 최종적으로 심리하기로 했다는 소식이었다. 이에 변호사들은 기적과 같은 일이 일어났다고 하면서 기뻐했지만, 오히려 리처드는 반감을 표현하면서 자신은 결코 법정에 서지 않을 것이라고 말한다. 그런데 며칠 후, 리처드는 코헨 변호사에게 "난 아내를 사랑한다."라는 말을 대법원에 꼭 전해 달라고 말한다. 대법원 재판이 열리던 날, 법정에서 코헨 변호사가 재판관들에게 "인종차별은 가장 악랄한 법이다", "인종간에 결혼도 인간의 기본적인 권리다"라고 하면서 흑백인종 결혼 금지법의 부당성을 피력한다. 그 결과, 코헨 변호사가 밀드레드에게 대법원 재판에서 승소했다는 사실을 전화로 알려주자, 밀드레드가 "기쁜 소식이네요, 감사해요"하며 얼굴에 미소를 짓는다.

- 영화 선정 이유

첫째, 인간의 가장 기본적인 권리인 결혼에 대한 인종차별의 문제를 잘 보여준다.

둘째, 모든 인간은 하나님 앞에 동등하며 존엄하다는 것을 깨
닫게 해준다.

셋째, 인종차별은 죄이며, 하나님의 법을 어기는 것임을 잘 지
적하고 있다.

- 영화의 시놉시스는 설교문에 삽입시켰다.

(2) 설교문

현재 미국에서의 인종차별은 과거에 비해 법적, 제도적으로 많이 완
화되었지만, 인종들 간의 불평등이나 차별은 구조적, 사회적 차원에서
여전히 존재하고 있습니다. 게다가 이러한 인종차별로 인해 미국은 아
직도 심각한 사건과 사고가 자주 발생하는데, 어떤 경우에는 인종차별
을 넘어서 인간차별과 같은 참혹한 상황이 벌어지기도 합니다. 그래서
지금 미국 정부는 민권법(Civil Rights Act)을 통하여 사람들이 차별하지
않을 권리들을 보장하고 있는데, 이것은 인종과 성별에 대한 차별을 금
지하도록 한 법입니다.

그럼 여기서 우리가 한 가지를 생각해 볼 수 있는 것은 세상에는 다
양한 차별이 있는데, 차별은 차이와는 의미가 다르다는 것입니다. 차이
는 영어로 Difference이고, 차별은 Discrimination입니다. 이것을 인종

차별의 관점에서 요약하면, 차이는 인정할 수 있지만, 차별은 있을 수 없다는 것입니다. 부연해서 설명하면, 인종차이, 남녀차이는 있을 수 있지만, 인종차별, 남녀차별은 있어서는 안 된다는 겁니다. 그런데 아직도 세상 사람들은 다양한 차별을 하면서 살고 있습니다. 그들은 차별이 옳지 않다는 것을 알면서도 차별을 합니다. 지금 한국에 와 있는 많은 외국인 이주 노동자들을 한번 보십시오.

얼마 전에 한국의 인권위원회가 발표한 설문 조사에 의하면, 그들이 겪고 있는 사회적 차별은 아주 심각한 수준이라는 것입니다. 그리고 언론 보도에 따르면, 한국인들이 외국인 노동자들에게 행하는 차별적 행위는 언어로 비하를 한다든지, 채용을 거부한다든지, 또는 임금에 대한 불이익을 주는 등, 각종 불의와 불법을 저지르고 있다는 겁니다. 그래서 한국 사회는 차별이 너무 심하다는 불평과 원망의 소리가 점점 더 높아가고 있는 것이 현실입니다.

그럼, 오늘 본문 야고보서 2장 1절을 보면, "내 형제들아 영광의 주 곧 우리 주 예수 그리스도에 대한 믿음을 너희가 가졌으니 사람을 차별하여 대하지 말라"고 권고합니다. 지금 야고보는 예수 그리스도를 믿는 자는 사람을 차별해서는 안 된다고 경고하고 있습니다. 그 이유는 차별하는 것이 믿음의 본질과는 모순이 되기 때문이라는 겁니다.

지금으로부터 야고보가 활동했던 시기는 2천년 전의 상황인데, 그 당시에도 차별이 교회 내에서 문제가 되고 있는 것을 알 수 있습니다. 그럼, 여기서 말하는 차별은 구체적으로 무엇을 말하는 것입니까? 이를 개역 한글에서 보면, "내 형제들아 영광의 주 곧 우리 주 예수 그리스도를 믿는 믿음을 너희가 받았으니 사람을 외모로 취하지 말라"고 기록하고 있는데, 차별은 바로 외모를 의미합니다. 즉 외모는 외적인 조건으로 인종, 나이, 직업, 성별, 직위, 재산 등을 말합니다. 그래서 바울은 고린도후서 10장 7절에서 "너희는 외모만 보는도다. 만일 사람이 자기가 그리스도에게 속한 줄을 믿을진대 자기가 그리스도에게 속한 것 같이 우리도 그러한 줄을 자기 속으로 다시 생각할 것이라"하고 권면하는데, 여기서도 바울은 고린도 교인들에게 사람을 외모만 보고 차별하지 말라고 가르치고 있습니다. 따라서 오늘 본문에서 야고보가 "사람을 차별하여 대하지 말라"는 말씀도 외적인 조건으로만 보고 사람을 차별해서는 안 된다는 것을 강조하는 것입니다. 그런데 문제는 이러한 차별은 인류 역사가 시작된 이래 아직도 해결되지 않고 있는 숙제인 것입니다.

이어서 본문 2~3절을 보면, "만일 너희 회당에 금가락지를 끼고 아름다운 옷을 입은 사람이 들어오고 또 남루한 옷을 입은 가난한 사람이 들어올 때에 너희가 아름다운 옷을 입은 자를 눈여겨보고 말하되 여기 좋은 자리에 앉으소서 하고 또 가난한 자에게 말하되 너는 거기서 있든지 내 발등상 아래에 앉으라 하면", 여기서는 야고보가 회당에 예배를 드리러 온 다른 두 사람을 대비하면서 한 사람은 금가락지를 끼고 아름다운 옷을 입은 부자이고, 다른 한 사람은 남루한 옷을 입은 가난한 자라고 이야기합니다. 그런데 성도들이 이 두 사람을 외모만 보고 차별하다는 것인데, 부자로 보이는 자에게는 호의적으로 대하고, 가난한 자에게는 아주 불친절하게 대한다는 것입니다. 이에 야고보는 이러한 겉모습만으로 사람을 대하는 것은 잘못된 태도라고 경고하고 있습니다.

4절을 보면, 야고보가 성도들을 향하여 "너희끼리 서로 차별하며 악한 생각으로 판단하는 자가 되는 것이 아니냐?"라고 질책하는데, 이에 대한 이유는 9절에서 분명히 밝히고 있습니다. "만일 너희가 사람을 차별하여 대하면 죄를 짓는 것이니 율법이 너희를 범법자로 정죄하리라." 따라서 사람을 차별하는 것은 결국 하나님의 법을 어기고, 하나님 앞에 죄를 짓는 것이기 때문에 이에 대해서는 하나님의 심판이 있을 것을 선포하고 있습니다. 그러므로 외적인 조건만으로 사람을 차별하는 것은 "악한 생각"이며, 이것은 하나님의 공의와도 어긋나는 것입니다. 또한 바울은 갈라디아서 3장 28절에서 "너희는 유대인이나 헬라인이나 종이나 자유인이나 남자나 여자나 다 그리스도 예수 안에서 하나이니라"고 가르치는데, 이 말씀은 그리스도 안에서 차별은 사라지고, 누구든지 믿는 자들은 동등한 관계임을 강조한 것입니다. 그러므로 우리 그리스도인들은 성도들을 사랑과 존중으로 대하고 하나된 공동체로서 살아가야 하는 것입니다. 그리고 나아가서 모든 인간은 하나님의 형상대로 지음받았으므로 모든 인간은 하나님 안에서 평등하고 존엄하다는 것을 인정해야 합니다.

이어서 8절을 보면, "너희가 만일 성경에 기록된 대로 네 이웃 사랑하기를 네 몸과 같이 하라 하신 최고의 법을 지키면 잘하는 것이거니와", 여기서는 야고보가 하나님의 율법을 들어서 이웃을 내 몸과 같이 사랑하라고 권면하는데, 이것은 궁극적으로 차별없이 성도들을 사랑하라는 것입니다. 왜냐하면, 차별은 결국 하나님의 법을 어기고 하나님 앞에 범법자가 되기 때문입니다. 여러분, 누군가를 차별하는 것이 죄라고 생각해 보신 적이 있습니까? 아마 대부분은 이러한 생각을 하지 않으리라 판단됩니다. 왜냐하면, 저부터가 그런 생각을 해 본 적이 없기 때문입니다. 그러나 여기서 우리가 중요하게 생각해야 할 것은 하나님은 살인하거나, 도둑질하거나, 간음하는 것만이 죄가 아니고, 누군가를 차별하는 것도 죄라고 말씀하는 것입니다.

사랑의 여러분, 그리스도의 사랑에는 차별이 없습니다. 따라서 교회 공동체는 그리스도 안에서 모두가 평등하고 동등합니다. 물론 우리 각자는 생김새도 다르고, 성별도 다르고, 나이도 다르고, 성격도 다르고, 받은 은사도 다릅니다. 이러한 차이가 있을 수 있지만, 차별은 있어서는 안 됩니다. 왜냐하면, 하나님은 우리 각자를 평등하고 존엄한 존재로 인정하셨고, 하나님이 선택한 자녀로 삼아주셨기 때문입니다. 따라서 우리는 믿음 안에서 차별 없는 세상을 만들어 가야 합니다. 이것이 하나님의 공의이며, 하나님의 질서입니다.

그럼, 지금부터는 제프 니콜스 감독이 연출한 러빙이라는 영화와 함께 말씀을 나누도록 하겠습니다. 이 영화는 1950년대 말, 미국 버지니아주 캐롤톤이라는 작은 도시를 배경으로 하고 있습니다. 밀드레드가 "나 임신했어."하고 말하자, 리처드가 기뻐하면서 "잘됐네." 하고 말합니다. 그러나 문제는 당시 버지니아주를 포함한 미국의 여러 주에서는 백인과 흑인간의 결혼은 불법이었습니다. 이에 리처드와 밀드레드는 워싱턴 D.C.으로 가서 결혼식을 올리고 버지니아로 돌아옵니다. 그러나 첫날 밤, 한밤 중에 경찰관들이 집안에 들이닥쳐 두 사람을 체포하여 연행해 갑니다. 체포 이유는 흑백인종 간에 결혼금지법을 어겼기 때문이라는 겁니다. 여러분, 이러한 법은 인간의 기본적인 존엄성과 권리를 무시하는 부당한 환경에서 이루어진 것입니다. 따라서 이것은 하나님의 창조 질서를 거부한 것이며, 나아가서는 인간의 존엄성과 권리도 무시한 악법인 것입니다. 하나님은 인간을 하나님의 형상대로 지으셨다고 분명히 말씀하고 있으며, 모든 인간은 누구든지 동등하며 평등하다는 것이 하나님의 진리인 것입니다.

(**영화 클립 #1**: 1950년대 말 버지니아 주, 밀드레드가 임신했다고 말하자, 리처드가 기뻐한다. 그러나 버지니아주는 흑백 인종 간에 결혼이 법으로 금지되어 있었기에 두 사람은 워싱톤 D.C.로 가서 결혼식을 올리고 버지니아로 돌아왔는데, 그날 밤, 경찰관들에 의해 연행되어 간다)

결국 리처드 부부는 버지니아 법정에서 재판을 받게 되는데, 재판관은 리처드 부부에게 결혼을 취소하든지, 아니면 최소 25년 동안 버지니아를 떠나든지 선택을 하라는 명령을 내립니다. 이에 리처드 부부는 버지니아를 떠나, 워싱턴 D.C.로 이주하게 됩니다. 그런데 얼마 후, 밀드레드의 출산이 가까워 오자 리처드 부부는 버지니아로 와서 아이를 낳았는데, 이로 인해 다시 법정에서 재판을 받고 쫓겨납니다. 여러분, 이러한 인종차별은 오늘날에도 끊임없이 일어나고 있습니다. 현재 우리 주위에서도 보면, 아직도 많은 사람들이 차별 속에서 고통 받고 살아가고 있습니다. 지금 한국 사회를 한번 보십시오. 한국에 와 있는 많은 외국인 노동자들이 한국은 차별이 너무나 심하다고 불평합니다. 그리고 미국은 인종차별이 과거보다 많이 사라졌다고 하지만 아직까지 법적, 제도적, 사회적으로 여전히 차별이 다양한 형태로 존재하며, 이는 사회 전반에 걸쳐서 드러나고 있습니다. 그러나 오늘 본문에서 보면, 사람을 차별하는 것은 분명히 하나님의 법을 어기는 죄라고 말씀합니다.

(**영화 클립 #2**: 리처드 부부가 흑백 인종간의 결혼금지법으로 인해 버지니아 주에서 쫓겨나 워싱턴 D.C.로 간다. 그런데 얼마 후, 밀드레드가 버지니아주로 와서 아이를 출산했는데, 이것도 불법이었으므로 리처드 부부는 다시 쫓겨난다)

그 후, 리처드 부부는 워싱턴 D.C.에서 살아가는데, 세월이 흐를수록 불만이 커집니다. 이러한 가운데 언론에서는 인종차별을 문제로 삼아 이슈화시키자, 흑인들의 시위가 고조됩니다. 이에 리처드 부부는 인권 변호사인 코헨의 도움을 받아 버지니아주와 법정 싸움을 시작하게 되는데 1차 재판에서는 패소합니다. 그러자 리처드는 더 이상 재판하는 것을 원하지 않았으나, 밀드레드는 포기하지 않습니다. 이러한 가운데 주위에서는 리처드에게 밀드레드와 이혼하라고 권유하자, 리처드는 이를 거부하면서 밀드레드에게 "난 당신을 끝까지 지켜줄 거야"하며 눈물을 흘립니다. 여러분, 하나님은 남자와 여자를 통하여 한 몸을 이룰 것이라고 하시면서 부부라는 거룩한 하나의 공동체를 창조하셨습니다. 그리고 하나님께서는 인간들에게 생육하고 번성하고, 서로 화목하고 사랑하라고 가르치셨습니다. 그러므로 부부는 한 몸이 되어 가정을 이루고 하나님의 창조의 질서 속에서 하나님의 뜻을 이루어 나가야 하는 것입니다. 그러나 지금 리처드 부부는 인종 차별의 문제로 인해 단순히 사회적 부당함을 넘어, 하나님께서 창조하신 가정과 인간의 존엄성이 어떻게 왜곡되고 파괴되는지를 보여줍니다.

(**영화 클립 #3:** 흑백 인종간의 차별 문제가 사회적으로 이슈화하자, 리처드 부부는 인권 변호사 코헨의 도움으로 법정 투쟁을 벌였으나, 결국 패소한다. 이에 주위에서는 리처드에게 이혼하라고 권유하지만, 리처드는 끝까지 아내 밀드레드를 지킬 것을 다짐한다)

얼마 후, 리처드 부부와 변호사들이 함께 대화를 나누는 중에, 코헨 변호사가 좋은 뉴스가 있다고 하면서 리처드 부부의 건이 대법원에서 재판하기로 결정되었다고 말합니다. 그러자 변호사들은 기적과 같은 일이 일어났다고 기뻐했지만, 리처드는 탐탁하게 생각하지 않으면서 결코 자신은 법정에 서지 않을 것이라고 말합니다. 그런데 대법원 재판 일자가 다가오자, 리처드는 변호사에게 "난 아내를 사랑한다."고 법정에 전해 달라고 말합니다. 재판 당일, 법정에서 코헨 변호사는 흑백간에 인종차별은 가장 사악한 법이라고 주장을 합니다. 그리고 리처드 부부는 승소하게 됩니다. 여러분, 흑백 인종간의 결혼금지법은 하나님의 관점에서 보면, 당연히 존재해서는 안 되는 부당한 법입니다. 하나님 앞에 모든 사람은 존엄하며 동등하게 존중 받아야 한다는 것이 하나님이 인간을 창조하신 질서인 것입니다. 오늘 영화에서 보여준 리처드 부부의 사랑은 인종과 사회적 편견을 초월한 진정한 사랑의 참 모습을 보여줍니다.

(**영화 클립 #4**: 리처드는 더 이상 법정 투쟁을 하지 않으려고 한다. 그러나 밀드레드는 끝까지 포기하지 않고, 법정 투쟁을 함으로써 결국 대법원에서 승소한다)

사랑의 여러분, 하나님은 사람들을 차별하는 것은 죄라고 말씀하십니다. 맞습니다. 차별은 바로 죄입니다. 그런데 오늘날에도 이러한 차별은 계속되고 있습니다. 오늘 본문에서 야고보는 분명하게 가르치고 있습니다. "사람을 차별하여 대하지 말라.", "사람을 차별하는 것은 죄이고, 차별하는 자는 범법자이다"라고 경고합니다. 여러분, 예수님을 보십시오. 예수님은 부자와 가난한 자, 남자와 여자, 지위가 높은 자와 낮은 자, 유대인이나 헬라인, 누구에게나 모두 평등하게 대해주셨습니다. 이것이 예수 그리스도가 보여준 사랑의 본질입니다. 그러므로 하나님 나라의 원리는 차별이 없습니다. 하지만 세상의 원리는 차별이 있습니다. 따라서 우리 그리스도인들은 하나님 뜻에 따라 삶을 살아야 합니다. 이것이 하나님이 원하시는 창조의 질서입니다.

9) 주제: 구원(Salvation)

(1) 영화설교를 위한 메시지 플랫폼 작성

■ 성경 본문에 관한 내용

  - 본문: 누가복음 19장 1~10절

- 제목: 잃어버린 영혼을 찾아서
- 목표:
  a. 예수님은 한 영혼의 구원을 중요하게 여기심을 강조한다.
  b. 구원은 행위나 공로가 아니라 하나님의 은혜로 이루어진다는 것을 깨닫게 한다.
- 본문의 중심 메시지:
  a. 자신의 죄를 진정으로 회개하는 자는 구원에 이르게 된다.
  b. 구원 받은 자는 삶의 변화를 가져온다.

■ 영화에 대한 기본 방향
  - 주제: 구원의 확신
  - 신학적인 메시지:
    a. 구원은 행위가 아니라 하나님의 사랑과 은혜의 증거이다.
    b. 고난 속에서도 믿음 안에서 회개하는 자는 하나님이 구원의 길로 인도하신다.
  - 영화 사전적 검토 방향:
    우리는 인생을 살아가면서 많은 사람을 만나고 헤어진다. 그중에는 필연적인 만남도 있지만, 우연의 만남도 있다. 그러나 우리 인생에서 정말 중요한 만남은 예수 그리스도와의 만남이다.

왜냐하면, 예수 그리스도는 우리의 인생을 완전히 달라지게 할 수 있기 때문이다. 따라서 우리 그리스도인들은 늘 예수님과 함께함으로써 변화와 성숙으로 나아가는 것이 가치있고 의미 있는 삶인 것이다. 그러므로 영화는 어렵고 힘든 가운데서도 예수 그리스도를 믿고 영접함으로써 구원 받은 진정한 신앙인의 모습을 보여주어야 한다.

- 영화 제목과 줄거리

    a. 캔트릭 형제 감독의 '오버커머(Overcomer)'

[사진 9] 오버커머

b. 영화의 줄거리:

길거리에서 해나가 헤드폰을 훔쳐서 도망을 간다. 이를 발견한 남학생들이 그녀를 쫓아가 보지만 붙잡지 못한다. 지역 경제의 파탄으로 인해 인구가 감소하자, 브룩셔 고등학교는 학생들이 다른 도시로 이주하면서 학생수가 급감한다. 이에 올리비아 교장은 학교 농구팀 코치인 존을 불러서 농구팀이 해체되었으니 새로 신설된 크로스컨트리팀의 코치직을 맡아달라고 권유한다. 존은 처음에는 이를 거절했지만, 고민 끝에 교장의 제안을 받아들이고, 크로스컨트리 선수모집 공고를 낸다. 그런데 유일한 지원자는 현재 천식을 앓고 있는 해나였다. 존은 해나의 기본적인 체력을 테스트한 후, 올리비아 교장에게 현재 해나의 몸 상태로는 선수 활동을 하기가 힘들다고 말한다. 이에 올리비아는 해나가 타 학교에서 달리기 선수로 활동하다가 우리 학교로 전학을 왔기 때문에 한 명이지만 잘 키워 달라고 부탁한다. 첫 훈련이 시작되는 날, 존과 아내 에이미는 해나의 기록을 보고 그리 나쁘지 않다고 생각한다. 훈련이 끝나자, 에이미가 해나를 집에까지 데려다주면서 부모님을 뵙고 싶다고 말하자, 해나가 이를 거절한다. 그 이유는 해나는 현재 부모님이 안 계셨고, 할머니와 살고 있기 때문이었다. 그런데 해나가 떠나고 난 뒤, 존은 에이미에게 자신의 시계가 없어졌다고 말한다.

그날 밤, 존은 마크 목사와 함께 병원 봉사활동을 가게 되는데, 병원에서 우연히 토마스라는 환자를 만나게 된다. 토마스는 존에게 자신은 오랫동안 당뇨를 앓았기에 현재 시력을 잃은 상태라고 하면서 가족이 없는거나 마찬가지라고 말한다. 이에 존은 자신은 부룩셔 고등학교의 농구코치 겸 역사 교사라고 소개한 후, 이번에 학교가 농구팀을 해체시키는 바람에 신설된 크로스컨트리팀을 맡게 되었다고 말한다. 그러자 토마스는 자신이 예전에 크로스컨트리 선수였고, 주 대회에 출전하여 3위까지 입상한 적이 있다고 말한다. 이에 존은 반가워하면서 토마스에게 도움을 달라고 요청한다. 그러자 토마스는 흔쾌히 언제든지 병원에 오라고 말한다. 그리고 얼마 후, 존은 교육위원회로부터 급여삭감이라는 통지서를 받게 되자, 매우 낙심하면서 아내에게 코치를 그만 두겠다고 말한다. 그러나 에이미는 존을 위로하면서 그러지 말라고 설득해 보았지만, 존은 분노를 참지 못하고 소리를 지른다. 이에 에이미가 눈물을 흘리면서 "당신을 사랑해"라고 말하자, 존도 "사랑해"하면서 두 사람은 극적으로 화해한다.

그 후, 존은 다시 토마스가 있는 병실을 찾아간다. 그런데 토마스가 존에게 갑자기 "당신은 누구냐?"라고 묻는다. 존이 당황해서 횡설수설하자, 토마스가 존에게 같은 질문을 계속한다. 그러니까 지금 토마스는 존이 그리스도인으로서 올바른 정체성을 가지고 있는지를 시험해 본 것이다. 머뭇거리던 존이 "난 그리스도인"이라고 말하자, 그때서야 토마스가 존에게 "당신은 지금 주님이 우선이 아니다"라고 하면서, "지난번에 당신이 나를 위해 기도하겠다고 했는데, 정말 기도했냐?"하고 묻는다. 존이 아니라고 대답하자, 토마스는 다시 존에게 "그리스도 안에서 당신의 정체성을 분명히 깨닫게 되면, 세상이 완전히 다르게 보일 것"이라고 충고한다. 이에 존은 큰 충격을 받게 된다. 며칠이 지난 후, 존은 다시 토마스를 찾아가서 "지금까지 자신은 위선자로 살아온 것 같다"고 고백하자, 토마스는 "나도 마찬가지였다"라고 하면서 "주님은 3년 전에 내가 세상을 바르게 볼 수 있게 하려고 나의 시력을 빼앗아 갔다"라고 하면서 자신의 과거를 솔직하게 고백한다. 이어서 토마스는 지금으로부터 15년 전에 여자 친구와 사귀다가 아이를 낳았는데, 그 여자 친구가 출산하면서 사망을 했다고 말한다. 그래서 자신은 그 아이를 책임지기 싫어서 그 아이의 외할머니한테 맡겼는데, 그 아이는 딸이었다고 말한다. 존이 토마스의 고백을 듣고 있다가 깜짝 놀란다. 그 이유는 토마스가 바로 헤나의 아빠일 수도 있다는 생각이 들었기 때문이다. 그래서 존은 이 사실을 아내에게도 말하고 나서 다음날 올리비아 교장을 찾아가 말한다. 그 말을 들은 올리비아는 존에게 자신이 어렸을 때부터 헤나의 엄마와 친구였기에 그러한 사실을 이미 알고 있었다고 말한다. 그러면서 올리비아는 존에게 헤나를 크로스컨트리 선수로 잘 키워달라고 부탁한다. 며칠 후, 존은 헤나에게 토마스에 대한 이야기를 하면서 "네가 원한다면 아버지도 널 만나고 싶어 한다"라고 전한다. 처음에는 헤나가 이를 거부했으나, 생각이 바뀌면서 존에게 아버지를 만나겠다고 말한다. 그러자 존은 헤나와 함께 토마스의 병실로 간다.

토마스가 헤나를 만나게 되자, 무척이나 기뻐한다. 그러나 헤나는 토마스가 앞을 보지 못한다는 것을 알게 되자, 낙심하고 병실을 나가버린다. 그리고 헤나는 한동안 아버지에 대한 충격으로 실의에 빠져 훈련에도 참여하지 않는다. 존은 해나를 만나서 상처를 위로도 하고, 달래주기도 해보지만, 해나가 마음의 문을 열지 못한다. 이러한 갈등을 겪던 해나가 다시 토마스의 병실을 찾아가서 아버지는 왜 이렇게 됐냐고 묻는다. 이에 토마스는 예전에 하나님께 많은 죄를 지었기 때문이라고 하면서 너를 버린 것을 용서해 달라고 말한다. 그러면서 토마스는 이제 자신은 주님 앞에 모든 것을 회개하고 주님께 맡겼다고 말한다. 이에 해나는 "이해는 가지만 용서는 쉽지 않네요."라고 말한다. 해나는 토마스와 만남 이후, 변화되기 시작하는데, 올리비아의 권유로 해나는 성경을 읽고, 기도도 하면서 자신이 지은 죄를 회개한다. 그 후, 해나는 자신이 훔쳤던 물건들을 하나씩 주인들에게 돌려준다. 그런 다음에, 해나는 자신이 용서받은 것에 대해 하나님께 감사하면서 "이젠 나도 아빠를 용서할 수 있어요"하며 고백한다.

이러한 사실을 알게 된 외할머니는 존과 에이미를 찾아가서 해나의 인생에 다시는 관여하지 말라고 하면서 화를 낸다. 이러한 사건들이 있었음에도, 해나는 크로스컨트리 주 챔피언 대회에 참여하게 되는데, 이번 대회에서는 선수들이 이어폰을 사용할 수 있게 되자, 존은 해나가 토마스의 목소리를 들으면서 달릴 수 있게 한다. 경기가 진행되자, 토마스는 달리고 있는 해나에게 "내 인생에서 최고의 축복은 내 딸을 만나게 된 것이고, 나는 널 위해 주님께 찬양을 한다.", "난 네가 얼마나 자랑스러운지 몰라"라고 하면서 해나에게 힘과 용기를 준다. 드디어 마지막 순간에 해나가 극적으로 우승을 차지한다. 이에 모두가 기뻐하면서 감격한다. 마지막 장면에서는 해나가 병실을 찾아가서 토마스에게 우승 메달을 목에 걸어주자, 토마스가 "주님, 감사합니다." 하면서 마지막 숨을 거둔다.

- 영화 선정 이유

첫째, 자신이 지은 죄를 하나님께 나아가 회개함으로써 구원받는 모습을 잘 보여준다.

둘째, 그리스도인의 정체성이 무엇인지를 깨닫게 해준다.

셋째, 미움과 불신이 용서와 화해로 변화되는 모습 속에서 하나님의 사랑과 은혜를 경험하게 한다.

넷째, 구원에 대한 확신을 감동적으로 보여준다.

- 영화의 시놉시스는 설교문에 포함시켰다.

(2) 설교문

여러분, 경영학이나 심리학. 그리고 자기계발의 관점에서 사람이 성공하기 위해서는 세 가지 요소가 필요하다고 합니다.

첫째는 적절한 사람(Right People)이 필요합니다. 여기서 적절한 사람이란 개인의 능력뿐만 아니라 만나는 사람들과 올바른 인간관계가 이루어질 때, 크게 좌우됩니다.

둘째는 적절한 때(Right Time)를 기다려야 합니다. 이것은 어떤 일을 실행할 때 적합한 기회를 포착하는 것이 매우 중요합니다.

셋째는 적절한 장소(Right Place)에 위치하여야 합니다. 왜냐하면, 자신이 위치한 장소나 환경에 따라 결과에 영향을 받기 때문입니다.

그러므로 이러한 기본적인 세 가지 요소는 성공하는 사람들의 중요한 기초가 됩니다. 따라서 오늘 본문은 삭개오의 모습에서 이러한 기본적인 요건들이 잘 나타나고 있다고 생각됩니다. 하지만, 여기서 또 하나 중요한 것은 자신이 할 수 있다는 믿음의 확신이 바탕에 깔려 있어야 합니다. 그러므로 우리 그리스도인들은 무엇보다도 하나님이 항상 함께 하신다는 것을 믿어야 합니다.

오늘 본문에서는 예수님과 삭개오의 만남이 이루어지면서 놀라운 상황이 벌어지고 있습니다. 여러분, 우리는 인생을 살아가면서 누군가와의 만남은 단순한 사건이 아니라, 우리의 삶을 변화시키고 방향을 제시하는 매우 중요한 역할을 합니다. 노사연 씨가 부른 '만남'의 노래 가사를 보면, "우리 만남은 우연히 아니야 그것은 우리의 바램이었어."라고 시작하고 있는데, 여기서의 만남은 단순히 우연히 이루어진 것이 아니라 어떠한 목적을 가진 필연적인 만남이란 것을 강조하고 있습니다. 이러한 만남을 성경에서는 하나님의 섭리와 계획안에서 이루어진 것이라고 해석하고 있습니다. 그러므로 오늘 본문에서의 예수님과 삭개오의 만남도 하나님의 목적과 계획안에서 필연적으로 이루어진 것입니다.

본문을 보면, 삭개오는 예수님께서 여리고로 들오시는 것을 알고 예수님을 기다리고 있었습니다. 왜냐하면, 바로 앞의 18장에서 예수님 이 여리고에 가까이 가셨을 때, 맹인 바디매오는 예수님이 이곳을 지나가신다는 소식을 듣고, 자신이 가만히 있어서는 아무 일도 일어나지 않을 것을 알았습니다. 그래서 그는 예수님의 관심을 끌기 위해 "다윗의 아들 예수여, 나를 불쌍히 여기소서."라고 크게 소리를 쳤던 것입니다. 이에 예수님은 바디매오를 불러 "보라 네 믿음이 너를 구원하였도다"라고 하시면서 그의 눈을 뜨게 해주셨던 것입니다. 한편, 삭개오는 예수님이 자신이 살고 있는 마을을 지나가신다는 소리를 듣자, 키가 작은 그는 예수님의 얼굴을 보기 위해서 나무에라도 올라가야겠다고 생각한 것입니다. 따라서 이러한 삭개오의 모습을 보면, 그는 적절한 시기에, 적절한 장소에서, 적절한 사람인 예수님을 만나기 위해서 이와 같은 상황을 의도적으로 만든 것인데, 결국 그는 하나님의 계획과 섭리 안에서 구원 받는 놀라운 역사가 이루어진 것입니다.

그럼, 당시 삭개오는 어떠한 사람인지를 살펴보도록 하겠습니다. 삭개오는 세리장이었고, 부자였습니다. 원래 히브리어로 '삭개오'라는 이름은 '순결한', '청결한'이라는 의미인데, 이러한 의미와는 다르게 그는 로마 제국에서 높은 지위인 세리장이었습니다. 그래서 그는 유대인들로부터 민족의 배반자라는 아주 심한 말을 들으면서 지탄받는 대상이었던 것입니다.

그러한 삭개오가 예수님이 여리고에 오신다는 소문을 듣고, 키가 작은 그가 어떻게 하면 예수님의 얼굴을 볼 수 있을까를 생각하다가 돌무화과나무에 올라간 것입니다. 그럼, 3~4절을 보십시오. "그가 예수께서 어떠한 사람인가 하여 보고자 하되 키가 작고 사람이 많아 할 수 없어 앞으로 달려가서 보기 위하여 돌무화과나무에 올라가니 이는 예수께서 그리로 지나가시게 됨이러라." 지금 삭개오는 남들의 조롱거리가 될 수도 있는 상황이었지만, 그러한 조롱은 그에게 아무런 문제가 되지 않았습니다. 삭개오는 세리장이었지만 자존심 같은 것은 다 내려놓고, 오직 예수님의 얼굴이라도 보려고 나무 위에 올라간 것입니다. 예수님은 그러한 삭개오의 모습을 보시고 5절에서 "예수께서 그 곳에 이르사 쳐다 보시고 이르시되 삭개오야 속히 내려오라 내가 오늘 네 집에 유하여야 하겠다 하시니"라고 말씀합니다. 이것을 보면, 예수님은 처음부터 이미 삭개오의 이름을 알고 계셨습니다.

여기서 우리가 깨달을 수 있는 것은 예수님은 삭개오를 만날 계획을 가지시고 의도적으로 찾아오신 것입니다. 비록 그는 죄인으로서 불의한 재물을 쫓고, 동족들로부터 기피를 당하는 대상이었지만, 예수님은 오늘 삭개오의 집에 머무르시겠다고 말씀하십니다. 여러분, 이처럼 예수님은 잃어버린 한 영혼을 구원하기 위해 직접 찾아가신 것입니다. 그러니 삭개오는 얼마나 기뻤겠습니까? 그는 급히 나무에서 내려가 예수님을 영접합니다. 그런데 이를 본 유대인들은 예수님이 어떻게 죄인의 집에 들어가신다고 하느냐고 하면서 수군거립니다. 그들은 지금 예수님이 말씀하신 것에 불만과 원망을 토로하면서 비판합니다. 하지만, 예수님은 지금 삭개오의 마음의 중심을 보신 것입니다. 많은 사람들은 삭개오를 정죄했지만, 예수님은 삭개오의 믿음을 보시고 그를 죄로부터 구원 받게 해 주시려고 오신 것입니다.

결국 삭개오는 자신의 죄를 깨닫고 회개하면서 자신의 재산의 절반을 가난한 사람들에게 나누겠다고 약속합니다. 그리고 만약에 누구의 것을 속여 빼앗은 일이 있다면, 네 배로 갚겠다고 말합니다. 이처럼 삭개오는 예수님을 만남으로써 변화된 모습을 드러낸 것입니다. 그 결과,

그는 용기있는 결단을 내린 것입니다. 왜 그랬을까요? 이제 삭개오는 돈이 중요한 것이 아니라는 것을 깨달은 것입니다. 그는 구원 받는 삶이 자신의 가장 중요한 가치이며 소망이라는 것을 확신하게 된 것입니다. 그러한 삭개오를 예수님은 이미 아셨던 것입니다.

9-10절을 보면 "예수께서 이르시되 오늘 구원이 이 집에 이르렀으니 이 사람도 아브라함의 자손임이로다 인자가 온 것은 잃어버린 자를 찾아 구원하려 함이니라"고 선포합니다. 여기서 예수님은 오늘 본문에서 가장 중요한 핵심적인 말씀을 하신 것인데 "오늘 구원이 이 집에 이르렀다"고 말씀합니다. 즉 예수님은 이제부터 삭개오는 죄인으로 사는 것이 아니라 구원받은 그리스도인으로 새로운 삶을 살게 되었음을 강조하십니다. 이것이 어떻게 가능한 것입니까? 그 이유는 삭개오가 하나님의 사랑과 은혜로 구원 받았고, 나아가서는 아브라함의 자손임을 인정받았기 때문입니다. 따라서 오늘 본문에서 예수님이 이 땅에 오신 궁극적인 목적은 잃어버린 영혼을 찾아, 구원하러 오셨음을 깨닫게 해주고 있습니다.

사랑의 여러분, 바울은 로마서 10장 13절에서 "누구든지 주의 이름을 부르는 자는 구원을 받으리라"라고 선포합니다. 이 말씀은 예수 그리스도를 영접하고 믿는 자는 구원을 받게 된다는 것인데, 우리 그리스도인들은 이 말씀을 믿음으로써 구원받는 것입니다, 그런데 우리들은 왜 구원의 확신이 없이 항상 불안해 할까요? 그것은 구원받았다고 하면서 삶의 변화가 없기 때문입니다. 이것을 기억하시고 삶의 변화를 통해 구원의 확신을 깨달으시기 바랍니다.

그럼, 지금부터는 구원에 대한 주제로 캔드릭 형제가 감독한 '오버커머'라는 영화를 가지고 말씀을 나누겠습니다. 이 영화의 제목을 소개하면, '오버커머(overcomer)'는 영어의 '극복하다. 이기다'의 'overcome'에 'r'을 붙여서 '극복하는 자', '이기는 자'라는 의미입니다.

불량학생인 해나가 부룩셔 고등학교로 전학을 가게 됩니다. 그런데 이 학교는 매년 인구가 감소되면서 학생수도 감소하고 있었습니다. 이러한 상황에서 올리비아 교장은 기존의 농구팀을 해체하고, 크로스컨트리팀을 새롭게 창단하면서 농구팀 코치였던 존 선생에게 크로스컨트리 팀을 맡아달라고 부탁을 합니다. 존은 거절을 하다가 결국 맡게 되는데, 선수는 유일하게 해나였습니다. 존은 해나의 체력 테스트를 한 결과, 현재 천식을 앓고 있다는 것을 알게 됩니다. 이에 존은 교장에게 해나는 선수로서 어렵다고 말했지만, 교장은 해나를 훌륭한 선수로 키워달라고 부탁을 합니다.

그럼 여기서 해나의 신상을 살펴보면, 해나는 어릴 적부터 부모 없는 결손 가정에서 할머니 손에 자라 사회에 대한 반항심 같은 것이 있었고 자신이 버려졌다는 열등감으로 많은 상처를 받게 됩니다. 그러다 보니까 해나는 남의 물건을 훔치고, 학교에서는 친구들과도 잘 어울리지도 못하는 학생이었습니다.

그래서 해나는 달리기 선수를 하면서 자신의 가능성을 찾으려고 했던 것입니다. 여러분, 어렸을 때 부모의 사랑을 받지 못하고 자란 아이들은 자존감이 낮고 열등의식이 있어서 대인 관계도 원만하지 못한 성향을 나타내는 경우가 많다는 것은 통계적으로도 나타납니다. 따라서 해나는 친구도 없이 외톨이로 지면서 반항적인 태도를 보이고 거짓말을 하면서 많은 문제를 야기시킵니다. 그렇지만 존은 해나가 달리기에는 뛰어난 자질을 가지고 있었고, 또한 자신도 해나를 훈련시키면서 신앙적인 훈련을 하면서 해나와 좋은 관계를 유지하려고 노력합니다.

(**영화클립 #1**: 결손 가정에서 자란 해나는 남의 물건을 훔쳐서 도망을 가기도 학교생활에도 잘 적응하지 못한다. 그래서 해나는 전학간 학교에서 크로스컨트리팀에 들어가 존 코치를 만나 지도를 받으며 훈련을 받게 된다)

어느 날, 존은 자신이 다니는 교회의 목사님과 함께 병원 봉사활동을 가게 되는데, 거기서 그는 토마스라는 환자를 만나게 됩니다. 토마스는 현재 당뇨로 인해 시력을 잃은 상태였고, 가족도 없는 상황이라는 것을 알게 됩니다. 존이 토마스에게 자신이 이번에 학교의 크로스컨트리팀 코치를 맡게 되었다고 말하자, 토마스는 예전에 자신이 크로스컨트리 선수였다고 말합니다. 그러자 존은 토마스에게 크로스컨트리에 도움을 달라고 요청을 합니다. 그리고 며칠 후, 존이 토마스를 다시 만났는데, 토마스가 갑자기 "당신은 누구냐?"고 묻습니다. 이에 존이 당황하자, 토마스는 같은 질문을 계속합니다. 존이 "난 그리스도인"이라고 말하자, 토마스가 "당신은 지금 주님이 우선이 아니다"라고 충고합니다.

그럼 토마스는 왜 이렇게 질문을 계속한 걸까요? 그 이유는 존이 참된 그리스도인으로써 올바른 정체성을 가졌는지를 알고 싶었기 때문입니다. 여러분, 마태복음 7장 21절에서 예수님은 주여, 주여, 하는 자마다 천국에 들어가는 것은 아니라고 선포하시는데, 여기서 강조하고자 하는 것은 참된 그리스도인의 정체성은 외식적인 말이나 형식적인 행동을 하지 않고, 오직 믿음으로 하나님 말씀에 순종하는 삶을 사는 자들임을 말하는 것입니다. 반면에 바리새인과 유대의 종교지도자들처럼 거짓되고, 왜곡된 믿음을 가진 자들은 결코 구원 받지 못한다는 것을 가르치신 것입니다. 그러므로 우리 그리스도인들은 형식적이고 외식적인 믿음으로는 절대로 하나님 나라에 들어갈 수 없다는 것입니다.

(**영화클립 #2**: 존은 병원에 봉사활동을 갔다가, 토마스라는 환자를 만나게 된다. 그런데 대화 중에 토마스가 예전에 크로스컨트리 선수였다고 말하자, 존이 토마스에게 도움을 요청한다. 그리고 얼마 후, 존은 토마스를 다시 만

났는데, 토마스가 존에게 "당신은 누구냐?"고 계속 묻자, 존이 당황해 하다가 "난 그리스도인"이라고 대답한다)

며칠 후, 존은 토마스를 다시 찾아가서 "지금까지 자신은 위선자로 살아온 것 같다"고 하며 회개합니다. 이에 토마스도 자신의 과거를 꺼내는데, 15년 전에 자신의 여자 친구가 아이를 출산하다가 사망했다는 겁니다. 그런데, 자신이 그 아이를 책임지기 싫어서 그 아이의 외할머니에게 보냈다고 고백합니다. 그 말을 듣고 있던 존은 토마스가 혹시 해나의 아버지일 수도 있다는 생각을 한 것입니다. 그 후, 존은 이러한 사실을 올리비아 교장에게 말했는데, 결국 토마스가 해나의 아버지라는 사실이 확인이 됩니다. 그리고 존은 이 사실을 해나에게 알려주게 되는데, 해나는 아버지가 자신을 버렸다는 것에 대한 원망으로 토마스와 만나는 것을 거부하다가 결국 만나러 갑니다. 그런데 해나는 토마스가 눈이 보이지 않는다는 것을 알고 낙심을 합니다. 이러한 상황에서 어릴 적 해나 엄마의 친구였던 올리비아 교장은 해나가 그리스도를 믿고, 하나님 말씀 안에서 변화되기를 기원합니다.

그리고 얼마 후, 해나는 성경을 읽고, 예수 그리스도를 영접함으로써 아버지를 용서하게 되는데, "예수님이 저를 용서해 주셨다면, 저도 아버지를 용서할 수 있어요."라고 고백합니다. 즉 해나는 자신이 지었던 죄를 하나님께 나아가 회개함으로써 자신도 예수님의 십자가 사랑으로 용서 받았기에, 아버지도 용서할 수 있었던 것입니다. 여러분, 이처럼 구원은 자신의 행위나 공로로 이루어지는 것이 아니라, 전적으로 하나님의 은혜로 가능한 것입니다.

(**영화클립 #3**: 토마스는 존에게 과거에 자신의 죄를 고백하면서 딸이 하나 있었는데, 자신이 책임지기 싫어서 그 아이의 외할머니에게 보냈다고 말한다. 그의 고백을 듣고 있던 존은 혹시 토머스의 딸이 해나일 수도 있다는 생각을 한다. 그 후, 존은 토마스가 해나의 아버지라는 것이 확인되자, 해나에게 말해준다. 해나는 토마스를 거부하다가, 복음을 받아들이면서 결국 아버지를 용서한다)

드디어 크로스컨트리 주 챔피언 대회가 열리는 날, 이번 대회에서는 선수들이 이어폰을 사용하며 달릴 수 있도록 규정이 바뀝니다. 이에 존은 해나가 토마스의 목소리를 들으면서 달릴 수 있도록 하는데, 토마스가 경기 중에 해나에게 "내 인생에서 최고의 축복은 내 딸을 만나게 된 것이고, 나는 널 위해 하나님께 찬양한다."고 하면서 힘과 용기를 줍니다. 그 결과, 해나가 극적으로 우승을 하게 되는데, 경기 후, 해나가 토마스의 병실로 가서 아버지의 목에 우승 메달을 걸어줍니다. 이에 토마스는 "주님, 감사합니다."라고 말한 후, 마지막 숨을 거둡니다. 여러분,

토마스는 자신이 과거에 저지른 죄를 회개하고, 주님의 품안에서 자신의 생을 마감했습니다. 즉 토마스는 하나님께 불순종과 죄악된 삶을 살았지만, 십자가 보혈로 죄를 용서받고 구원 받은 것입니다. 또한 해나는 아버지로부터 버림받은 상처를 그리스도 안에서 치유하고 회복함으로써 새롭게 태어나 구원 받게 된 것입니다. 그리고 존도 그리스도인으로서의 정체성을 깨닫고, 진정한 신앙인으로 변화됨으로써 구원 받은 삶을 살게 된 것입니다. 따라서 이 영화는 하나님의 은혜와 사랑을 통해 치유와 회복, 용서와 구원 받는 삶이 어떠한 축복으로 다가오는 지를 가르쳐줍니다.

(영화클립 #4: 주 크로스컨트리 경기에서 해나가 극적으로 우승을 차지한다. 그리고 마지막 장면에서는 해나가 병실로 찾아가서 아버지 토마스에게 우승 메달을 걸어주자, 토마스가 "주님, 감사합니다."하면서 마지막 숨을 거둔다)

사랑하는 성도 여러분, 여러분은 진정으로 하나님을 만나셨습니까? 하나님은 지금도 잃어버린 한 영혼을 찾기 위해서 끊임없이 구원의 손길을 내밀고 계십니다. 그래서 오늘 본문에서도 보면, 예수님은 삭개오를 직접 찾아가셔서 먼저 그를 알아보시고, 구원의 손길을 내미신 것입니다. 이것은 예수님이 계획하신 필연의 만남이었습니다. 그리고 오늘 영화에서도 구원은 우리의 노력과 행위로 이루어지는 것이 아니라, 예

수님을 영접하고 그리스도의 복음을 믿을 때, 하나님의 은혜로 이루어
진다는 것을 다시 한 번 깨닫게 합니다.

여러분, 오늘 말씀을 기억하시면서 우리 주위에 아직 구원 받지 못
한 사람이 있다면, 한 영혼의 구원을 위하여 과감하게 복음의 씨앗을 뿌
리기를 축원드립니다.

10) 주제: 화목(Reconciliation)

(1) 영화설교를 위한 메시지 플랫폼 작성

■ 성경 본문에 관한 내용

　－ 본문: 로마서 12장 14~21절

　－ 제목: 아름다운 사람

　－ 목표:

　　a. 화목은 그리스도인이 가져야할 중요한 사명임을 강조한다.

　　b. 선한 영향력을 베푸는 자가 화목한 세상을 만들어 갈 수 있
　　　 음을 깨닫게 한다.

　－ 본문의 중심 메시지:

　　a. 그리스도인들은 악을 선으로 이겨야 한다.

　　b. 그리스도인은 모든 사람과 더불어 화목해야 한다.

c. 원수를 사랑하는 것이 화목한 세상을 만든다.

■ 영화에 대한 기본 방향

- **주제**: 화목한 세상 만들기

- **신학적인 메시지**:

    a. 모든 사람과 화목을 이루는 것이 하나님이 우리에게 원하시는 삶이다.

    b. 선한 영향력이 세상을 화목하게 만든다.

- **영화 사전적 검토 방향**:

우리가 살아가는 세상은 분열과 갈등으로 전쟁을 일으키고, 상대를 미워하며, 나아가서는 살인을 저지르기도 한다. 그러다 보면, 상처를 받기도 하고, 분노를 이기지 못해 돌이킬 수 없는 죄를 저지르기도 한다. 그래서 성경에서는 그리스도를 본받아 악을 악으로 갚지 말고, 모든 사람과 더불어 화목하라고 권면하고 있는데, 이것은 원수를 사랑하고, 용서하고, 선한 영향력을 행사하라는 것이다. 그러므로 그리스도인들은 복음 안에서 희생하며 겸손한 삶을 살아야 한다. 따라서 영화는 이 세상에 선한 영향력을 행함으로써 화목한 세상을 만들어 가는 모습을 보여주어야 한다.

- 영화 제목과 줄거리

a. 미미 레더 감독의 '아름다운 세상을 위하여'

[사진 10] 아름다운 세상을 위하여

b. 영화 줄거리:

비가 세차게 쏟아지는데, 도로에서 인질극이 벌어지고 경찰
들은 대기하고 있다. 잠시 후, 범인은 차를 거칠게 몰면서
다른 차를 박살낸 후, 도망을 간다. 한 기자의 차가 박살나

자, 그가 어찌해야 할 바를 모르고 있는데, 그때, 나이 든 신사가 갑자기 그의 앞에 나타나서 자신의 차 '재규어'를 타고 가라고 키를 건네준다. 그러면서 신사는 기자에게 자신의 차를 가지라고 말한다. 예기치 못한 상황에 기자는 신사를 쳐다 보면서 "좋은 일이지만, 이건 아니라고 생각해요"라고 말한다. 그리고 영화는 4개월 전의 시간으로 플레이백된다.

라스베가스에서 중학교를 다니는 '트레버'는 사회과목 수업을 듣게 되는데, 얼굴에 심한 화상을 입은 유진 시모넷 선생님을 만나게 된다. 선생님은 학생들에게 1년 동안 해야 할 과제를 주면서 주제는 "Think of idea to change our world and put it into action(세상을 바꾸기 위한 아이디어를 내고, 실천에 옮기는 것)"이라고 말한다. 그러자 학생들은 어렵고 힘든 과제라고 하면서 불평을 한다. 그러나 트레버는 진지한 태도로 "그럼, 선생님은 어떤 일로 세상을 바꾸신 적이 있나요?"라고 묻는다. 그러자 시모넷은 잠시 생각을 하다가 "난 밤에 잠을 충분히 자고, 아침을 든든히 먹고, 지각하지 않은 것"이라고 대답한다. 학교 수업이 끝나자, 트레버는 집으로 돌아오는 길에서 한 노숙자를 집으로 데리고 가서 음식을 함께 먹는다. 그런데 직장에서 늦게 돌아온 엄마 알린은 여느 때처럼 술을 마시고 잠자리에 든다. 그럼, 여기서 트레버의 가정환경을 말씀드리면, 트레버는 현재 엄마와 둘이서만 살고 있다. 왜냐하면, 아버지가 엄마에게 자주 폭력을 휘두르고, 집을 나간 상태였기 때문이었다. 그래서 엄마는 혼자 두 군데 직장에서 일하면서 생계를 꾸려나가다 보니 매일 늦게 집에 들어온다. 이러한 생활이 계속되다 보니까, 엄마와 트레버 사이엔 대화도 없어지고, 사이도 멀어지게 된다. 또한 트레버는 엄마가 매일 술을 마시는 것에 대해 불만을 가지고 있었다.

다음 날, 엄마가 일어나 거실로 나갔는데, 갑자기 노숙자가 화장실에서 나오자, 엄마는 깜짝 놀라면서, 노숙자를 집 밖으로 내쫓는다. 이를 본 트레버가 엄마에게 난 지금 과제를 하고 있는 중이라고 하면서 소리를 높인다. 이에 엄마는 학교로 찾아가서 시모넷 선생님을 만나 "도대체 과제가 무엇이냐"고 따진다. 그러자 시모넷은 "세상을 바꾸기 위한 아이디어를 세 가지 제시하는 것"이라고 말해준다. 그날 밤, 엄마가 잠을 자려는데, 차고에서 이상한 소리가 나자, 엽총을 들고 차고로 갔는데, 어제 만난 그 노숙자가 차고에서 고장난 트럭을 고치고 있는 것을 발견한다. 이에 엄마는 소리치면서 빨리 나가라고 하자, 그가 "난 당신 아들 트레버가 돈을 줘서 그 돈으로 옷과 신발을 사 입고, 덕분에 취직도 하게 되었어요. 그래서 나도 지금 도움주기를 하고 있는 거라고 말한다. 그러면서 그가 나도 이제부터 남을 도우며 새로운 삶을 살기로 했어요."라고 말하고는 사라진다.

며칠 후, 트레버는 자신의 "도움주기" 아이디어를 프레젠테이션을 하는데, 그의 아이디어는 어떤 한 사람이 세 사람에게 도움을 주면, 또 그 세 사람이 각각 또 세 사람에게 도움을 주게 한다는 것이다. 이렇게 도움을 반복을 하다 보면, 우리가 사는 세상은 미래에 큰 변화를 가져오게 될 것이라고 말한다. 트레버의 발표를 들은 시모넷은 마치 "유토피아" 같다고 하면서 칭찬한다.

트레버가 집으로 돌아가는 길에, 다시 노숙자를 만나러 갔는데, 이번에는 그가 트레버를 거절한다. 이에 트레버는 낙심하고 집으로 돌아간다. 그래서 트레버는 자신의 첫 번째 프로젝트는 실패했다고 생각한다. 트레버가 두 번째의 프로젝트로 생각한 것은 엄마에게 시모넷 선생님을 소개하는 것이었다. 그래서 트레버는 시모넷에게 쪽지를 전달했는데, 그 쪽지는 마치 엄마가 시모넷에게 보낸 것처럼 하면서 집에 와 달라는 내용이었다. 시모넷이 엄마를 만나기 위해 집으로 찾아갔는데, 엄마는 시모넷에게 당신이 왜 왔는지를 모른다고 말한 것이다. 이에 시모넷이 눈치를 채고, 엄마와 대화를 나눈다. 나중에 엄마가 이 사실을 알게 되자, 트레버를 질책한다. 그러자 트레버는 "난 엄마가 너무 원망스럽다."고 불평하자, 엄마는 갑자기 트레버의 뺨을 때린다. 이로 인해 트레버가 가출을 한 것이다. 엄마는 다급한 나머지 시모넷에게 전화를 걸어 도움을 요청한다. 그리고 두 사람은 밤늦게까지 트레버를 찾으러 다니다가 시모넷이 시외버스 터미널 근처에서 불량배들에게 끌려가는 트레버를 발견한다. 이에 두 사람은 달려가서 트레버를 구해낸다. 그 자리에서 엄마는 트레버에게 "내가 널 때린 건 평생을 두고 후회할 거야. 나도 이젠 술을 끊을 수 있을 것 같아"라고 말하면서 트레버를 포옹한다. 엄마가 시모넷에게 언제 저녁 식사를 함께하자고 제안하자, 시모넷은 엄마 알린의 제안을 거절한다.

그런데 어느 날, 갑자기 시모넷은 알린이 일하고 있는 카지노로 가서 함께 식사를 나눈다. 그 후, 두 사람은 가까워지기 시작하는데, 트레버는 서로 잘 되기를 소망한다. 그 후, 두 사람은 관계가 가까워지자, 알린은 시모넷에게 보다 적극적으로 다가간다. 그러나 시모넷은 그럴 수는 없다고 하면서 거절한다. 다음 날, 알린은 시모넷를 찾아가서 "날 업신 여기느냐? 내가 못 배웠다고 그러느냐? 아니면, 본인의 얼굴 화상 때문에 그러느냐?"하며 따지자, 시모넷은 "당신은 아직 나를 잘 모른다."라고 하면서 충고한다. 결국 트레버의 두 번째 프로젝트도 실패로 돌아가자, 트레버는 좌절하고, 학교에 결석한다. 시모넷이 트레버를 만나서 "왜 학교에 결석했느냐"라고 묻자, 트레버는 자신이 계획했던 세상 바꾸기 3가지 프로젝트가 모두 실패로 돌아갔다고 말하면서 세 번째는 친구 아담을 돕는 것이었는데, 그것도 실패로 끝났다고 말한다. 그러면서 트레버는 시모넷에게 "왜 우리 엄마에게 전화를 하지 않느냐"하며 "당신은 겁쟁이"라고 불만을 토로한다. 그 후, 시모넷은 알린을 직접 찾아가서 만나 사랑을 고백하고, 급격히 가까워지게 된다.

그런데 얼마 후, 트레버의 친 아빠인 리키가 나타난다. 이로 인해 시모넷은 마음에 상처를 입고, 다시 알린과 관계가 멀어지게 된다. 이번에는 알린이 시모넷을 찾아가서 무슨 말을 하려고 하자, 시모넷이 알린의 말을 끊으면서 트레버가 더 이상 상처 받는 것은 용서할 수 없다고 하면서 자신의 과거를 고백한다. 시모넷은 자신이 어렸을 때, 아버지가 엄마를 자주 폭행했는데, 폭행을 말리는 자신을 창고로 데려가서 몸에 휘발유를 뿌리고 성냥불로 불을 붙이는 바람에 이렇게 온 몸에 화상을 입었다고 말해준다. 그리고 얼마 후, 리키는 알린과 트레버의 곁을 완전히 떠난다.

시험이 끝나고, 트레버가 교실에 혼자 남아 있다가 시모넷에게 "우리 엄마에게 다시 기회를 주라"라고 말하자, 시모넷은 "난 더 이상 할 수 없다."고 말한다. 그러던 어느 날, L.A.에서 온 기자가 학교로 트레버를 찾아와서 인터뷰를 하는데, 기자는 트레버에게 당신이 도움을 주었던 노숙인이 자살하려는 한 여자의 생명을 구했다고 말한다. 그리고 기자는 엄마로부터 당신이 실천한 세상 바꾸기 과제에 대한 이야기를 들었는데, 다른 프로젝트는 어떠했냐고 묻는다. 이에 트레버는 "세상은 그렇게 나쁜 것 같지는 않지만, 세상을 바꾸는 것은 정말 힘들다."고 고백한다. 이러한 인터뷰를 옆에서 지켜보고 있던 시모넷은 자신을 회개하면서 알린을 불러내어 다음과 같이 말한다. "난 이제 두려움 속에 시간을 낭비하기 싫어요. 제발 날 속박에서 풀어줘요. 난 당신 없이 못 살아요"라고 하며 포옹을 한다.

트레버가 기자의 인터뷰를 마치고 나오다가, 자신의 세 번째 프로젝트의 주인공인 아담이 불량배들에게 폭행당하는 장면을 목격한다. 트레버가 자전거를 타고 그 곳으로 가서 그들을 말리자, 그들 중의 하나가 칼로 트레버의 배를 찌른 것이다. 이에 트레버는 피를 흘리며 땅에 쓰러진다. 그리고 잠시 후, 911구급차가 와서 트레버를 병원으로 이송했지만, 결국 트레버는 죽음을 맞이하게 된다. 마지막 장면에서는 트레버의 사망 소식을 들은 많은 사람들이 트레버의 집으로 촛불을 들고 모여들기 시작한다. 그리고 그들은 트레버의 죽음을 애도한다. 이 모습을 알린과 시모넷이 보면서 눈물을 흘린다. 그리고 TV에서는 트레버의 인터뷰한 내용이 방송으로 나오게 되는데, "난 자전거를 고치는 것 보다, 사람을 고치는 일을 더 소중하게 생각해요."라는 트레버의 멘트가 들린다. 트레버라는 중학생 한 명의 아이디어로 시작된 '세상 바꾸기' 프로젝트가 미국인들에게 깊은 감동으로 다가간 것이다.

- 영화 선정 이유

　첫째, 한 사람의 선한 영향력으로 세상이 화목해 질 수 있다는 것을 잘 보여준다.

　둘째, 모든 사람과 더불어 화목해지려는 노력이 잘 표현되고 있다.

　셋째, 악을 선으로 이기는 모습과 원수를 사랑하는 모습이 감동적으로 보여준다.

- 영화의 시놉시스는 설교문에 삽입시켰다.

(2) 설교문

화목이란 단어는 영어로 'Reconciliation'으로 표기하는데, 이 단어의 뜻은 '서로 간에 불편했던 관계가 어떤 대가를 교환함으로써 변화되어 다시 회복되는 것'을 의미합니다. 그래서 성경에 보면, 그리스도인들에게 화목의 중요성을 여러 곳에서 강조하고 있는데, 바울은 고린도후서 5장 18~20절에서 화목을 다음과 같이 말합니다. "모든 것이 하나님께로서 났으며 그가 그리스도로 말미암아 우리를 자기와 화목하게 하시고 또 우리에게 화목하게 하는 직분을 주셨으니 곧 하나님께서 그리스도 안에 계시사 세상을 자기와 화목하게 하시며 그들의 죄를 그들에게 돌리지 아니하시고 화목하게 하는 말씀을 우리에게 부탁하셨느니라 그러므로 우리가 그리스도를 대신하여 사신이 되어 하나님이 우리를 통하여 너희를 권면하시는 것 같이 그리스도를 대신하여 간청하노니 너희는 하나님과 화목하라." 이 말씀의 배경에는 우리 인간들은 원래 하나님의 명령을 거부하고, 죄를 지음으로써 하나님과 원수된 자들이라는 것입니다. 따라서 하나님은 예수 그리스도의 희생을 통해 우리 인간과 화목하셨고, 나아가서는 그리스도인들에게도 화목하게 하라는 직분을 주셨다는 것입니다. 그러므로 우리 그리스도인들은 하나님의 명령대로 화목의 사명을 감당해야 하며 화목은 하나님의 핵심 가치임을 깨달아야 합니다.

사랑의 여러분, 그런데 우리는 이 같은 화목의 사명을 감당하는 것이 너무나 힘듭니다. 왜냐하면, 인류의 역사는 전쟁이 끊이지 않고 있기 때문입니다. 지금 세계는 러시아와 우크라이나 전쟁이 계속되고 있고, 또한 이스라엘과 팔레스타인의 전쟁은 수천 년 전에 시작되었는데, 아직도 끝나지 않고 있습니다. 그래서 지금도 무고한 생명들이 계속 죽어가고 있는 상황입니다. 그럼, 왜 이러한 전쟁이 끊이지 않는 것입니까? 이에 대해 영국의 철학자 토마스 홉스는 인간의 자연적 본성이 이기적이고, 자신의 이익만을 위해서 힘쓰기 때문이라고 말합니다. 그런데 그가 주장하는 또 다른 측면을 보면, 인간에게는 또다른 본성이 존재하는데, 그것은 전쟁이나 싸움을 한 뒤에, 다시 화해하고 화목한 관계를 유지하려는 본성도 존재한다는 것입니다. 그러므로 인간은 어떤 본성을 선택하느냐에 따라 전쟁이냐 화목이냐가 결정된다는 것입니다.

여러분, 히브리서 12장 14절에서 보면, "모든 사람과 더불어 화평함과 거룩함을 따르라 이것이 없이는 아무도 주를 보지 못하리라."고 권면하고 있습니다. 그러므로 우리 그리스도인들에게 있어 화목은 선택이 아니라 하나님의 명령인 것입니다. 그 이유는 화평함을 따르는 자가 주를 볼 수 있다고 말씀하시기 때문입니다. 즉 이 말씀은 화평함을 이루는 자가 주님의 자녀가 된다는 것인데, 그럼, 이렇게 하는 것이 쉬운 것일까요? 이것은 결코 쉽지 않습니다. 왜냐하면, 우리가 살아가는 세상은 미움, 시기와 질투, 갈등과 분열로 인해 언제든지 화목하고 화평한 관계가 깨어질 수 있기 때문입니다. 따라서 바울은 오늘 본문에서 화목을 위해서 다음과 같이 강조합니다.

첫째, 14~16절을 보면, "너를 박해하는 자를 축복하라 축복하고 저주하지 말라 즐거워하는 자들과 함께 즐거워하고 우는 자들과 함께 울고 서로 마음을 같이하여 높은데 마음을 두지 말고 도리어 낮은데 처하며 스스로 지혜 있는 체하지 말라". 이것은 그리스도인의 삶의 태도와 공동체 속에서의 관계를 정하고 있는데, 우리 그리스도인들은 박해하는 자를 오히려 축복하고, 자신의 이기심 보다는 이타심으로 남을 배려하고, 항상 겸손하라고 가르치고 있습니다. 여러분, 이게 쉬운 일입니까? 어떻게 박해하는 자를 용서하고 축복까지 할 수 있습니까? 이것은 불가능합니다. 왜냐하면, 인간은 보복심리를 가지고 있고, 근본적으로 타락된 성품을 가지고 있기 때문에 이렇게 하기는 정말 어렵습니다. 그래서 바울은 고린도후서 5장 17-18절에서 "그런즉 누구든지 그리스도 안에 있으면 새로운 피조물이라 이전 것은 지나갔으니 보라 새 것이 되었도다 모든 것이 하나님께로서 났으며 그가 그리스도로 말미암아 우리를 자기와 화목하게 하시고 또 우리에게 화목하게 하는 직분을 주셨으니"라고 강조합니다. 즉 여기서 바울은 누구든지 그리스도 안에 있는 자들은 이제 옛 사람으로부터 새로운 피조물이 되었다는 것입니다. 그리고 하나님은 그리스도를 통해 우리의 관계를 다시 화목을 하게 하셨기에, 우리도 그 화목의 직분으로 모든 사람들과 화목한 관계를 만들어가야 한다는 것입니다.

또한 바울은 로마서 12장 2절에서도 "너희는 이 세대를 본받지 말고 오직 마음을 새롭게 함으로 변화를 받아 하나님의 선하시고 기뻐하시고 온전하신 뜻이 무엇인지 분별하도록 하라"고 말씀합니다. 여기서도 바울은 예수 그리스도 안에서 변화되어 마음을 새롭게 할 때, 이웃과 화목한 관계가 가능할 수 있다는 것입니다. 그러므로 지금 바울이 강조하는 것은 화목을 이루어 가는 것이 진정한 그리스도인들임을 가르치고 있는 것입니다.

둘째, 17~18절을 보면, "아무에게도 악을 악으로 갚지 말고 모든 사람 앞에서 선한 일을 도모하라 할 수 있거든 너희로서는 모든 사람과 더불어 화목하라"고 권고합니다. 지금 여기서 바울이 강조하는 것은 하나님 나라의 원리입니다. 세상의 원리는 악을 행한 자에게 악으로 갚는 것이 통상적이지만, 하나님 나라의 원리는 그렇게 해서는 안 된다는 것입니다. 예수님은 마태복음 5장 44~45절에서, "나는 너희에게 이르노니 너희 원수를 사랑하며 너희를 박해하는 자를 위하여 기도하라 이같이 한즉 하늘에 계신 너희 아버지의 아들이 되리니 이는 하나님이 그 해를 악인과 선인에게 비추시며 비를 의로운 자와 불의한 자에게 내려주심이라"고 말씀합니다. 이것은 예수님이 산상수훈에서 하신 아주 획기적인 말씀으로 그리스도인들은 세상 사람들과는 본질적으로 다르다는 것입니다. 그러므로 원수도 사랑하고, 박해하는 자를 위해서 기도하라고 가르칩니다. 더 나아가서는 악인이나 선인이나, 의로운 자나 불의한 자나 모두에게 조건 없이 사랑을 베풀어야 한다고 가르칩니다. 이처럼 하나님의 사랑과 은혜를 반영하는 삶을 살아갈 때, 그리스도인들은 세상 속에서 화목한 자로서의 사명을 감당할 수 있다는 것입니다. 그리고 오늘 본문에서 "모든 사람 앞에서 선한 일을 도모하라"고 명령하고 있는데, 여기서 모든 사람이란 믿는 자나 불신자 모두를 말하는 것이며, 선한 일을 도모하라는 것은 가난한 형제들을 섬기고, 박해하는 자를 오히려 축복하고, 형제들이 즐거워할 때나 슬퍼할 때 함께 공감하고, 남들 앞에서 항상 겸손하게 행동하라는 것입니다. 이것들은 바로 선한 일을 의미합니다. 그러므로 그리스도인은 악을 선으로 이기고, 모든 사람과 화목을 위해 노력해야 하는 것입니다.

여러분, 성경에서는 예수 그리스도로 말미암아 우리가 하나님과 화목한 관계를 회복할 수 있게 되었고, 믿음의 형제들 간에는 그리스도의 사랑으로 서로 화목할 수 있게 되었다고 말씀합니다. 그러므로 화목은 우리 그리스도인들의 삶에는 반드시 필요합니다. 예수님은 마태복음 5장 9절에서 "화평하게 하는 자는 복이 있나니 그들이 하나님의 아들이라 일컬음을 받을 것임이요"라고 가르칩니다. 그런데 이러한 화목이 쉽지 않기 때문에 불화가 생기고 갈등 관계가 발생합니다. 그러므로 그리스도인들은 자신보다는 항상 남이나 이웃들에게 사랑을 베푸는 삶을 살 때, 화목해 질 수 있다는 것을 기억해야 합니다.

셋째, 19~21절에서 보면, "내 사랑하는 자들아 너희가 친히 원수를 갚지 말고 하나님의 진노하심에 맡기라 기록되었으되 원수 갚는 것이 내게 있으니 내가 갚으리라고 주께서 말씀하시니라 네 원수가 주리거든 먹이고 목마르거든 마시게 하라 그리함으로 네가 숯불을 그 머리에 쌓아 놓으리라 악에게 지지 말고 선으로 악을 이기라." 여기서도 바울이 강조하는 것은 그리스도인들은 원수들에게 직접 보복하지 말고, 하나님께 맡기라는 것입니다. 그 이유는 원수를 갚는 것은 너희에게 속한 것이 아니라, 하나님께 속해 있기 때문이라는 것입니다. 그러므로 이것이 하나님의 선한 가르침이고 화목을 이루는 올바른 방향이라고 강조합니다. 따라서 화목은 그리스도인들이 하나님의 은혜와 사랑에 의지할 때 가능하다는 것입니다. 그리고 바울은 원수가 주리거든 먹이고, 목마르거든 마시게 하라고 명령합니다. 그리하면 원수가 오히려 수치심으로 인해 회개에 이르게 될 것이라고 강조합니다. 결국 이 말씀은 원수를 사랑하라는 것입니다. 그리고 마지막 21절에서는 악에게 지지 말고 선으로 악을 이기라고 권면하고 있는데, 이것은 악을 그대로 인정하고 놔두라는 것이 아니라, 악은 반드시 극복하라는 것입니다. 왜냐하면, 악의 본질은 우리를 죄악의 길로 인도함으로써 결국 멸망으로 인도하기 때문입니다. 그러므로 악한 행위에 악으로 대응하지 말고, 선으로 대응하여 악을 이기는 것이 화목의 핵심이라는 것입니다.

그럼, 지금부터는 미미 레더 감독이 연출한 '아름다운 세상을 위하여'라는 영화를 가지고 오늘의 주제인 화목을 다시 한번 생각해 보도록 하겠습니다. 영화는 라스베이거스의 어느 중학교에서 사회과목을 가르치는 시모넷 선생님이 학생들에게 "세상을 바꾸기 위한 아이디어"를 과제로 제출하라고 말하자, 이에 대부분 학생들은 불평하는데, 트레버는 이를 진중하게 받아들입니다. 학교가 끝나자, 트레버는 집으로 돌아가는 길에 노숙자 한 사람을 자기 집으로 데려가서 함께 음식을 먹습니다. 그런데 직장에서 늦게 돌아온 엄마는 여느 때와 다름없이 술을 마시고 잠에 듭니다.

그럼 먼저 여기서 트레버의 가정환경을 말씀드리면, 트레버는 아버지가 가정 폭력을 휘두르고 집을 나간 상태였기 때문에, 현재 그는 엄마와 둘이서만 살고 있습니다. 그리고 엄마는 혼자 생계를 꾸려나가야 하기 때문에 두 군데에서 일을 하고 있는 상황이다 보니까, 매일 힘들고 지친 상태여서 알코올에 의지하며 살아갑니다. 그래서 트레버는 엄마와 대화가 거의 없는 날들이 계속됩니다. 그러니까 현재 트레버의 가정은 부모의 갈등으로 화목이 깨어진 상태라 트레버는 정서적으로도 불안정하고, 부모의 사랑을 충분히 경험하지 못하는 상태인 것입니다. 그러니까 지금 트레버는 부모의 관심으로부터 멀어진 상태라고 볼 수 있습니다.

(영화 클립 #1: 시모넷 선생님이 학생들에게 "세상을 바꾸기 위한 아이디어"를 과제로 제시하자, 트레버는 집으로 돌아가는 길에, 노숙자를 자기 집으로 데려가서 음식을 먹이고, 잠을 재웁니다. 한편, 직장에서 늦게 돌아온 엄마는 평소 때처럼 술을 마시고 잠을 잡니다)

다음 날, 엄마가 일어나서 거실로 나갔는데, 어떤 노숙자가 화장실에서 나오는 것을 보고 깜짝 놀라며 그를 집 밖으로 내쫓아 버립니다. 이로 인해 화가 난 엄마는 학교로 찾아가서 시모넷 선생님에게 가서 따집니다. 이에 시모넷은 "세상 바꾸기 위한 아이디어를 제출하는 것"이라고 대답합니다. 트레버는 자신의 아이디어를 수업시간에 발표하게 되는데, 그가 만든 아이디어는 "Pay It Forward"으로, 어떤 한 사람이 세 사람에게 도움을 주면, 또 그 세 사람은 각각 다른 세 사람에게 도움을 주게 한다는 것입니다. 이렇게 도움주기를 반복하다 보면, 세상은 큰 변화를 가져오게 될 것이라고 말하자, 시모넷은 트레버를 칭찬하며 격려합니다.

여러분, 지금 트레버가 제시한 아이디어의 핵심은 어렵고 가난한 사람들에게 도움주기를 반복하다 보면, 선한 영향력으로 인해 세상은 화목해질 수 있다는 것을 강조한 것입니다. 이것의 의미는 오늘 본문에 서도 바울이 말한 것처럼 "할 수 있거든 너희로서는 모든 사람과 더불어 화목하라"는 말씀과 일치한다는 것을 알 수 있습니다. 또한 이러한 말씀은 사도행전 20장 35절에서도 나타나는데, "범사에 여러분에게 모본을 보여준 바와 같이 수고하여 약한 사람들을 돕고 또 주 예수께서 친히 말씀하신 바 주는 것이 받는 것보다 복이 있다 하심을 기억하여야 할지니라." 여기서도 그리스도인들에게 강조하는 것은 주는 것이 받는 것 보다 축복이라는 것입니다. 즉 화목을 이루어 가기 위해서는 그리스도인들이 먼저 헌신하고 베풀어야 한다는 것을 강조하고 있는 것입니다.

(**영화 클립 #2**: 다음날 엄마 일어나서 거실로 나갔는데, 한 노숙자가 화장실

에서 나오는 것을 보고 깜짝 놀라 그를 집밖으로 내쫓는다. 이로 인해 엄마는 트레버와 다투고, 시모넷 선생에게 가서 따진다. 하지만 트레버는 수업에서 "Pay It Forward"라는 자신의 과제를 발표한다)

트레버는 자신의 가정을 회복하기 위해 두 번째 프로젝트로 시모넷 선생님에게 엄마를 소개해 주려는 계획을 세우고, 자신이 몰래 작성한 쪽지를 시모넷 선생님에게 전해 줍니다. 이 쪽지 사건으로 인해 엄마와 트레버가 언쟁을 하게 되는데, 엄마는 갑자기 트레버의 뺨을 때립니다. 이로 인해 트레버가 가출을 합니다. 이 사실을 알게 된 엄마는 시모넷에게 전화를 걸어 도움을 요청합니다. 엄마와 시모넷은 결국 트레버를 찾게 되는데, 엄마는 트레버를 포옹하면서 눈물을 흘립니다. 여러분, 가정은 하나님의 창조 원리와 사랑을 최우선으로 하는 작은 공동체입니다.

따라서 우리가 세상 속에서 화목을 이루어 가야할 소중한 존재가 바로 가정인 것입니다. 그런데 이러한 가정이 깨어져서 화목을 이룰 수 없다면, 하루빨리 치유와 회복이 이루어져야 합니다. 왜냐하면, 가정은 하나님이 세우신 신성의 영역이며 창조 질서에 따라 각 구성원이 감당해야 할 책임이 있는 곳이기 때문입니다. 그러므로 우리 그리스도인들은 성경적인 바탕 위에서 이러한 가정의 중요성과 가치를 이해할 때, 화목한 가정을 이룰 수 있는 것입니다. 따라서 가정은 서로를 이해하고 사랑으로 품어야 합니다. 그러니까 지금 트레버는 결손 가정의 어려움 속에서도 세상에 선한 영향을 끼치려는 노력과 용기를 보여줍니다. 반면에 엄마는 당장 살아가기가 힘들고 어려운 상황에서 트레버의 생각과 행동을 이해하지 못합니다. 그러나 시모넷 선생님은 이러한 트레버와 엄마의 갈등을 화해와 용서로 화목을 만들어가려고 최선을 다합니다. 즉 지금 시모넷 선생님은 깨어진 가정을 어떻게 해서든지 변화시키기 위해 '씨 뿌리는 자'의 역할을 하고 있는 것입니다.

(영화 클립 #3: 트레버는 두 번째 프로젝트로 깨어진 가정을 회복시키고자 시모넷 선생님에게 엄마를 소개시키려다가 결국 엄마와 다투게 되고 뺨을 맞는다. 이로 인해 트레버는 가출을 하는데, 엄마는 시모넷의 도움으로 트레버를 찾게 되자, 트레버를 포용하면서 눈물을 흘린다)

어느 날, 기자가 트레버의 학교로 찾아와서 인터뷰를 진행하게 되는데, 기자는 트레버에게 당신의 아이디어가 지금 세상을 조금씩 변화시키고 있다고 말합니다. 인터뷰를 끝낸 트레버가 자전거를 타고 집으로 돌아가려는데, 학교 건물의 후미진 곳에서 친구 아담이 불량학생들로부터 폭행을 당하는 것을 보게 됩니다. 이를 목격한 트레버가 가서 그들을 말렸는데, 불량배들 중의 하나가 갑자기 칼로 트레버의 배를 찌릅니다. 트레버가 그 자리에서 피를 흘리며 쓰러집니다. 그리고 잠시 후, 구급차가 와서 트레버를 병원으로 옮겼으나, 결국 트레버는 사망하게 됩니다.

그리고 마지막 장면에서는 트레버의 인터뷰 내용이 TV로 보여지게 되는데, 이를 본 수많은 사람들이 촛불을 들고 트레버의 집앞으로 모이기 시작합니다. 여러분, 트레버는 선한 일을 하려다가 결국 어린 나이에 세상을 떠났지만, 그의 희생은 많은 사람들에게 영향을 주었고, 세상을 변화시키는 힘이 되었습니다. 즉 그는 그리스도를 닮은 희생과 사랑의 가치를 심어주었습니다. 이처럼 우리 그리스도인들도 트레버처럼 작은 선행을 실천함으로써 세상을 화목하게 변화시키는 메신저가 되도록 노력해야 할 것입니다. 트레버는 세상 사람들에게 화목을 실천하는 사람이었습니다.

(**영화 클립 #4**: 기자가 트레버의 학교로 찾아와서 인터뷰를 한다. 인터뷰를 마친 트레버가 집으로 가다가 친구 아담이 폭행당하는 것을 보고 가서 말렸는데, 폭행하던 그들 중에 하나가 트레버를 칼로 찌른 것이다. 이 사건으로 트레버는 사망한다. 그리고 마지막 장면에서는 트레버의 인터뷰가 TV로 방송되는데, 이를 본 수많은 사람들이 촛불을 들고 트레버의 집 앞에 모이기 시작한다)

사랑하는 성도 여러분, 오늘 본문에서 바울은 그리스도인의 삶은 모든 사람들에게 선한 영향력을 행함으로써 화목한 세상을 만들어가야 한다고 강조합니다. 그러기 위해서는 원수를 사랑하고, 악을 악으로 보복하지 말고, 오히려 선으로 이기라고 가르칩니다. 이것은 궁극적으로 예수 그리스도의 삶을 본받아 사랑과 희생으로 살아가야 한다는 것입니다. 그리고 트레버가 보여준 희생은 오늘 본문의 메시지를 보다 감동적으로 전하고 있습니다. 즉 트레버는 작은 선행을 통하여 모든 사람들에게 화목의 가치와 중요성을 깨닫게 해주었습니다. 또한 그의 죽음은 요한복음 12장 24절의 말씀처럼 "한 알의 이 땅에 떨어져 죽지 아니하면 한 알 그대로 있고 죽으면 많은 열매를 맺느니라."는 의미를 다시 한번 생각나게 합니다. 트레버의 선행과 희생이 세상을 변화시키는 복음의 씨앗이 된 것입니다.

11) 주제: 인간성 회복(Redeem of Humanity)

(1) 영화설교를 위한 메시지 플랫폼 작성

■ 성경 본문에 관한 내용
- 본문: 누가복음 15장 11~24절
- 제목: 인간다움의 회복
- 목표:
  a. 진정한 인간성의 회복은 회개와 행동으로 나타나야 한다는 것을 강조한다.

    b. 하나님은 회개하는 자를 아무런 조건없이 사랑으로 용서하

       신다는 것을 깨닫게 한다.

  – 본문의 중심 메시지:

    a. 하나님을 멀리하고 자신의 뜻과 정욕대로 사는 자는 결국

       하나님의 심판을 받는다.

    b. 하나님은 회개하고 하나님께로 돌아오는 자는 치유와 회복

       으로 인도하신다.

■ 영화에 대한 기본 방향

  – 주제: 잃어버린 인간성 회복

  – 신학적인 메시지:

    a. 트라우마로 인해 인간성을 상실한 자도 그리스도의 사랑안

       에서 치유되고 회복할 수 있다.

    b. 죄와 상처로 인해 하나님과 단절된 자도 사랑 받을 가치가

       있다.

  – 영화 사전적 검토 방향:

    인간은 인생을 살면서 상처를 받기도 하고 주기도 하면서 살

    아간다. 특히 가정에서 어렸을 적에 정신적인 학대와 상처를

    받고 자란 사람은 트라우마로 인해 성인이 되어도 사회에 잘

적응하지 못거나 인간관계에서도 미숙한 경우가 나타난다. 그래서 그들은 마음의 문을 열지 못하고, 세상과 담을 쌓으면서 죄를 저지른다. 그러므로 영화는 이러한 상처와 트라우마가 있는 사람들이 세상을 살아가면서 나타나는 상황들을 조명해 보면서 그들이 어떻게 치유되고 인간성을 회복할 수 있는지를 보여 주어야 한다.

- 영화 제목과 줄거리

　a. 구스 반 산트 감독의 '굿 윌 헌팅'

[사진 11] 굿 월 헌팅

b. 영화의 줄거리:

MIT 대학의 유명한 교수인 램보가 학생들에게 수학 과제를 주면서 다음주 월요일까지 제출하라고 말한다. 그런데 MIT 대학의 청소부인 윌 헌팅이 그 수학문제를 칠판에서 우연히 보게 된다. 그날 저녁, 윌은 친구들과 술집에 있다가 먼저 일어나 집으로 가려하자, 척이 왜 그렇게 빨리 가냐고 하며 빈정거린다. 집으로 돌아간 윌은 수학 문제를 풀어본다. 다음 날, 윌은 청소를 하던 중에 답을 칠판에 적는다. 그리고 주말엔 MIT 동창회가 열렸는데, 한 여학생이 램보 교수에게로 가서 누군가 칠판에 답을 적어놓았다고 말하자, 램보 교수가 이를 확인하러 갔는데, 답은 정확했다. 다음 수업시간에 램보 교수가 학생들에게 누가 답을 풀어서 적었냐고 묻자, 아무도 대답을 하지 않는다. 이에 램보 교수는 또 다른 수학문제를 칠판에 적는다. 한편 윌은 친구들과 함께 차를 타고 가다가 어린 시절 자신을 폭행했던 카마인과 그의 일행들이 거리를 지나가는 것을 발견하자, 그들과 패싸움을 벌인다. 그런데 이 사건으로 윌은 경찰에 연행되어 간다. 다음 날, 윌은 구치소에서 나왔지만, 2주 후, 다시 출두하라는 명령을 받게 된다. 그날 밤, 윌은 청소를 하다

가 칠판에 적힌 또 다른 수학 문제를 풀기 시작했는데, 램
보 교수가 윌을 발견하고, "당신의 이름이 뭐냐?"고 하며
묻자, 윌은 욕을 하면서 도망을 간다. 다음 날, 윌은 친구들
과 함께 하버드 대학 근처에 있는 단골 바에 갔다가, 거기
서 척이 하버드 여학생에게 말을 거는 바람에 결국 하버드
남학생과 말싸움을 하다가 토론이 벌어진다. 토론의 주제는
미국 남부의 경제에 관한 것이었다. 그런데 윌이 하버드 학
생보다 더 확실한 논리를 내세우자, 이를 옆에서 지켜보던
하버드 여학생 스카일라가 윌에게 호감을 느끼고, 자신의
전화번호를 건네준다.

한편 램보 교수는 자신이 목격한 청소부를 찾기 위해 대
학 청소관리실을 찾아간다. 그런데 매니저가 램보 교수에게
윌에 대한 보호관찰문서를 보여주면서 지금 윌은 법정에
있을 거라고 말하자, 램보 교수가 법정으로 달려간다, 거기
서 램보 교수는 윌이 예전에도 상해, 절도, 폭행의 전과로
입건되기도 했다는 사실을 알게 된다. 이로 인해 램보 교수
는 윌에 대한 신상에 대한 정보를 파악하게 되는데, 윌은
어릴 적부터 고아로 자라면서 입양과 파양을 반복하다가
양부들로부터 심한 폭행과 상처를 받았다는 것을 알게 된

다. 그리고 이번 재판을 담당한 재판관은 윌의 경찰 폭행죄는 도저히 용납될 수 없다고 하면서 기소 기각 신청을 거부하고, 윌에게 보석금으로 5만 불을 선고한다. 결국 윌은 감옥에 들어가게 되는데, 윌은 스카일라에게 전화를 해서 혹시 전공이 법이냐고 묻는다. 그러나 그녀는 법이 아니라고 말한다. 한편 램보 교수는 윌을 석방시키기 위해 최선을 다한다. 며칠 후, 램보 교수는 윌을 면회하면서 담당판사가 너를 내 보호 아래 두는 것을 허락함으로써 네가 석방된다고 말해준다. 그러면서 램보 교수는 윌에게 2가지 조건을 제시하는데, 첫째는 매주 나를 만나는 것이고, 둘째는 정신치료를 받아야 되는 것이라고 말해준다. 그러나 만약에 네가 이 조건을 지키지 않으면, 너는 다시 감옥으로 되돌아갈 것이라고 알려준다.

그날 이후, 감옥에서 석방된 윌은 램보 교수가 제시한 수학문제들을 척척 풀어낸다. 또한 윌은 정신치료도 받게 되는데, 여러 상담 전문가들과 심령치료사들을 만나게 된다. 그런데 윌은 만나는 사람마다 조롱하고 업신여기면서 교만한 모습을 드러낸다. 이에 램보 교수는 고민을 하다가 결국 하버드 대학 시절 당시, 자신의 룸메이트였던 심리학자

션 교수를 찾아간다. 그리고 램보는 션에게 윌의 이야기를 꺼내면서 그는 수학천재라고 말하며 맡아달라고 부탁한다. 하지만 그는 고아였기에 어린 시절, 양부들로부터 심한 학대와 상처를 받아 현재는 그 트라우마로 인해 자신을 버림받은 존재로 생각하면서 스스로 존재 가치가 없다고 생각한다고 말해준다. 이 말을 들은 션이 처음에는 램보의 부탁을 거절하다가 결국 받아들인다. 얼마 후, 션 교수는 윌을 처음 만나게 되는데, 윌이 션 교수의 방에 놓여진 그림을 보고, 거친 말을 내뱉는다. "당신은 잘못된 짝을 만나 결혼했나 보군요." 하면서 그의 아내를 비판하자, 화가 난 션이 갑자기 윌의 목을 조르면서 "내 아내를 모욕했다간 가만 두지 않겠어."하며 경고한다. 즉 션 교수는 2년 전에 사랑하던 아내와 사별하고, 현재는 그 상실감으로 인해 매우 힘든 시기를 보내고 있었던 것이다. 그리고 며칠 후, 션 교수와 윌이 다시 만났는데, 션 교수가 윌에게 "내 눈에는 네가 오만한 겁쟁이로 보인다"라고 하면서 "네가 천재인 것은 알겠지만, 남의 인생에 대해 잘 모르면서 남에 대한 이야기를 해서는 안 된다"고 경고한다. 그리고는 윌에게 "먼저 네 자신이 누군지 스스로 말하면, 나도 너에게 관심을 가지고 대할 것"이라고 말한다.

그의 말을 듣고 있던 윌이 한동안 깊은 생각에 빠진다. 즉 윌은 자신을 진심으로 대하는 션 교수의 태도에 조금씩 변화되기 시작한 것이다. 그 후, 윌은 션교수와의 만남에서 자신의 이야기를 조금씩 하면서 마음을 열게 된다. 한편 윌은 스카일라와 깊은 사랑에 빠지게 되는데, 자신이 스카일라로부터 버려지는 두려움 때문에 그녀에게 먼저 헤어지자고 말한다. 즉 윌은 자신이 고아인 것을 숨기고 스카일라에게 거짓말을 했기에 언젠가는 헤어질 것을 예상한 것이다. 결국 이 사건으로 인해 윌은 스카일라에게 큰 상처를 주게 되면서 결국 두 사람은 헤어지게 된다. 그러나 스카일라는 마지막까지 윌과 헤어지지 않으려고 최선을 다해보지만, 결국은 실패하고 샌프란시스코로 떠난다. 그런데 며칠 후, 윌은 션 교수를 찾아가서 램보 교수가 추천한 맥닐사와 국가 안보국을 모두 가지 않기로 결정했다고 하면서 보다 나은 직장을 알아보겠다고 말한다. 그러자 션 교수가 윌에게 "네가 진짜 하고 싶은 것이 뭐냐?" 하고 묻자, 윌은 "목동이 되고 싶다"라고 말한다. 이에 션 교수는 "그런 식으로 답하려면 당장 여기서 나가라"하며 화를 낸다. 램보 교수는 션이 월을 내쫓았다는 말을 듣고, 션에게 찾아가 격렬하게 언쟁한다. 그런데 이러한 장면을 월이 목격을 한 것이다. 램보 교수가 자리를 뜨자, 션 교수는 어린 시절 월에 대한 보고서를 보면서 월이 양부들로부터 폭력을 당한 사진을 보고 있었는데, 월이 션 교수에게 "선생님도 이러한 경험이 있느냐"고 묻는다. 이에 션은 자신도 어린 시절, 아버지가 알코올 중독자였기에 그에게 폭행당하지 않으려고 대들었던 기억이 있다고 하면서 월에게 "이건 네 잘못이 아니야"라고 여러 번 반복해서 말한다.

이에 월도 "Oh, God, So Sorry, Sorry"라며 오열하자, 션 교수가 월에게 다가가서 포옹하며 눈물을 글썽거린다. 그러자 월도 "이것으로 치료는 끝인가요?"하고 묻자, 션 교수가 "그래, 끝났어, 넌 이제 자유야"라고 말한다. 드디어 월은 션 교수와의 만남으로 자신의 상처와 트라우마를 치유함으로써 인간성을 회복한 것이다.

- 영화 선정 이유

첫째, 어린 시절에 당한 고통과 상처로 인해 자신을 사랑하지 못하고 사회에 대한 반항심으로 상실한 인간성을 잘 표현하고 있다.

둘째, 상처 받은 영혼도 그리스도의 사랑 안에서 치유되고 회
복될 수 있음을 잘 보여준다.

셋째, 인간은 하나님의 용서를 받아들일 때, 과거의 상처와 죄
책감에서 벗어날 수 있다는 것을 잘 보여준다.

– 영화의 시놉시스는 설교문에 삽입시켰다.

(2) 설교문

네덜란드의 유명한 화가 렘브란트가 그의 유작으로 그린 성화가 "돌
아온 탕자"라고 알려져 있습니다. 이 작품의 주제는 누가복음 15장 11
절의 말씀에서 가져왔고, 렘브란트가 사망하기 얼마 전에 그 린 것입니
다. 이 작품을 보면, 아버지와 돌아온 탕자의 모습은 아주 한 빛으로 밝
게 처리하고 있고, 다른 사람들은 대조적으로 아주 어둡게 처리하고 있
습니다. 따라서 밝게 처리한 부분은 용서와 구원을 암시하고 있고, 어둡
게 처리한 부분은 인간의 탐욕과 죄를 암시합니다. 그리고 왼쪽에 있는
아버지와 무릎 꿇은 아들의 모습에 시선이 먼저 가는데, 이것은 돌아온
아들의 모습이 너무나 비참했지만, 아버지는 조건 없는 사랑으로 아들
을 품으면서 그의 죄를 용서한 것입니다. 다시 말해 지금 아버지는 하나
님 앞에 회개하고 돌아온 아들을 그리스도의 사랑으로 회복시키신 것입
니다.

사랑하는 성도 여러분, 오늘 본문의 '돌아온 탕자의 이야기'는 바로 우리들의 이야기입니다. 우리도 어리석고 미흡한 존재들이기에 언제든지 하나님과의 관계가 멀어지면, 탕자의 삶을 살게 된다는 것입니다. 따라서 오늘 말씀의 주제는 '인간성 회복'입니다. 여기서 인간성 회복이란 자신이 지은 죄를 하나님께 나아가 회개함으로써 인간다움을 회복하는 것을 의미합니다. 이러한 본질적인 배경에는 우리 인간들은 아담의 범죄로 말미암아 타락하게 됨으로써 자신의 의를 내세우며 인간성을 상실한 것입니다. 이에 바울은 로마서 1장 18절~32절에서 이러한 인간의 죄에 대해서 구체적으로 제시하며 인간성 상실을 지적하고 있습니다. 그러나 하나님은 인간들을 버리지 않으시고, 독생자 예수 그리스도를 통하여 죄를 구원받게 함으로써 잃어버린 인간성을 회복하도록 하신 것입니다.

그럼 오늘 본문을 보면, 잃어버린 아들을 탕자에 비유하고 있는데, 집을 떠난 탕자가 방탕한 삶을 살다가 모든 것을 잃게 되자, 자신의 죄를 회개하고 탕자가 되어 집으로 되돌아옵니다. 그런데 아버지는 그 아들을 사랑으로 용서함으로써 그들의 관계가 다시 회복되는데, 이처럼 하나님의 무조건적인 사랑은 상처 받은 영혼을 구원으로 인도하신 것입니다. 따라서 누가복음 15장에서 보면, 잃어버린 양, 잃어버린 동전, 잃어버린 아들의 순서로 말씀이 소개되는데, 양이나 동전의 비유보다 탕자의 비유가 더 큰 감동으로 다가옵니다. 왜 그럴까요? 그 이유는 돌아온 탕자의 모습이 바로 우리의 모습이기 때문입니다. 그래서 오늘 본문은 아버지와 두 아들이 등장하는데, 여기서 초점은 둘째 아들에게 맞추어져 있습니다. 둘째 아들은 아버지가 아직 돌아가시지 않은 상황에서, 아버지에게 유산을 달라고 요구합니다. 그리고 그는 유산을 받아서 다른 나라로 가서 세상의 향락을 즐기며, 방탕한 생활을 하다가 결국 재산을 다 탕진해 버립니다. 그 후, 그 나라에 흉년이 들자, 그는 밑바닥 생활을 하게 되는데, 그가 하게 된 일은 돼지를 치는 일이었습니다. 돼지가 주로 먹는 열매가 쥐엄 열매인데, 그도 그 열매로 배를 채우면서 아주 처참한 생활을 하게 됩니다. 당시, 돼지는 유대인들에게 부정한 동물로 여겨졌기에 그가 돼지를 치는 일은 매우 수치스러운 일이었습니다.

그럼 여기서 우리는 탕자의 모습을 통하여 무엇을 깨달을 수 있을까요?

첫째, 탕자는 하나님과의 관계가 멀어지고, 깨어지는 바람에 결국 그는 자신의 뜻과 의지대로 삶을 살았다는 것입니다. 이로 인해 그는 하나님 앞에 죄를 짓고 인간의 교만함을 드러낸 것입니다.

둘째, 탕자는 자신의 재산을 모두 잃게 되자, 유대인들이 부정하게 생각하는 돼지치는 일을 하면서 돼지가 먹는 쥐엄 열매로 생존하게 됩니다. 즉 그는 탐욕과 정욕으로 비참한 신세가 된 것인데, 하나님은 이

같은 실패를 통하여 자신의 초라함과 연약함을 깨닫게 하신 것입니다.

이어서 누가복음 15장 17절을 보면, 탕자가 스스로 돌이켜 생각하게 되었다고 말합니다. 이것은 탕자가 자신이 처한 상황을 깨닫고, 하나님 앞에 회개하려는 마음을 결단한 것입니다. 그럼 무엇을 회개하려고 한 것입니까? 18절에서 보면, "내가 하늘과 아버지께 죄를 지었사오니"라고 고백합니다. 즉 그는 하나님과 아버지께 자신의 죄를 인정하고 회개하려고 한 것입니다. 그런데 여기서 말하는 회개는 삶의 방향을 완전히 하나님께로 바꾸는 것입니다. 다시 말해, 지금 탕자는 자신의 방탕했던 삶을 인정하며 단순한 반성이 아니라, 아버지께로 돌아가겠다고 결단한 것입니다.

이어서 20절부터 24절까지를 보면, 드디어 탕자는 아버지께로 돌아갑니다. 그런데 아버지는 아직 아들이 집에 도착하기도 전에, 멀리서 나와 기다립니다. 그리고 아버지는 아들이 보이자, 곧바로 그에게로 달려갑니다. 이것을 보면, 아버지는 아들이 집을 떠난 후에도 한시도 그를 잊지 않고, 그가 돌아오기만을 기다리고 있었다는 걸 알 수 있습니다. 그리고 아버지는 아들을 보자마자, 그를 불쌍히 여기고, 그의 목을 안고 입을 맞추었습니다. 이것은 하나님이 죄인인 우리를 아무런 조건 없이 사랑하고 용서한 것을 의미합니다. 따라서 하나님은 자신의 죄를 회개하는 자들에게는 책망하지 않고 인간성을 회복시켜 주십니다.

21절을 보십시오. 여기서는 탕자가 자신의 죄를 인정하고 겸손한 태도를 보이면서 자신이 하나님과 아버지께 죄를 지었다고 다시 고백합니다. 그러자 아버지는 아들로서의 신분을 회복시키고, 사랑으로 품어주십니다. 여러분, 이러한 아버지의 모습에서 하나님 아버지의 모습을 발견할 수 있습니다. 따라서 하나님은 우리가 죄를 회개하면, 이처럼 아무런 조건없이 용서해 주시고, 사랑으로 품어주십니다. 그럼, 아버지는 돌아온 아들을 위해 무엇을 합니까? 잔치를 준비판합니다. 22~24절을 보면, 아버지는 종들에게 "제일 좋은 옷을 내어다가 입히고 손에 가락지를 끼우고 발에 신을 신기라 그리고 살진 송아지를 끌어다가 잡으라 우리가 먹고 즐기자 이 내 아들은 죽었다가 다시 살아났으며 내가 잃었다가 다시 얻었노라." 아버지는 죽었다가 다시 살아온 아들, 잃었던 아들을 다시 찾았다고 말하는데, 이것은 영적인 관점에서 볼 때, 영적으로 죽은 아들이 다시 영적으로 회복되었음을 의미하는 것입니다. 다시 말해, 탕자는 상실한 인간성을 아버지의 사랑과 용서로 다시 회복한 것입니다. 그러므로 인간성 회복은 하나님의 조건 없는 사랑을 받아들이는데서 시작합니다.

사랑하는 성도 여러분, 돌아온 탕자의 이야기는 하나님의 사랑과 용서, 그리고 회개를 통해 인간성이 회복되는 것을 보여줍니다.

그럼, 지금부터는 '구스 반 산트' 감독이 연출한 '굿 윌 헌팅' 영화를 가지고 인간성 회복에 대한 말씀을 나누도록 하겠습니다. 먼저 영화 제목을 보면, '윌 헌팅'은 주인공의 이름이고 '굿'은 영어의 'Good'으로 좋은, 착한, 선한이라는 뜻인데, 'Will(뜻)'이란 단어와 함께 사용함으로써 '세상을 향한 하나님의 선하신 뜻'이라고 해석할 수 있습니다. 따라서 '굿 윌 헌팅'은 하나님의 뜻 안에서 상처 받은 자가 선하게 회복되는 것을 말합니다. MIT 대학의 유명한 교수인 램보가 학생들에게 수학 과제를 주면서 다음 주 월요일까지 제출하라고 말합니다. 그런데 이것을 학교 청소부로 일하는 윌이 우연히 칠판에서 보게 됩니다. 집으로 돌아간 윌은 그 문제를 풀어본 다음날, 답을 칠판에 적어 놓습니다. 그런데 한 여학생이 칠판에 적힌 답을 보고, 램보 교수에게 가서 이를 말합니다. 그러자 램보 교수는 곧장 달려가서 적힌 답을 보고 놀라면서 학생들에게 누가 이 답을 적어놓았느냐고 물었는데, 아무도 대답을 하지 않습니다. 이에 램보 교수는 또 다른 수학 문제를 칠판에 적어 놓았는데, 어느 날 누군가가 답을 적고 있는 것을 목격하게 됩니다. 그러자 램보 교수는 그에게 "당신 이름이 뭐냐?" 하고 물으며 따라갔으나, 그는 욕을 하면서 도망을 갑니다.

여러분, 먼저 영화의 주인공으로 등장하는 윌에 대해 말씀드리면, 그는 어려서부터 고아로 자랐기 때문에 입양과 파양을 반복하게 됩니다. 그러면서 윌은 양부들로부터 심한 학대와 폭행을 당하면서 상처를 받고

자라게 됩니다. 이러한 상처로 인해 월은 자신이 세상으로부터 버림받은 자로 여기면서 지금도 자신을 사랑하지 못하고, 반사회적인 경향과 방어적인 태도를 드러냅니다. 그래서 월은 폭행이나 절도, 사기 등으로 인해 여러 번 기소가 되었고, 세상에 대한 증오심으로 인해 어느 누구도 믿지 못하고, 마음의 문을 열지 못합니다. 하지만 월은 제대로 학업을 받지 않았음에 불구하고, 수학, 법학, 역사학 등 모든 면에서 아주 뛰어난 천재성을 나타냅니다. 그러니까 지금 월은 천재성을 가지고 있음에도 불구하고, 과거의 상처로 인해 자신을 세상에 드러내는 것을 싫어합니다. 따라서 그는 세상을 부정적인 시선으로 바라보고 사람들과 인간관계도 피하려 합니다.

(**영화클립 #1**: MIT 대학 청소부로 일하는 월은 램보 교수가 칠판에 적어놓은 수학문제를 집에 가서 풀어본 다음, 다음날 답을 칠판에 적어놓는다. 램보 교수가 문제를 정확히 푼 것을 보고, 또 다른 수학문제를 적었는데, 그 날 밤에 어떤 이가 문제를 풀고 있는 것을 보자, 당신이 누구냐고 하면서 뒤 따라간다)

램보 교수는 수소문 끝에 청소 담당 매니저에게 가서 월을 만나게 해달라고 요청하자, 매니저는 현재 월은 법정에 있을 것이라고 말해준다. 그 후, 램보 교수는 월에 대한 신상 정보를 알게 되는데, 결국 월은 폭행죄로 실형을 선고를 받고 교도소에 들어가게 됩니다. 이에 램보 교수는 담당판사와 협의하여 월을 조건부로 석방하게 합니다. 그 후, 램보 교수는 월의 문제로 고민을 하다가 하버드 대학 시절에 룸메이트였던 심리학자 션을 찾아가서 월을 부탁합니다. 션 교수는 월과 첫 미팅을 갖게 되는데, 월이 션 교수의 연구실에서 사진을 보다가 "잘못된 짝을 만나 결혼했나 보군요" 하며 막말을 합니다. 그러자 션 교수는 화를 참지 못하고 갑자기 월의 목을 조르면서 "내 아내를 모욕했다간 가만 안 두겠어."라며 고함을 지릅니다. 왜냐하면, 션 교수는 2년 전에 아내와 사별하고 매우 상실감이 큰 상태였기 때문입니다. 여러분, 지금 월은 어린 시절의 학대와 상처로 인해 대인 관계에서 거칠고 공격적인 성향을 드러내고, 아무에게나 언어적인 폭력도 서슴없이 하고 있습니다. 그러면서도 월은 전혀 죄책감을 느끼지 못합니다. 이러한 월에게서 우리는 그의 상실된 인간성을 알 수 있습니다. 즉 월은 어릴 적에 당한 트라우마로 인해 반사회적인 성향과 인간관계에서도 미숙한 모습을 보여주고 있습니다.

(**영화클립 #2**: 램보 교수는 결국 월이 천재성이 있다는 것을 알게 된다. 그러나 월은 경찰관 폭행으로 결국 실형을 받고 교도소에 들어가는데, 램보 교수가 법원과 협의하여 조건부로 월을 석방을 시킨다. 램보는 친구인 션 교수에

게 윌을 부탁했는데, 윌은 첫 날부터 션 교수에게 막말을 한다. 이에 션 교수는 윌에게 화를 내며 고함을 지른다)

션 교수가 다시 윌을 만나 상담을 하게 되는데, 션 교수가 윌에게 네가 천재인 것은 알겠지만, 남의 인생을 잘 모르면서 함부로 이야기 말라고 충고합니다. 그러면서 션 교수는 네가 먼저 자신이 누군지를 말하면, 나도 너에게 관심을 가질 것이라고 말합니다. 그러자 윌은 깊은 생각에 빠지게 됩니다. 한편 윌은 우연히 만난 하버드대 여학생 스카일라에게 호감을 느끼다가 결국 사랑을 하게 되는데, 그러다가 스카일라와 말다툼이 벌어집니다. 그 이유는 윌이 스카일라에게 처음부터 솔직하지 못하고, 거짓말을 한 것이 드러난 것입니다. 이로 인해 스카일라는 윌과 헤어지게 됩니다.

지금 윌은 과거의 트라우마나 상처로 인해 사람들과의 관계에서 정신적인 문제점을 드러내고 있습니다. 그러니까 윌은 자신이 고아라는 것을 숨기면서 자신의 약점을 드러내지 않으려고 합니다. 즉 윌은 스카일라를 사랑한다고 하면서도 내면 깊은 곳에서는 진정한 관계를 두려워하며 자신을 고립시킵니다. 이처럼 윌은 상대방에게 자신이 거짓말 한 것이 밝혀지면, 상대방이 자신을 버리고 떠날 것 같아 상처를 받지 않기 위해 미리 정신적인 강박감에 사로잡혀 있다는 것을 알 수 있습니다. 이러한 이유에서 윌은 자신의 천재성을 통하여 상대를 먼저 제압하면서 자신을 숨기려고 하는 것입니다. 그래서 윌은 션 교수에게도 이러한 성향을 보이면서 일부러 션 교수를 자극해서 자신을 공격하도록 만들었던 것입니다. 즉 윌은 지금까지 세상으로부터 버림받는 존재로 취급되면서 올바른 인간성을 형성하지 못했던 것입니다.

(**영화클립 #3**; 션 교수는 윌을 다시 만나 자리에서 남에 대해서 함부로 말하지 말라고 충고한다. 그러면서도 션 교수는 윌의 상처와 아픔을 치유하려고 진정성 있게 대한다. 한편 윌은 스카일라와 사랑에 빠지게 되는데, 스카일라에게 거짓말한 것이 드러나자 결국 두 사람은 헤어지게 된다)

며칠 후, 션 교수가 윌에게 "네가 진짜 하고 싶은 것이 무엇이냐"라고 묻습니다. 그런데 윌이 엉뚱하게 목동이 되고 싶다고 말한 것입니다. 그러자 션 교수는 네가 그렇게 대답하려면 당장 여기서 나가라고 소리칩니다. 션 교수가 윌의 어릴 적 보고서에서 양부에게 당한 폭력 사진을 보고 있는데, 윌이 갑자기 션 교수에게 선생님도 이러한 경험이 있느냐고 묻습니다. 이에 션 교수는 자신도 어린 시절, 아버지가 알코올 중독자였기 때문에 그의 폭행으로 인한 상처가 크다고 말해줍니다. 그러면서 션 교수는 윌에게 "It's not your fault(네 잘못이 아니야)"라고 여러 번 반복해서 말하면서 윌을 포옹합니다. 그러자 윌이 눈물을 글썽이며

"Oh, God, So Sorry, Sorry"하면서 오열하기 시작합니다.

여러분, 지금 션 교수는 윌의 과거에 대해 스스로 자책하지 말라고 권유하면서 "네 잘못이 아니야"라고 말합니다. 이것은 션 교수가 윌에게 이제 너는 과거의 상처와 고통으로부터 벗어나라는 위로와 치유의 메시지입니다. 그러자 윌은 오열하면서 "죄송합니다" 하면서 션 교수의 품에 안긴 것인데, 여기서 윌은 그동안 자신이 살아오면서 겪었던 상처와 아픔을 션 교수의 진정성 있는 자세와 사랑을 통해 새로운 자아를 발견하게 하면서 인간성을 회복하게 된 것입니다. 즉 윌은 지금까지 세상에 대해 반항적이고 폭력적인 성향까지 드러내면서 인간다움을 거부했던 것인데, 자신을 사랑과 공감으로 대하는 션 교수를 보면서 하나님 앞에 진정한 회개로 나아간 것입니다.

(**영화클립 #4**: 윌이 션 교수에게 선생님도 어린 시절 상처가 있느냐고 묻자, 션 교수도 어린 시절 알코올 중독자인 아버지의 폭력으로 인해 큰 상처가 있었다고 말한다. 그러면서 션 교수는 윌에게 "너의 잘못이 아니야"라고 여러 번 반복하자, 윌이 "죄송합니다" 하며 오열하기 시작한다)

사랑하는 성도 여러분, 오늘 본문의 돌아온 탕자의 이야기에서는 아들이 아버지의 집을 떠나 실패와 방황을 하다가 결국 하나님 앞에 나아가 회개함으로써 결국 하나님 아버지의 사랑과 용서로 새롭게 인간성을 회복한다는 메시지를 강조하고 있습니다. 또한 '굿 윌 헌팅' 영화에서의 주인공 윌은 어릴 적 고아로 자라면서 양부들로 받은 상처와 트라우마로 인해 세상에서 버림받은 존재로 살아가다가 많은 죄악들을 저지르게 됩니다. 그러나 션 교수는 윌의 천재성을 보고, 윌의 상처를 치유하기 위해 정말 진심으로 그를 이해하고 위로합니다. 그리고 윌은 이러한 션 교수의 진정성 있는 태도와 무한한 사랑을 체험하면서 자신이 받았던 상처를 치유함으로써 결국 자신을 회개하고 인간다움을 새롭게 회복합니다. 따라서 결론을 말씀 드리면, 아무리 상처 받은 인간이라고 할지라도 그리스도의 사랑 안에서는 상실된 인간성도 회복되고 치유될 수 있다는 것을 깨달으시기 바랍니다.

12) 주제: 도전과 열정(Challenge & Passion)

(1) 영화설교를 위한 메시지 플랫폼 작성

- 성경 본문에 관한 내용
  - 본문: 사도행전 8장 24~40절
  - 제목: Nothing is Impossible
  - 목표:
    a. 복음전파는 하나님의 부르심에 대한 순종임을 강조한다.

b. 한 영혼의 구원으로 하나님의 위대한 계획이 이루어지게
　　　됨을 깨닫게 한다.

　- 본문의 중심 메시지:

　　a. 복음에 대한 도전과 열정은 성령의 인도하심을 따르는 것
　　　이다.

　　b. 복음의 핵심은 예수 그리스도이고, 말씀을 통해 전해진다.

■ 영화에 대한 기본 방향

　- 주제: 끝없는 도전과 열정

　- 신학적인 메시지:

　　a. 궁극적으로 행복한 삶을 추구하기 위해서는 도전과 열정이
　　　필요하다.

　　b. 꿈과 목표를 향하여 바른 삶을 사는 자는 하나님께서도 축
　　　복하신다.

　- 영화 사전적 검토 방향:

　　우리가 이 세상에 온 것은 하나님께서 우리 각자에게 소중한
　　생명을 주셨기 때문이다. 그러므로 우리는 이 세상을 사는 동
　　안 하나님의 목적에 합당한 삶을 살아야 한다. 그럼, 하나님의
　　목적에 합당한 삶이란 무엇인가? 우리는 각자가 하나님의 창조

질서에 적합한 삶을 살아야 하나님의 축복을 누릴 수 있는 것
이다. 따라서 영화는 목적에 합당한 삶을 살기 위해서 끊임없
이 도전과 열정을 다하는 모습을 보여주어야 한다.

- 영화 제목과 줄거리

    a. 가브리엘 무치노 감독의 '행복을 찾아서'

[사진 12] 행복을 찾아서

b. 영화 줄거리:

1980년대의 샌프란시스코를 배경으로 시작된다. 크리스는 골밀도를 측정하는 스캐너 의료기기를 판매하는 세일즈맨인데, 한 달에 2대를 팔아야만 겨우 생활을 유지할 수 있다. 그런데 날이 갈수록 실적이 좋지 않아 경제적으로 심각한 상태이다. 아내 린다도 늦게 까지 직장에서 야근을 하지만 형편이 나아지지 않자, 아들 크리스토퍼는 차이나타운의 저렴한 어린이집에 맡기고 있다. 크리스는 몇 년 전에 자신이 모은 돈을 여기에 올인을 했는데, 지금은 거의 파산 상태에 이른 것이다. 이로 인해 크리스는 돈 문제로 린다와 자주 다툼을 한다. 그러던 어느 날, 크리스는 직장에 있는 아내를 찾아가서 크리스를 오늘 픽업하러 못 갈 것 같다고 말하자, 린다도 자신이 야근이라 픽업할 수 없다고 말한다. 이러한 문제로 이들 부부는 사이가 점점 멀어지는데, 어느 날, 크리스는 영업을 하기 위해 병원 앞에 세워놨던 차까지 견인을 당하고 만다. 그런데 더 심각한 문제는 최근에 크리스는 기기를 한 대도 팔지 못한데다가, 밀린 세금과 생활비를 마련하지 못하면서 린다와 큰 싸움을 하게 된다. 그러다 보니, 크리스는 많은 사람들이 웃으면서 행복해 하는 모습을 보면 그들을 부러워한다.

어느 날, 크리스는 길을 가다가 한 남자가 고급 스포츠카에서 내리는 것을 보고, 그에게 다가가서 당신의 직업이 뭐냐고 묻는다. 그러자 그는 "난 주식 중개인인데, 나처럼 숫자에 밝고, 사람 만나는 것을 좋아하면 성공할 수 있을 것이다"고 말한다. 그날 이후, 크리스는 주식 중개인이라는 직업에 매력을 느끼면서 도전을 결심한다. 하지만 크리스는 현재 어려운 상황에서 새로운 도전을 하기에는 아내한테 너무 미안하다는 생각을 하게 된다. 그날 밤, 크리스는 린다에게 주식 중개인에 대해 관심이 있다고 말하자, 그녀는 우주비행사가 되는 것이 어떠냐고 하면서 시니컬하게 반응한다. 그 이유는 크리스에 대한 신뢰도가 이미 떨어졌기 때문이었다. 그러자 크리스는 린다에게 그렇게 말하지 말라고 하면서 다투게 된다. 다음 날, 크리스는 도전을 결심하고 증권회사의 인사 담당자를 찾아가서, 주식중개인 교육 지원서를 받는다. 이 교육은 20명을 6개월 동안 훈련시켜서 단한 명을 채용하는 조건이었다.

그날 밤, 크리스는 린다에게 전화를 걸어 오늘 좀 늦겠다고 말하자, 린다는 이제 힘들어서 크리스토퍼를 데리고 집을 나가겠다고 선포한다. 이에 크리스가 빠르게 집으로 왔지만, 린다와 크리스토퍼는 이미 집을 나가고 없었다. 그때, 크리스에게 증권회사로부터 전화가 걸려온다. 내용은 인턴십 면접을 보러 오라는 것이었다. 하지만 크리스는 당장 아내와 아들을 찾아야 했기에, 미친 듯이 그들을 찾으러 여기저기를 다녔지만, 결국 못 찾고 돌아온다. 다음날 크리스는 린다의 직장으로 찾아간다. 그리고 거기서 아내와 심하게 다투고, 크리스토퍼만을 데리고 집으로 돌아온다. 다음 날, 크리스와 아들이 아침을 먹고 있는데, 갑자기 집주인이 나타나서 밀린 렌트비를 내라고 재촉하면서 지금 당장 내지 않으면, 쫓아버리겠다고 경고하자, 크리스는 제발 일주일만 연기해 달라고 사정을 한다. 게다가 크리스는 주차벌금을 내지 않아, 결국 경찰서 유치장에 구금이 되는데, 이러한 크리스는 린다에게 전화를 걸어서 크리스토퍼를 하루만 봐 달라고 부탁한다.

다음 날, 크리스는 유치장에서 풀려나자마자, 청바지에 티만 입고 인터뷰 장소로 달려간다. 인터뷰 중에 크리스는 어제 주차벌금을 내지 않아 경찰 유치장에 하루 동안 구금되어 있다가 아침에 풀려나 지금 인터뷰하러 왔다고 솔직하게 말한다. 그러자 회장은 크리스에게 면접을 보는데, 양복 입지 않고 온 사람을 채용한다면, 그 이유는 뭐라고 생각하느냐고 묻는다. 그러자 크리스는 그가 아주 멋있는 바지를 입었기 때문이라고 대답을 한다. 그러면서 크리스는 자신은 비록 고등학교만 나왔지만, 수학은 아주 잘했다고 하면서, 자신을 합격시켜 달라고 당당하게 요청한다. 크리스가 인터뷰를 끝내고 나왔는데, 인턴 면접에 합격했다는 소식을 듣게 된다. 그날 밤, 린다는 크리스에게 자신은 직장 때문에 뉴욕으로 떠날 거라고 하면서 크리스토퍼를 잘 키우라고 말하고 떠난다.

그런데 다음 날, 크리스는 임대료를 내지 못해 결국 집주인에게 쫓겨나 아들과 함께 모텔로 간다. 또한 크리스는 앞으로 6개월 동안도 증권회사 교육으로 인해 수입이 없을 것을 알았기에 경제적 문제를 어떻게 해결해야 할지 고민한다. 하지만 크리스는 이러한 상황에도 좌절하지 않고 새로운 직업에 대한 도전을 포기하지 않는다. 그러면서 그는 토요일마다 크리스토퍼와 함께 스캐너를 팔러 다닌다. 그래도 경제적인 어려움은 계속되자, 어떤 날은 크리스토퍼를 데리고 지하철 화장실로 들어가 문을 잠그고 거기서 잠을 자며 생활한다. 그리고 어떤 때는 홈리스 쉼터를 찾아다니면서 하루를 연명하기도 하고, 또 헌혈까지 하면서 교통비를 벌기도 한다. 그러나 크리스는 자신의 꿈을 포기 하지 않고 열정을 다한다. 그러면서 크리스는 크리스토퍼에게 꿈을 심어주기 위해 "꿈이 있다면, 그것을 지켜야 돼"하며 절대 꿈을 포기하지 말라고 가르친다. 이처럼 크리스는 고난과 어려움 속에서도 꿈을 행한 도전과 열정은 계속 된다.

이렇게 어느 덧 시간은 흘러가는데, 크리스는 만나는 사람들과 끊임없이 교제하고, 최선을 다한 결과, 회사가 요구한 목표를 달성한다. 그리고 마침내 인턴십 6개월의 마지막 날이 되었다. 그날, 크리스는 회장으로부터 불려갔는데, 회장이 크리스에게 내일부터는 계속 셔츠를 입고, 정식 직원으로 출근하라는 말을 듣게 된다. 드디어 크리스가 최종으로 합격한 것이다. 이에 크리스는 눈물을 글썽이며, 지난날 자신이 겪었던 고난과 시련을 떠올리면서 "그래 바로 이 순간이 행복이야"하고 말한다. 결국 크리스는 어렵고 힘든 상황에서는 끝없는 도전과 열정으로 자신의 꿈을 성취시킨 것이다.

- 영화 선정 이유

　　첫째, 고난과 시련 속에서도 자신의 꿈을 향하여 도전과 열정을 다하는 모습을 잘 보여준다.

　　둘째, 매사에 항상 성실하고 정직한 자세와 태도로 바른 길을 가는 모습이 감동적이다.

　　셋째, 부모로서 자식을 위해 희생하고 헌신하는 모습이 잘 표현되고 있다.

- 영화의 시놉시스는 설교문에 삽입시켰다.

(2) 설교문

　여러분, 우리가 신앙생활을 하면서 하나님을 향한 목표가 있어야 합니다. 그리고 그 목표는 막연해서는 안 되고, 분명하고 구체적이어야 합니다. 왜냐하면, 목표가 분명하지 않으면, 방향도 분명하지 않기 때문입니다. 그래서 우리는 인생에서 속도가 아니라 방향이 중요하다고 말합니다. 왜냐하면 방향은 목표를 이루는데 있어 인생의 나침반이 될 수 있기 때문입니다. 따라서 그리스도인들은 하나님이 기뻐하시는 목표를 향하여 도전과 열정으로 신앙생활을 하는지를 점검해야 합니다.

　오늘 본문 사도행전 8장 24-40절을 보면, 빌립 집사와 에디오피아 왕국의 내시와의 만남이 이루어지고 있습니다. 그럼, 먼저 빌립 집사에 대해 살펴보겠습니다. 사도행전 6장 1~7을 보면, 초대 예루살렘 교회에서 일곱 집사를 세우는데, 그중에 한 사람이 빌립 집사입니다. 그런데 그 일곱 집사들 중에 스데반 집사가 유대인들의 박해와 핍박으로 먼저 순교를 당합니다. 그러자 나머지 여섯 명의 집사들은 여러 곳으로 흩어져서 복음을 전하게 됩니다. 그리고 당시 이스라엘의 지리적 상황을 보면, 남쪽에는 유대가 있고, 가운데는 사마리아, 북쪽에는 갈릴리가 위치하고 있었습니다. 그런데 유대나 갈릴리 지방은 유대인들이 그들만의 순수한 혈통을 유지하며 살고 있었기에 문제가 없었으나, 사마리아 지방은 북이스라엘 당시 앗수르의 침략으로 이방인과 피가 섞이면서 당시 유대인들은 이러한 사마리아인들을 혼혈족이라고 부르면서 배타적으로 대했습니다.

그러나 빌립 집사는 성령이 충만한 사람으로 하나님의 복음 사역을 충실히 하는 사람이었기에 하나님은 빌립을 선택하셔서 아무도 가지 않으려는 사마리아 땅으로 보내신 것입니다. 빌립 집사는 하나님이 주신 뛰어난 권능으로 놀라운 능력을 발휘하는데, 귀신이 떠나가게 하고, 중풍 병자를 낫게 하고, 점쟁이에게도 복음을 전하면서 우상숭배가 만연한 사마리아 땅을 복음의 땅으로 바꾸어 놓은 것입니다. 이렇게 빌립 집사는 사마리아 땅에서 놀라운 전도 결실을 맺고 있었는데, 하나님은 갑자기 주의 사자를 빌립 집사에게 보내어 너는 일어나서 남쪽에 있는 가사로 내려가라고 명령하신 것입니다. 여기서 가사는 이스라엘로부터 애굽으로 가는 광야의 길목입니다. 그런데 이 같은 하나님의 명령은 빌립 집사에게 섭섭했을 수도 있습니다. 하지만 빌립 집사는 하나님의 말씀을 그대로 순종합니다. 그 결과, 27절에서 보면, 빌립 집사는 에디오피아 내시를 만나게 되는데, 이것은 하나님의 크신 뜻이었고 계획이었던 것입니다.

그럼, 지금부터는 에디오피아 내시에 대해 살펴보도록 하겠는데, 오늘 말씀은 에디오피아 내시의 관점에서 전하고자 합니다. 당시 그는 에디오피아 사람으로 간다게 여왕의 국고를 맡은 재무장관이었습니다. 이와 같은 그의 직책은 중요한 역할이었고, 그는 여왕의 신뢰를 받는 자였을 것으로 판단됩니다. 따라서 그는 권력과 부를 다 가진 자로서 당시에는 많은 사람들이 부러워하는 대상이었을 것입니다. 그런데, 그가 에디오피아로 부터 거의 4,000km나 떨어진 예루살렘까지 수레를 타고 간 것입니다. 아마도 이러한 도전은 무모하고 위험했을 것인데, 그는 죽음을 무릅쓰고 감행을 한 것입니다. 여러분, 이 얼마나 도전적이고 열정적인 모습입니까? 그럼 그는 왜 이렇게 어렵고 힘든 도전을 했을까요? 그 이유는 예루살렘 성전에서 열리는 유월절 예배와 축제에 참석하고자 했던 것입니다. 그러나 그는 이방인이었기 때문에 예배에 참석하지 못하고, 다시 에디오피아로 돌아가야만 했던 것입니다.

그리고 28절을 보면, 내시는 예루살렘까지 먼 길을 왔는데, 그에겐 무언가 갈급한 것이 있었다는 것을 알 수 있습니다. 그럼, 그 갈급함은 무엇입니까? 그것은 하나님 말씀이었는데, 그는 성경을 읽어도 그 말씀이 무슨 뜻인지를 이해할 수가 없었던 것입니다. 그래서 그는 돌아가는 길에 수레 위에서 이사야서 말씀을 읽고 또 읽었습니다. 그때 성령님께서 빌립 집사에게 명하여 에디오피아 내시에게 가보라고 하신 겁니다. 이로 인해 빌립 집사와 내시가 극적으로 만나게 됩니다.

그래서 29절을 보면, 성령님께서 말씀하셔서 빌립이 그에게 다가갔다고 기록하고 있습니다. 그럼, 여기서 우리가 분명히 깨달을 수 있는 것은 에디오피아 내시는 하나님의 말씀에 갈급했던 것입니다. 그러니까 그는 이사야 말씀을 읽으면서도 무슨 뜻인지를 모르는 자신이 답답했을 것입니다. 이러한 에디오피아 내시의 간절함을 하나님께서 보신 것입니다. 그래서 하나님은 빌립 집사를 에디오피아 내시에게 보내서 그가 하나님의 진리를 깨닫게 하려고 하신 것입니다. 빌립 집사가 수레 가까이 가서 보니, 내시가 이사야서 53장의 말씀을 읽고 있는 것을 알게 됩니다. 빌립 집사가 내시에게 그 말씀의 뜻을 아느냐고 묻자, 내시는 가르쳐준 사람이 없는데, 어찌 알 수 있겠냐고 하면서 빌립 집사에게 수레에 올라와서 가르쳐 달라고 요청합니다. 여러분, 여기서 보면, 지금 내시는 자신의 부족함을 겸손히 인정하고 빌립 집사의 도움을 받고자 하는 열정적인 자세를 보여주고 있습니다. 또한 내시는 하나님 말씀에 대한 진리를 알고자 하는 깊은 영적인 갈망을 가지고 하나님을 향한 믿음을 드러내고 있습니다. 이러한 자세는 오늘날 우리 그리스도인들이 반드시 배워야할 자세인 것입니다.

32~34절에서는 수레에 탄 빌립 집사가 내시에게 이사야서 53장의 7~8절의 말씀을 해석해 줍니다. 그리고 여기에 등장하는 고난당한 어린 양이 바로 예수 그리스도임을 가르쳐줍니다. 그러면서 예수님은 유대의 바리새인들과 서기관의 핍박과 모략으로 결국 십자가에서 돌아가셨다고 말합니다. 그러자 내시의 마음이 움직이기 시작합니다. 그리고 35절 이후를 보면, 내시는 또 하나의 도전과 열정을 보여줍니다. 그것은 물이 있는 곳에 이르자, 내시가 빌립 집사에게 세례를 요구한 것입니다. 그러니까 지금 내시는 예수그리스도를 구원자로 영접하고 믿음으로써 세례를 통하여 자신이 거듭나고자 하였던 것입니다. 이에 빌립 집사는 내시와 함께 수레에서 내려와 물 있는 곳으로 가서 세례를 베풀어 주었습니다.

여러분, 세례는 예수 그리스도를 주님으로 받아들이는 공개적인 고백인 것입니다. 다시 말하면, 세례는 예전의 삶을 완전히 장사시키고, 이제는 그리스도 안에서 새로운 삶을 살겠다는 시작인 것입니다. 따라서 내시는 세례를 받고 "기쁨으로 길을 가니라"고 기록하고 있습니다.

즉 내시는 그리스도 안에서 도전과 열정으로 구원의 길을 간 것입니다.

사랑하는 성도 여러분, 우리는 오늘 본문에서 하나님의 놀라운 계획과 섭리를 보게 됩니다. 하나님께서는 빌립 집사와 에디오피아 내시의 만남을 통하여 최초로 에디오피아에 복음이 전파되는 역사의 위대함을 보여주셨습니다. 내시는 위대한 도전과 열정의 자세를 보여준 결과, 에디오피아와 아프리카 대륙에 그리스도의 복음이 전파되는 위대한 역사를 이루어낸 것 입니다. 이처럼 목표를 향한 도전과 열정은 인류 역사를 새롭게 창출한 것입니다. 그러므로 우리 그리스도인들도 복음전파를 위해 끝없는 도전과 열정을 다해야 하는 것입니다.

그럼 지금부터는 가브리엘 무치노 감독의 '행복을 찾아서'라는 영화를 가지고 함께 말씀을 나누고자 합니다. 이 영화는 1980년도의 샌프란시스코를 배경으로 남편 크리스와 아내 린다, 그리고 5살 아들 크리스토퍼가 등장합니다. 크리스는 골밀도를 측정하는 스캐너 의료기기를 판매하는 영업사원인데, 실적이 좋지 않아 경제적으로 매우 심각한 상태입니다. 아내 린다도 늦게까지 직장에서 야근을 하지만, 형편이 나아지지 않자, 크리스와 다투는 일이 많아집니다. 그러던 어느 날, 거리에서 크리스는 한 남자가 고급 승용차에서 내리는 것을 보고, 그에게 다가가서 직업이 무엇이냐고 묻자, 그가 "난 주식중개인이다"고 말합니다. 그날 이후, 크리스는 주식중개인이라는 직업에 도전을 하겠다는 결단을 내립니다. 여러분, 여기서 우리가 한 가지 생각할 수 있는 것은 크리스는 현재 가장으로서 책임감을 가지고 있습니다. 그래서 크리스는 지금의 어려운 상황을 좌절하지 않고 어떻게 해서든지 새로운 직업에 도전해 보겠다는 열정을 보여주고 있습니다. 왜냐하면, 현재의 상태에서 그대로 있으면 아무런 변화도 일어나지 않기 때문입니다. 따라서 크리스는 아내와 아들을 위해서 꿈을 향한 도전을 멈추지 않으려는 열정적인 자세를 보여주고 있는 것입니다. 이처럼 하나님은 우리가 도전할 때, 그 여정에 동참해 주십니다.

(**영화 클립** #1: 크리스는 의료기기를 판매하는 영업을 하고 있지만, 실적이 좋지 않아 경제적으로 심각한 상태이다. 그러다가 크리스는 우연히 주식중개업을 하는 사람을 만났는데, 그 직업에 관심을 가지고, 새로운 도전을 결단하게 된다)

그러나 아내 린다는 이러한 크리스의 이러한 행동에 냉소적인 태도를 보입니다. 그러나 크리스는 증권회사로부터 인터뷰를 보러 오라는 전화를 받게 됩니다. 결국 크리스는 아내와 헤어지고, 아들을 자기가 혼자 맡아 키우게 됩니다. 그리고 크리스는 증권회사 인턴십에 최종합격을 하게 되는데, 힘들고 어려운 상황이 계속되는데도 포기하지 않고 자신의 꿈을 이루기 위해 최선을 다합니다. 여러분, 크리스가 지금 이렇게 새로운 직업에 도전하는 것은 처음부터 부자가 되기 위해서가 아니라 자신의 가족과 가정을 지키기 위해서였던 것입니다. 그러나 그에게 다가온 것은 이혼과 경제적인 어려움으로 인한 가정의 파탄이었습니다. 그러나 크리스는 이러한 상황을 비관하지 않고, 순수한 도전과 열정으로 미래를 향해 나아갑니다. 그리고 크리스는 지금의 실패에 좌절하거나 낙심하지 않고 오직 자신의 꿈을 향하여 정직하고 바른 모습으로 나아갑니다. 따라서 우리 그리스도인들은 크리스의 신념과 태도에서 배워야 할 것은 불가능은 없다는 도전 정신과 끊임없는 열정이라는 것입니다.

(**영화 클립 #2**: 아내는 크리스의 도전에 냉소적으로 대하다가 결국 헤어진다. 그러나 크리스는 증권회사 인터뷰를 보게 되는데, 자신은 주차위반으로 유치장에 구금되었다가 면접을 보러 왔기 때문에 청바지에 티만 입고 왔다고 솔직하게 말한다. 이러한 크리스가 증권회사 인턴쉽에 당당히 합격한다)

크리스는 인턴십에 열정적으로 도전합니다. 그런데 인턴십을 받는 6개월 동안은 경제적으로 더 어려워집니다. 그래서 크리스와 아들은 렌트비를 못 내서 쫓겨나 모텔 생활을 전전하고, 지하철 화장실에서도 들어가 잠을 자기도 하고, 노숙자를 위한 쉼터에서 하루를 지내기도 하면서 고통스러운 날을 보냅니다. 그렇지만 크리스는 어떻게 해서든지 책임감 하나로 자신이 할 수 있는 것은 무엇이든지 하겠다는 열정을 보여줍니다. 물론 이러한 책임감은 자식을 위해서 당연히 아버지로서 자세입니다. 그래서 성경에서 자녀는 하나님으로부터 주어진 은혜의 선물이요, 기업이기 때문에 부모는 자녀를 양육하면서 하나님의 뜻 안에서 올바르게 양육해야 할 책임과 의무가 있다고 말씀합니다. 지금 크리스는 비록 노숙 생활을 하면서도 아들에게 자신의 꿈을 포기하지 말라고 말하면서 "꿈이 있다면, 그것을 지켜야 해"라고 가르칩니다.

(**영화 클립 #3**: 크리스는 꿈을 향하여 열정을 가지고 끊임없이 도전한다. 이러한 가운데, 크리스는 아들을 혼자 키우면서 함께 고난의 시간을 보내게 된다. 하지만 크리스는 아들에게 절망적인 순간에도 결코 포기하지 말라고 하면서 꿈을 지키라고 가르친다)

결국 크리스는 증권회사 인턴십 과정에서 회사가 제시한 목표를 달성합니다. 그 과정에서 크리스는 항상 겸손한 모습으로 고객들과 좋은 인간관계를 맺으면서 목표를 이루어낸 것입니다. 그 결과, 6개월 인턴십 과정이 끝나는 날, 크리스는 회장으로부터 정식 사원으로 임명됩니다. 크리스가 눈물을 흘리면서 "그래 바로 이 순간이 행복이다"고 말합니다. 여러분, 크리스는 모든 과정에 최선을 다하며, 도전과 열정으로 성공적인 결과를 만들어 낸 것입니다. 이처럼 하나님은 정직하면서 바른 길을 가는 사람에게는 축복의 손길을 베풀어주신 것입니다. 즉 이것이 하나님이 원하시고 기뻐하는 자의 모습인 것입니다.

(**영화 클립 #4**: 크리스는 열정을 다하여 인턴십을 실행함으로써 결국 회사가 요구하는 목표를 달성한다. 그 결과, 크리스는 증권회사 정식사원이 된다. 이에 크리스는 눈물을 흘리면서 "그래 바로 이 순간이 행복이야."라고 말한다)

사랑의 여러분, 도전하는 자가 아름답다는 말이 있습니다. 도전하지 않으면 아무 일도 일어나지 않습니다. 에디오피아 내시와 크리스는 둘 다 각자의 목표를 향하여 도전과 열정을 다해 최선의 노력을 다한 것입니다. 즉 크리스는 꿈을 현실로 만들기 위해 끊임없이 노력해서 성공한 주식 중개인이 되었고, 내시는 영적인 깨달음을 얻은 후, 세례를 받고 진정한 그리스도인이 되어 고국 에디오피아에 그리스도의 복음을 전했던 것입니다. 이러한 모습은 우리 그리스도인들이 배워야 합니다. 따라서 여러분들도 꿈을 이루기 위해 도전과 열정으로 나아가면, 하나님은 반드시 여러분을 축복의 길로 인도하신다는 것을 믿으시기 바랍니다.

참고문헌(Bibliography)

1. 국문 단행본

강명구. 「소비밀대중문화와 포스트모더니즘」. 서울: 민음사, 1995.

권성수. 「성경해석학1」. 서울: 총신대학교출판부, 2005.

김구원. 「성경, 어떻게 읽을 것인가?」. 서울: 복있는사람, 2013.

김도훈. 「영화관에서 만나는 기독교 영성」. 경기도 파주: 살림출판사.
    2007

김세광. 「예배와 현대문화」. 서울: 대한기독교서회, 2009.

김연섭. 「그리스도인이 본 영화이야기」. 서울: 쿰란출판사, 2000.

김우창, 성완경 외. 「이미지는 어떻게 살고 있는가」. 서울: 생각의나무,
    2000.

김운용. 「새롭게 설교하기」. 서울: 예배와 설교 아카데미, 2015.

김원광. 「성경인물에 대한 성경적 설교」. 경기도 수원: 합신대학원출판부,
    2014.

김창남. 「대중문화의 이해」. 서울: 한올아카데미. 1998.

김창하. 「설교커뮤니케이션」. 서울: 도서출판솔로몬. 1994.

김해연. 「한국문화와 기독교」, 서울; 생명의말씀사, 2000

박송주. 「하나님이 영화를 이처럼 사랑하사」. 경기도 여주시: 타임북스,
    2019.

박양식. 「성경에서 찾은 문화선교전략」. 서울: 예영커뮤니케이션, 2002.

박영재. 「설교가 전달되지 않는 18가지 이유」. 서울: 요단출판사, 2009.

박정관. 「성서해석학」. 서울: 복있는사람, 2018.

박한철, 강진구. 「감성세대의 영화읽기」. 서울: 예영커뮤니케이션, 2002.

박형용. 「성경해석의 원리」. 서울: 도서출판엠마오, 1991.

방지형. 「능력있는 커뮤니케이션 설교」. 서울: 영성, 2002.

백영훈. 「쉽게 접근하는 성경해석학」. 인천: 예향, 1997.

서태호. 「영화로 보는 삶」. 서울: 박영사, 2020.

서영환. 김기원. 「성경해석학 원리」. 서울: 한국기독교말씀사, 1999.

신승환. 「해석학」. 경기도 파주: 아카넷, 2016.

신현우. 「신약주석학방법론」. 경기도 용인: 킹덤북스, 2017.

심상법. 「성경해석학서론」. 경기도 용인: 목양, 2013.

안점식. 「세계관과 영적전쟁」. 서울: 조이선교회출판부, 2016.

엄승국. 「성경해석학총론」. 서울: 은성출판사, 2001.

유평근, 진형준. 「이미지」. 서울: 살림출판사, 2001.

윤성태. 「성경해석학」. 서울: 쿰란출판사, 2008.

이성민. 「성경과 설교」. 서울: 기독문서선교회, 2012.

이신형. 「영화, 신학에 말을 걸다」. 경기도 부천: 올리브북스, 2014.

이연길. 「이야기 설교학」. 서울: 쿰란출판사, 2004.

이정배. 「내 인생을 가로지르는 영화」. 서울: 도서출판 예술과영성, 2017.

이정호. 「포스트모던 문화읽기」. 서울: 서울대학교출판부, 1995.

이한영. 「패러다임 맥락에서 본 성경해석학」. 서울: 나눔사, 2003.

장일외 1인. 「대중영화의 이해」. 서울 : 한국방송통신대학교출판문화원,
        2017.

장두만. 「청중이 귀를 기울이는 설교」. 서울 : 요단, 2009.

정기철. 「상징 은유 그리고 이야기」. 서울 : 문예출판사, 2002.

정인교. 「특수설교」. 서울: 두란노 아카데미, 2007.

정장복외 5인. 「예배와 설교 핸드북」. 서울: 예배와 설교아카데미, 2017.

정재형. 「영화 이해의 길잡이」. 서울: 개마고원, 2011.

주성호. 「21세기를 위한 설교학」. 서울: 대한기독교서회, 2001.

주승중. 「영상세대를 향해 이렇게 설교하라」. 서울: 예배와설교아카데미, 2004.

_____. 「성경적 설교의 원리와 실제」. 서울: 예배와설교아카데미, 2006.

최병학. 「테오-시네마」. 경기도 고양시: 도서출판 인간사랑, 2017.

최성수. 「영화 속 기독교」. 대전: 한남대학교출판부, 2007.

최예림외 1인. 「스토리텔링과 내러티브」. 서울: 글누림출판사, 2005.

최윤규. 「예수와 함께 영화를 보다」. 서울: 고즈윈, 2006.

최재호. 「대중문화와 성경적 세계관」. 서울: 예영커뮤니케이션, 2003.

최병학. 「테오-시네마」. 경기도 고양: 인간사랑, 2017.

하정완. 「영화의 바다로」. 서울: 예찬사, 2004.

2. 번역단행본

Berkhof, Louis. 「성경해석학」, 박문재역. 경기도 고양: 크리스찬다이제스트, 2013.

Bosch, David J. 「적용, 성경과 삶의 통합을 말하다」, 정옥배 역. 서울: 한국성서유니선교회. 2011.230

Chapell, Bryan. 「그리스도 중심의 설교」, 김기제 역. 서울: 도서출판 은성, 2007.

Doriani, Daniel M. 「설교- 내러티브 강해의 기술」, 박현신 역. 서울: 베다니출판사, 2014.

Gire, Ken. 「영화묵상」, 윤종석 역, 서울 : 두란노 , 2001.

Goldworthy, Graeme. 「복음중심해석학」, 배종열 역. 서울: 기독교문서선
교회, 2010.

_____. 「그리스도중심의 성경신학」. 윤석인 역. 서울: 부흥과개혁사,
2013.

Hiebert, Paul G. 「선교와 문화인류학」, 김동화 외 3인 역. 서울: 조이선교
회, 2012.

Kaiser,Jr, Walter C. 「구약에서의 설교와 교육」, 유근상 역. 경기도 고양:
크리스챤출판사, 2000.

Lingenfelter, Sherwood & Marvin Mayers. 「문화적 갈등과 사역」, 왕태종
역. 서울: 조이선교회. 2013.

Mathewson, Steven D. 「구약의 내러티브 설교」, 이승진 역. 서울: 기독교
문서선교회, 2016.

Miller, Calvin. 「설교- 내러티브 강해의 기술」, 박현신 역. 서울: 베다니출
판사, 2014.

Poythress, Vern S. 「하나님 중심의 성경해석학」, 최승락 역. 경기도 파주
시: 이레서원, 2018.

Ramm, Bernard L. 「성경해석학」, 권혁봉 역. 서울: 생명의말씀사, 1998.

Reid, Clyde. 「설교의 위기」, 정장복 역. 서울: 대한기독교출판사, 1982

Robinson, Haddon W. 「강해설교」, 박영호 역. 서울: 기독교문서선교회,
2016.

Stot, John R. W. 「현대 교회와 설교」, 정성구 역. 서울: 생명의샘, 2010.

Thiselton, Anthony C. 「성경의 그림 언어와 상징 해석」, 최승락 역. 경기
도: 이레서원, 2022.

Warfield, Benjamin B. 「워필드 명설교」, 원광연 역. 서울: 크리스찬다이
　　제스트, 1998.

3. 영문단행본

Barsotti, Catherine M. & Robert K Johnston. *God in the Movies*. Grand
　　Rapids, MI: Brazos Press a division of Baker Publising Group,
　　2017.

Cargal, Timothy B. *Hearing a Film, Seeing a Sermon*. Louisville,
　　Kentucky: Westminster John Knox Press. 2007.

Johnston, Robert K. Reel Spirituality. Second Edition, Grand Rapids,
　　MI: Baker Academic a division of Baker Publishing Group,
　　2006.

_____. *Reframing Theology and Film*. Grand Rapids, MI: Baker
　　Academic a division of Baker Publising Group, 2007.

Marsh, Clive & Gayle Ortiz. *Exploration in Theology and Film*.
　　Malden, Massachusetts: Blackwell Publishers Inc, 2003.

Plantinga, Carl. *Moving Viewers*. LA: University of California Press,
　　Ltd. 2009.

Wiersbe, Warren W. *Preaching & Teaching with Imagination*. Grand
　　Rapids, MI: Baker Books a division of Baker Book House
　　Company. 1996.

4. 학술논문 및 학술지

김재호. "내러티브의 상위구조와 하위구조에 따른 애니메이션 분석모형 연구" 박사학위논문, 홍익대학교 대학원, 2007.

김형석. "대중문화의 신학적 이해와 기독교 교육적 가치 연구-영화를 중심으로." 석사학위 논문, 연세대학교 교육대학원, 2011.

박순규. "포스트모더니즘 시대의 설교 커뮤니케이션 연구." 박사학위논문, 장로신학대학교 목회전문대학원, 2012.

오주석. "영상세대를 위한 설교방법론에 관한 연구." 석사학위논문, 감리교신학대학교 대학원, 2010.

전만영. "한국교회 설교 위기와 극복의 가능성 연구." 박사학위논문, 장로신학대학교 목회전문 대학원, 2012.

최호균. "포스트모더니즘 시대의 효과적인 설교방법론." 석사학위논문, 감리교신학대학교 대학원, 2007.

황세형. "예수의 하나님 나라 비유와 영상매체를 통한 설교 연구." 박사학위논문, 호남신학대학교 대학원, 2021.

김금용. "한국교회의 위기와 설교학적 한 답변." 「기독사회윤리」, 제27집 (2013).

김승환. "예배 안에서 영화사용의 의미와 한계." 「신학과 실천」, 제15호 (2008).

류장현. "포스모더니즘과 기독교." 「신학과 교회」, 제10호 (2018 겨울).

5. 주석

강병도, 「창세기-민수기」. 「호크마 종합주석」. 서울: 기독지혜사, 1997.

_____. 「성경연구 시리즈」. 「신구약 15권 QA 시스템」. 서울: 기독지혜사,
        1986.

목회와 신학 편집부. 「두란노 HOW 주석 신약시리즈1-마태복음」. 서울:
        두란노 아카데미, 2003.

Wenham, Gorden J. 「창세기2」「WBC 성경주석」. 박영호 역. 서울: 도서
        출판 솔로몬, 2001.

Wenham, G. J. and Motyer, J. A. eds. 「IVP성경주석 구약」. 김순영 외 5
        인 역. 서울, 한국기독학생회 출판부, 2005.

Wilkins, Michael J. 「마태복음」. 「NIV 적용주석」, 1권. 채천석 역. 서울:
        도서출판 솔로몬, 2009.

6. 인터넷 자료

교회갱신협의회. "코로나 19로 인한 한국교회 영향도 조사 보고서 발표"
        「교갱뉴스」 [온라인 자료].

http://www.churchr.or.kr/news/articleView.html?idxno=10198

2023년 11월 9일 접속

ABSTRACT

The writer decided that when a preacher conveys God's message, it is necessary to consider both what to say and how to say. Until now, however, preachers have put a lot of research and effort into what to say, but they have been relatively inadequate about how to say it. Therefore, the writer thought that it was necessary to conduct research in terms of the delivery method of preaching on how to speak, and as a result, he wanted to propose film preaching as one of the effective preaching methods for today's postmodern audiences, breaking away from the existing preaching method.

This paper examines the pros and cons of the practice of film preaching as a way to effectively convey the message of the gospel to today's postmodern audiences, and proposes the use of this form of preaching. To this end, the writer will publish a book that will verify the theoretical basis and validity of film preaching, present actual examples based on his experience of film preaching, and ultimately help to implement film preaching.

The essence of preaching is communication in which the preacher correctly communicates God's will to his audience by delivering God's message on a biblical basis. Therefore, it is the duty of the preacher to make this biblically correct communication. Traditionally, the study and exegesis of the original biblical language has been used as a way to accomplish this purpose of preaching. However, many preachers and scholars agree that expository preaching is not an effective communicator for contemporary postmodern audiences. Although it was once thought that movies were fictional and not appropriate to explain the eternal truth of God's Word, this writer argues that film sermons are a very effective method of communication when properly used on a thorough biblical basis, especially for postmodern audiences. This idea is based on the researcher's experience of practicing film sermons from time to time, based on the possibility that he came to think about based on his professional experience and expertise before embarking on the path of a pastor. After the film sermon, the writer was able to get a positive response to the sermon from most of the audience, and I was able to build a sense of empathy. The writer is also well aware that there is a perception that films are secular and commercial in nature, and that it is inappropriate to show such films in devotional worship. Nonetheless, the writer practiced the film sermon, but it was also experienced that a small minority still showed this reluctance. Therefore, the writer began to think about how to resolve the negative perception of movie preaching, but he found that it is necessary to first educate and recognize that the position of the film is a limited tool for the understanding of church members, and then to select a good and appropriate film that has been thoroughly verified. In other words, if we go through the necessary process of pre-education and selection, we can minimize the negative elements of the movie sermon and maximize the positive elements, so we can gain confidence that we can use the movie sermon in a desirable way.

Therefore, the writer tried to base the selection of films on a biblical basis, and selected suitable films from a Christian point of view with sober judgment and insight. The merits of these selected films were that they were able to connect with the message of the Bible by dealing with the subject matter and themes of life that are relevant to the public today, and also that they were effective in enhancing memory by making the message easy for the audience to understand through audiovisual images and imagination.

Furthermore, he judged that movie sermons can be more intimate in conveying the truth of the gospel to non-Christians, and that good movies can be an important opportunity to form new values and meanings for life. Therefore, the writer wanted to publish a necessary book for pastors and missionaries through academic research and practical examples of film preaching. Specifically, this book is intended to explain an effective approach to film preaching that cannot be found in existing books, and to allow students to experience real examples of film preaching, so that this book can be widely used by those who are currently preaching, seminary students who are about to start preaching, and lay people. To this end, the writer conducted the study in the following order.

First of all, in the first chapter, the writer analyze the phenomenon of the postmodern era and the characteristics of the audience as a pastoral necessity, and explain what film preaching is as one of the effective methods of delivering sermons to the current postmodern audience.

Chapter two examines the basic theories of film and theology and their interrelationship through a literature review. Furthermore, the writer deduced the theoretical validity of how film and preaching can be combined from the perspective of preaching, and furthermore, the writer examined theories on popular culture, postmodernism, and sermon communication.

Chapter three presents the validity and rationale for film preaching from a biblical and theological perspective. He also summarized the narrative techniques, figuratives, visual images, pictorial language expressions as cinematic elements in the Bible. And for the theological validity of film preaching, the relationship between film and theology is explained theoretically.

Chapter four was a proposal for publication, titled "Movies and Sermons Go Together." The table of contents includes: Chapter 1 is What is Film Preaching for a 21st Century Postmodern Audience?, Chapter 2 is What Are the Biblical Elements of the Bible?, Chapter 3 is What is the Biblical and Theological Basis of Film Preaching?, and Chapter 4 is an introduction to the approach process for effective film preaching and practical examples of film preaching.

The last fifth chapter substantiates what described in chapter four as the actual manuscripts for publication.